REPRESENTAÇÃO GRÁFICA
EM ARQUITETURA

FRANCIS D.K. CHING é uma das maiores autoridades em desenho de arquitetura do mundo. Seus inúmeros *best-sellers* já foram traduzidos para cerca de 20 idiomas e são considerados clássicos em virtude de sua famosa apresentação gráfica. O professor Ching é arquiteto e Professor Emérito na Universidade de Washington, em Seattle.

C539r	Ching, Francis D. K.
	Representação gráfica em arquitetura / Francis D. K. Ching ; tradução: Alexandre Salvaterra. – 6. ed. – Porto Alegre : Bookman, 2017.
	vii, 264 p. : il. ; 28 cm.
	ISBN 978-85-8260-436-6
	1. Arquitetura – Representação gráfica. I. Título.
	CDU 72:004.92

Catalogação na publicação: Poliana Sanchez de Araujo – CRB 10/2094

FRANCIS D.K. CHING

REPRESENTAÇÃO GRÁFICA EM ARQUITETURA

SEXTA EDIÇÃO

Tradução:
Alexandre Salvaterra
Arquiteto e Urbanista pela Universidade Federal do Rio Grande do Sul

2017

Obra originalmente publicada sob o título Architectural Graphics, 6th Edition
ISBN 9781119035664

All Rights Reserved. This translation published under license with the original publisher John Wiley & Sons, Inc.

Gerente editorial: Arysinha Jacques Affonso

Colaboraram nesta edição:

Editora: Denise Weber Nowaczyk

Capa: Kaéle Finalizando Ideias (arte sobre capa original)

Editoração: Techbooks

Reservados todos os direitos de publicação, em língua portuguesa, à
BOOKMAN EDITORA LTDA., uma empresa do GRUPO A EDUCAÇÃO S.A.
Av. Jerônimo de Ornelas, 670 – Santana
90040-340 Porto Alegre RS
Fone: (51) 3027-7000   Fax: (51) 3027-7070

Unidade São Paulo
Rua Doutor Cesário Mota Jr., 63 – Vila Buarque
01221-020 São Paulo SP
Fone: (11) 3221-9033

SAC 0800 703-3444 – www.grupoa.com.br

É proibida a duplicação ou reprodução deste volume, no todo ou em parte, sob quaisquer formas ou por quaisquer meios (eletrônico, mecânico, gravação, fotocópia, distribuição na Web e outros), sem permissão expressa da Editora.

IMPRESSO NO BRASIL
PRINTED IN BRAZIL
Impresso sob demanda na Meta Brasil a pedido do Grupo A Educação.

Prefácio

A primeira edição deste texto apresentou aos estudantes de arquitetura uma variedade de ferramentas gráficas, técnicas e convenções que os projetistas usam para comunicar ideias em arquitetura. O principal objetivo por trás da formação original e revisões posteriores foi oferecer um guia claro, conciso e ilustrativo sobre a criação e o uso da representação gráfica em arquitetura. Embora mantenha a clareza e a abordagem das edições anteriores, esta quinta edição de Representação Gráfica em Arquitetura incorpora exemplos digitais, pela primeira vez, junto às ilustrações à mão livre das edições anteriores.

Os avanços da tecnologia computacional têm alterado significativamente o processo de desenho e projeto na arquitetura. Os programas de computador atuais variam de programas bidimensionais de desenho até geradores de maquetes eletrônicas e superfícies tridimensionais que auxiliam no projeto e na representação de edificações, de casas pequenas a estruturas grandes e complexas. Assim, é importante reconhecer as oportunidades e os desafios únicos que as ferramentas digitais oferecem à representação gráfica em arquitetura. Por outro lado, seja um desenho feito à mão ou desenvolvido com o auxílio de um computador, os padrões e as avaliações que se aplicam à comunicação efetiva das ideias em projetos da arquitetura continuam os mesmos.

A organização geral dos capítulos permanece a mesma da quarta edição. Os Capítulos 1 e 2 apresentam as ferramentas e técnicas fundamentais do desenho artístico e técnico. Enquanto as ferramentas digitais podem aprimorar as técnicas tradicionais, o processo tátil e cinestésico de se traçar linhas em uma folha de papel com um lápis ou uma caneta é o meio mais sensível para aprender a linguagem gráfica do desenho.

O Capítulo 3 apresenta os três sistemas principais da representação pictórica – desenhos de vistas múltiplas, vistas de linhas paralelas e perspectivas cônicas – e analisa comparativamente os pontos de vistas únicos padrão oferecidos por cada sistema. Do Capítulo 4 ao 6, o foco permanece nos princípios e padrões ditados pelas convenções e pelos usos de cada um desses sistemas, e os conceitos que se aplicam caso um desenho de arquitetura seja criado manual ou digitalmente.

A linguagem da representação gráfica em arquitetura se baseia no poder de uma composição de linhas para transmitir a ilusão de uma construção tridimensional ou meio espacial em uma superfície bidimensional, seja em uma folha de papel ou em uma tela ou monitor de computador. Embora a linha seja o elemento essencial de todo o tipo de desenho, o Capítulo 7 apresenta técnicas para criação de uma escala de tonalidade e desenvolve estratégias para aperfeiçoar a profundidade pictórica dos desenhos de arquitetura e representar a iluminação de espaços. Agradeço especialmente a Nan-ching Tai, que ofereceu sua assistência e (seus) conhecimentos valiosos preparando os exemplos de iluminação digital.

Uma vez que desenhamos e avaliamos a arquitetura em relação ao seu meio, o Capítulo 8 amplia o papel da representação à criação do contexto no desenho das propostas do projeto e à indicação da escala e do uso pretendido dos espaços.

O Capítulo 9 examina os princípios fundamentais da comunicação gráfica e ilustra as escolhas estratégicas disponíveis no planejamento e na diagramação de apresentações da arquitetura. O capítulo original sobre letras e símbolos gráficos foi incorporado a essa discussão, pois eles são elementos informativos e essenciais a serem considerados na preparação de qualquer apresentação.

Desenhar à mão livre com lápis ou caneta ainda é o meio mais direto e intuitivo para registrar nossas observações e experiências, desenvolver ideias e diagramar conceitos de projeto. Assim, o Capítulo 10 traz apresentações adicionais sobre o desenho de croquis à mão livre e uma seção expandida sobre croquis de viagem. Essa posição no final do livro reflete a importância do desenho à mão livre como meio gráfico e ferramenta crucial para o desenvolvimento de projetos.

Mesmo com os avanços tecnológicos, a premissa fundamental deste texto permanece a mesma – o desenho tem o poder de superar o achatamento de uma superfície bidimensional e representar ideias tridimensionais da arquitetura de uma maneira clara, legível e convincente. Para liberar esse poder, é necessária a capacidade de executar e ler a linguagem gráfica do desenho. O desenho não é simplesmente uma questão de técnica; é também um ato cognitivo que envolve percepção visual, avaliação e raciocínio de dimensões e relacionamentos espaciais.

Sumário

1. Instrumentos e Materiais de Desenho 1
2. Desenhos Técnicos de Arquitetura. 17
3. Sistemas de Desenho de Arquitetura 29
4. Desenhos em Vistas Múltiplas 49
5. Vistas de Linhas Paralelas. 91
6. Perspectivas Cônicas 107
7. Representando Tonalidades e Texturas. 147
8. Representando o Contexto 185
9. Desenhos de Apresentação 201
10. Desenho à Mão Livre. 217

    Índice. 259

1
Instrumentos e Materiais de Desenho

Este capítulo apresenta os lápis e as canetas necessários para se traçar linhas, os instrumentos disponíveis para guiar os olhos e as mãos enquanto desenhamos, e as superfícies adequadas para receber as linhas de desenho. Embora a tecnologia digital continue aumentando e aprimorando esse conjunto tradicional de ferramentas de desenho, o ato cinestésico de desenhar à mão, com lápis ou caneta, permanece sendo o meio mais direto e versátil de aprender a linguagem da representação da arquitetura.

2 LÁPIS E LAPISEIRAS

Lápis são relativamente baratos, muito versáteis e respondem de maneira única à pressão feita sobre o papel durante a criação do desenho.

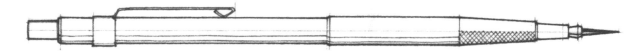

Lapiseiras de mina grossa
- As lapiseiras de mina grossa utilizam minas comuns de 2 mm.
- O pressionamento de um mecanismo propulsor permite que a ponta exposta da mina seja ajustada ou retraída quando a lapiseira não estiver sendo utilizada.
- A ponta da mina, a qual pode produzir diversas espessuras de linha, deve ser mantida bem afiada com um apontador.

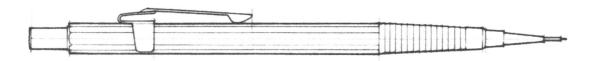

Lapiseiras de mina fina
- As lapiseiras de mina fina utilizam minas de 0,3, 0,5, 0,7 e 0,9 mm.
- Um mecanismo com botão propulsor avança automaticamente a mina através de uma luva de metal. A luva deve ser longa o bastante para não tocar nas bordas dos esquadros e das réguas.
- As minas relativamente finas dessas lapiseiras não precisam ser apontadas.
- As lapiseiras de 0,3 mm produzem linhas muito finas, mas essas minas finas tendem a quebrar se aplicarmos muita pressão.
- As lapiseiras de 0,5 mm são as mais práticas para desenhos em geral.
- As lapiseiras de 0,7 e 0,9 mm são úteis para fazer croquis e escrever; evite usar essas lapiseiras para produzir linhas pesadas (grossas).

Lápis de madeira
- Os lápis de madeira para desenho geralmente são utilizados para desenhos e croquis à mão livre. Se usados para desenho técnico, a madeira deve ser aparada para deixar aparente cerca de 1 cm de mina, de modo que possa ser apontada com uma lixa ou um apontador.

Esses três tipos de lápis permitem a produção de desenhos a traço de qualidade. À medida que for experimentando cada tipo, você irá desenvolver uma preferência para o toque, peso e equilíbrio característico de cada instrumento específico conforme o desenho.

MINAS 3

Recomendações quanto à dureza das minas de grafite

Minas de grafite

A dureza das minas de grafite para se desenhar em superfícies de papel varia de 9H (extremamente duras) a 6B (extremamente macias). Sob uma mesma pressão, as minas mais duras produzem linhas mais leves e finas, enquanto as minas mais macias produzem linhas mais densas e grossas.

Minas azuis especiais para fotocópias

Minas azuis podem ser utilizadas no traçado de linhas de construção, com o objetivo de dificultar a fotocópia, uma vez que esta cor é mais difícil de ser detectada pelas fotocopiadoras. Entretanto, o escâner não tem esta limitação, podendo detectar as linhas em azul claro, as quais podem ser removidas com um programa de edição de imagens.

Minas de cera

Grafites de polímero plástico especialmente formulado estão disponíveis para desenhar em papel vegetal especial. A dureza das minas de cera varia de E0, N0 ou P0 (macias), a E5, N5 ou P5 (duras). As letras E, N e P são nomenclaturas dos fabricantes; os números de 0 a 5 se referem aos graus de dureza.

4H
- Este tipo de mina densa é mais adequado para marcar e traçar linhas leves de construção com precisão.
- Linhas finas e leves são difíceis de ler e reproduzir. Portanto, não devem ser utilizadas para artes-finais.
- Quando aplicada com muita pressão, a mina densa pode marcar superfícies de papel e papelão, deixando sulcos difíceis de remover.

2H
- Esta mina relativamente dura também é utilizada para o esboço de desenhos; é a mina de grafite mais densa que pode ser usada em artes-finais.
- Linhas feitas com minas 2H não são apagadas com facilidade se desenhadas com uma mão pesada.

F e H
- Estas minas de uso geral são adequadas para leiautes, artes-finais e letras.

HB
- Esta mina relativamente macia produz linhas e letras densas.
- Linhas com HB são fáceis de traçar e apagar, mas também tendem a borrar facilmente.
- Experiência e boa técnica são necessárias para controlar a qualidade da linha com mina HB.

B
- Este tipo de mina macia é usado para linhas e letras muito densas.

A textura e a densidade de uma superfície de desenho afeta a sensação de dureza ou maciez de uma mina. Quanto mais áspera for a superfície, mais dura deverá ser a mina utilizada; quanto mais densa for a superfície, maior a sensação de maciez que temos de uma mina.

Canetas nanquim

Canetas nanquim produzem linhas de tinta precisas e uniformes sem a aplicação de pressão. Assim como as lapiseiras de mina grossa ou fina, canetas nanquim de diferentes fabricantes variam em forma e modo de operação. A caneta nanquim tradicional utiliza um fio metálico regulador do fluxo de tinta dentro de uma ponta tubular, cujo tamanho determina a largura da linha de tinta.

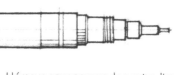

Há nove espessuras de ponta disponíveis, desde extremamente fina (0,13 mm) a muito grossa (2 mm). Um conjunto básico de canetas deve incluir as quatro espessuras de linha padrão – 0,25, 0,35, 0,5 e 0,7 mm – especificadas pela Organização Internacional para Padronização (ISO).

- Linha com 0,25 mm de espessura
- Linha com 0,35 mm de espessura
- Linha com 0,5 mm de espessura
- Linha com 0,7 mm de espessura

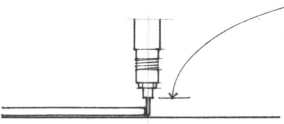

- A ponta tubular deve ser longa o bastante para ficar afastada da espessura do esquadro ou da régua.
- Utilize tinta de desenho preta que não entupa e seja à prova d'água e de secagem rápida.
- Mantenha as pontas bem atarrachadas para evitar o vazamento da tinta.
- Após cada uso, recoloque a tampa da caneta de maneira firme, para evitar o vazamento da tinta.
- Quando as canetas não estiverem sendo utilizadas, guarde-as horizontalmente.

Desde que as ferramentas digitais reduziram a necessidade de desenhos técnicos manuais, foi desenvolvida uma variedade de canetas nanquim baratas e de baixa manutenção. Equipadas com pontas tubulares e tintas à base de pigmentos e à prova d'água, essas canetas são adequadas para a escrita, o desenho à mão livre e também para o desenho com réguas e esquadros. Elas estão disponíveis em espessuras de ponta que variam de 0,03 a 1 mm. Algumas são recarregáveis e têm pontas substituíveis.

CANETAS 5

Canetas-tinteiro

As canetas-tinteiro geralmente consistem em um reservatório – um cartucho descartável ou um pistão interno – que contém uma tinta à base de água alimentada por uma ponta de metal por capilaridade. Embora não sejam ideais para desenho técnico, as canetas-tinteiro são adequadas para escrita e desenho à mão livre, pois produzem, com pouca ou nenhuma pressão, linhas fluidas e marcantes, ainda que muitas vezes inexpressivas.

As pontas das canetas-tinteiro estão disponíveis nas espessuras extrafina, fina, média e grossa; pontas chanfradas são indicadas para escrever com letras em itálico e traçar riscos oblíquos. Algumas pontas são flexíveis o bastante para responder à direção e pressão individual do traço.

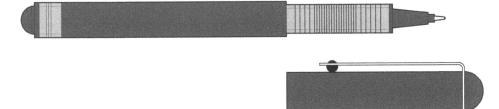

Outras canetas para desenho

Canetas a gel utilizam uma tinta espessa e opaca que consiste em um pigmento suspenso em um gel à base de água; canetas rollerball usam uma tinta líquida à base de água. Ambas são de qualidade similar às canetas-tinteiro – produzem um fluxo uniforme de tinta e traçam linhas com menos pressão do que a necessária nas canetas esferográficas.

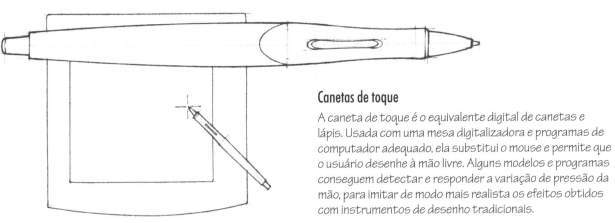

Canetas de toque

A caneta de toque é o equivalente digital de canetas e lápis. Usada com uma mesa digitalizadora e programas de computador adequado, ela substitui o mouse e permite que o usuário desenhe à mão livre. Alguns modelos e programas conseguem detectar e responder a variação de pressão da mão, para imitar de modo mais realista os efeitos obtidos com instrumentos de desenho tradicionais.

6 RÉGUAS T E RÉGUAS PARALELAS

Réguas T

Réguas T são réguas que têm uma barra transversal em uma de suas extremidades. Esta cabeça desliza ao longo da borda de uma prancheta como um guia, para estabelecer e desenhar linhas retas paralelas. As réguas T são relativamente baratas e portáteis, mas exigem uma borda reta e nivelada na qual suas cabeças possam deslizar.

- Réguas T estão disponíveis nas dimensões de 80, 100, 120 cm, etc. As réguas T de 100 ou 120 cm são as mais úteis.

- Uma cantoneira de metal fixada à prancheta pode oferecer uma borda reta.

- Esta extremidade de uma régua T é sujeita a oscilações.
- Use esta parte da régua.

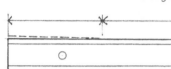

- Réguas T com bordas de acrílico transparentes não devem ser usadas para cortes. Réguas T de metal estão disponíveis para este fim.

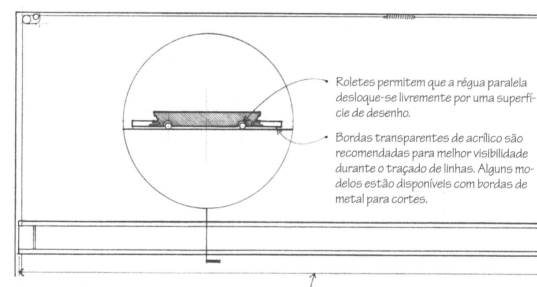

- Roletes permitem que a régua paralela desloque-se livremente por uma superfície de desenho.
- Bordas transparentes de acrílico são recomendadas para melhor visibilidade durante o traçado de linhas. Alguns modelos estão disponíveis com bordas de metal para cortes.

Réguas paralelas

Réguas paralelas são equipadas com um sistema de cabos e roldanas que permite que a régua propriamente dita se desloque ao longo da prancheta somente de forma paralela. Réguas paralelas são mais caras e menos portáteis que réguas T, mas nos permitem desenhar com maior velocidade e precisão.

- Réguas paralelas estão disponíveis nas dimensões de 80, 100, 120 cm, etc. As réguas paralelas de 100 ou 120 cm são as mais úteis.

ESQUADROS

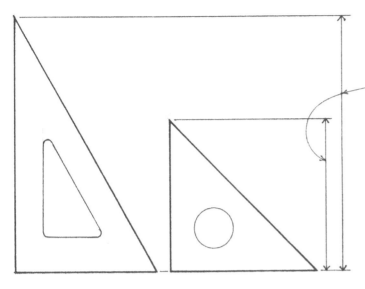

Esquadros

Esquadros são instrumentos de desenho utilizados para guiar o traçado de linhas verticais e linhas em ângulos específicos. Eles têm um ângulo reto e dois de 45° ou um ângulo de 30° e outro de 60°.

- 10 a 60 cm de comprimento.
- Esquadros de 20 a 25 cm são mais úteis.

- Esquadros pequenos são úteis para o hachuramento de pequenas áreas e como guias para o desenho de letras. Veja a página 210.
- Esquadros maiores são mais úteis para a construção de perspectivas.

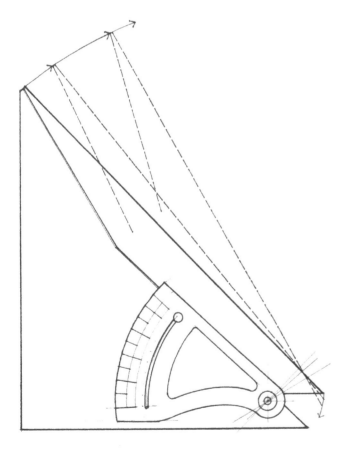

- Os esquadros de 45°–45° e 30°–60° podem ser usados em conjunto para produzir incrementos de 15°. Veja a página 32.

- Os esquadros são feitos de acrílico transparente resistente a riscos e que não amarela, permitindo uma visão transparente não distorcida do trabalho que está por baixo. Esquadros em laranja fluorescente também estão disponíveis para maior visibilidade da superfície de desenho.
- As bordas beneficiadas devem ser polidas para ter precisão e facilitar o desenho. Alguns esquadros têm bordas elevadas para uso de canetas de desenho.
- As bordas internas podem ser chanfradas, para facilitar o erguimento com as pontas dos dedos.

- Mantenha os esquadros limpos lavando-os com sabão suave e água.
- Os esquadros não devem ser usados como régua para corte de materiais.

Esquadros reguláveis

Os esquadros reguláveis têm um braço móvel que é mantido no lugar por um parafuso de orelhas e uma escala para medir ângulos. Esses instrumentos são úteis para traçar linhas inclinadas, como a inclinação de uma escada ou o caimento de uma cobertura.

Compassos

O compasso é fundamental para desenhar círculos grandes e círculos de raios indeterminados.

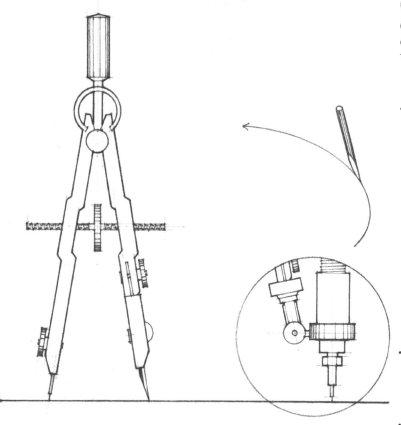

- É difícil aplicar pressão usando um compasso. Utilizar uma mina dura demais pode, portanto, resultar um uma linha leve demais. Uma mina mais macia, com ponta chanfrada, geralmente produzirá uma linha bem nítida sem a necessidade de pressão exagerada. No entanto, uma ponta chanfrada rapidamente fica arredondada e deve ser refeita com frequência.

- Um adaptador permite que canetas nanquim sejam utilizadas com um compasso.

- Até mesmo círculos maiores podem ser desenhados afixando-se um extensor ou usando um compasso com prolongador.

Curvas francesas

- Diversas curvas francesas são fabricadas para guiar o desenho de curvas irregulares.
- Os jacarés são réguas maleáveis mantidas no lugar com o uso de uma mão utilizada para o traçado de curvas suaves por meio de uma série de pontos.

Transferidores

- Transferidores são instrumentos semicirculares para medir e marcar ângulos.

GABARITOS

Gabaritos

Os gabaritos têm aberturas para guiar o traçado de formas predeterminadas.

- Os gabaritos de círculos oferecem uma série graduada de círculos geralmente baseada em frações ou múltiplos de uma polegada. Gabaritos com dimensões no sistema métrico também estão disponíveis.
- O tamanho real de uma abertura se diferencia do tamanho do desenho em virtude da espessura da ponta da lapiseira ou caneta.
- Alguns gabaritos têm recortes para afastá-los da superfície de desenho quando se usa uma caneta.

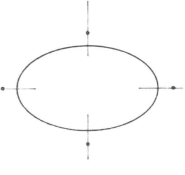

- Existem gabaritos para traçar outras figuras geométricas, como elipses e polígonos, assim como símbolos para aparelhos sanitários e acessórios em várias escalas.

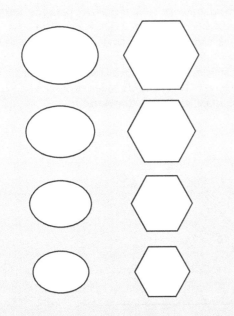

10 DESENHOS DIGITAIS

Desenhos digitais

Análogos aos instrumentos de desenho manuais tradicionais, os recursos de um programa de desenho em computador baseado em vetores bidimensionais definem linhas – o elemento mais importante para o desenho de arquitetura – como vetores matemáticos.

- Um segmento de reta pode ser criado clicando-se em dois pontos finais.
- O peso do traço pode ser selecionado por meio de um menu ou especificando sua espessura em termos absolutos (milímetros, frações de uma polegada ou número de pontos, sendo 1 ponto = 1/72 de polegada).

Guias digitais

Programas de desenho geralmente têm comandos para limitar os movimentos de pontos e linhas a uma direção horizontal, vertical ou diagonal exata. Grelhas e linhas de referência, com os comandos snap-to, ajudam no traçado preciso de linhas e figuras.

- Linhas paralelas podem ser traçadas deslocando-se uma cópia de uma linha já existente a uma dimensão e direção especificada.
- Linhas perpendiculares podem ser traçadas girando uma linha já existente a 90°.
- Guias rápidas podem ser configuradas para traçar linhas a 30°, 45°, 60° ou qualquer ângulo especificado.
- Linhas inclinadas podem ser traçadas girando uma linha já existente a um número desejado de graus.
- Guias também podem ser configuradas para alinhar ou distribuir os centros, a borda esquerda ou direita, ou o topo ou a base dos segmentos de reta.

- Alinhando centros
- Alinhando bordas esquerdas
- Alinhando a borda esquerda e da base

Gabaritos digitais

Programas bidimensionais e de desenho assistido por computador (CAD) incluem gabaritos digitais de figuras geométricas, móveis, acessórios e aparelhos, assim como elementos especificados pelo usuário. A função de um gabarito convencional ou digital é o mesmo – economizar tempo no desenho de elementos repetitivos.

Borrachas

Uma das vantagens do desenho a lápis é a facilidade de apagar suas marcas. Sempre use a borracha mais macia compatível com o instrumento e a superfície de desenho. Evite usar borrachas abrasivas para tinta.

- Borrachas de vinil ou de plástico PVC não são abrasivas e não borram nem danificam a superfície de desenho.
- Algumas borrachas são saturadas com um fluido apagador para remover linhas de tinta de papel em geral e do papel vegetal especial.
- Um fluido apagador líquido remove marcações a lápis e tinta do papel vegetal especial.

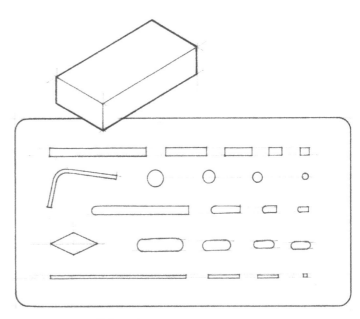

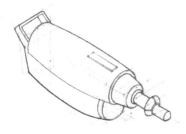

- Borrachas elétricas são muito úteis para apagar áreas maiores e linhas de tinta. Modelos compactos à pilha são especialmente práticos.

Mata-gatos

- Os mata-gatos têm recortes de várias formas e tamanhos para limitar a área de desenho a ser apagada. Essas máscaras finas de aço inoxidável são especialmente eficientes para proteger a superfície de desenho quando usamos uma borracha elétrica. Mata-gatos que têm aberturas quadradas permitem apagar áreas exatas de um desenho.

Outros equipamentos de desenho

- "Bigodes" ajudam a manter a superfície de desenho livre de restos de borracha e outras partículas.
- Existe um talco especial para desenho, o *drafting powder*, que é macio e granulado e fornece uma cobertura protetora temporária durante a criação do desenho, retém o pó de grafite do lápis e mantém limpa a superfície de desenho. Se usado em excesso, o talco pode fazer com que as linhas escorreguem, então use com muita parcimônia.
- Um pó desengordurante pode ser utilizado para preparar as superfícies de desenho para o recebimento de tinta.

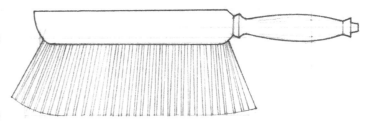

12 ESCALÍMETROS

Em desenho, "escala" refere-se a uma proporção que determina a relação entre uma representação e o tamanho real daquilo que é representado. O termo escala ou escalímetro também se aplica a qualquer instrumento que tem um ou mais conjuntos de espaços precisamente graduados e numerados para medição, leitura ou transferência de dimensões e distâncias em um desenho.

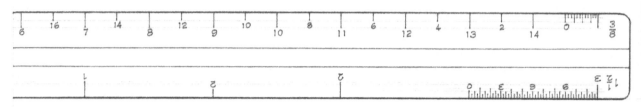

Escalímetros de arquitetura

Um escalímetro tem graduações em suas bordas para que desenhos em escala possam ser medidos diretamente em centímetros e metros.

- Escalímetros triangulares têm 6 lados com 6 escalas, uma escala em tamanho real em incrementos de milímetros, e as seguintes escalas de arquitetura: 1:20, 1:25, 1:50, 1:75, 1:100 e 1:125.

- Escalímetros chanfrados têm 2 lados com 4 escalas ou 4 lados com 8 escalas.

- Há escalímetros de 15 e 30 cm disponíveis.
- Os escalímetros devem ter graduações calibradas com precisão e marcas gravadas resistentes à água.
- Os escalímetros não devem ser usados como régua para o traçado de linhas.

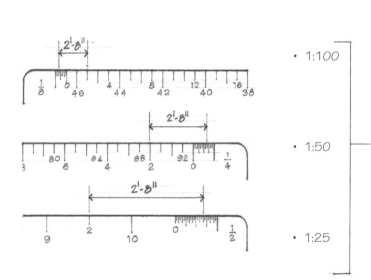

- Para ler um escalímetro, utilize a parte do escalímetro graduada em metros e a divisão de um metro para extensões menores que um metro.

- Quanto maior a escala de um desenho, mais informação ele pode e deve conter.

ESCALÍMETROS   13

Escalímetros de engenharia

Um escalímetro de engenharia tem um ou mais conjuntos de espaços graduados e numerados, com cada conjunto dividido em 10, 20, 30, 40, 50 ou 60 partes de polegada.

Escalímetros métricos

Escalímetros métricos consistem em um ou mais conjuntos de espaços graduados e numerados, com cada conjunto estabelecendo uma proporção de um milímetro a um número de milímetros especificado.

- Os escalímetros métricos mais comuns incluem as seguintes escalas: 1:5, 1:50, 1:500, 1:10, 1:100, 1:1000, 1:20 e 1:200.

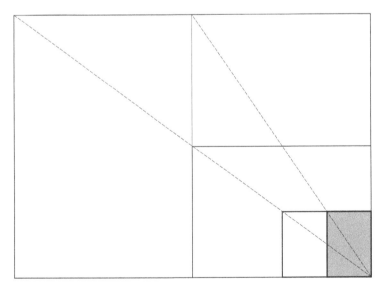

Escalímetros digitais

Em desenhos tradicionais, pensamos em unidades em escala real e usamos o escalímetro para reduzir o desenho a um tamanho apropriado. Em desenhos digitais, inserimos informações em unidades em escala real, mas devemos ter cuidado para distinguir entre o tamanho da imagem vista em um monitor, que pode ser reduzida ou ampliada independentemente de sua dimensão em escala real, e a escala produzida por uma impressora ou um plotador.

14 SUPORTES PARA DESENHO

A transparência dos papéis de desenho, sejam eles sintéticos, sejam de celulose, torna-os ideais para sobreposições, o que nos permite fazer cópias ou trabalhar sobre uma imagem com a superposição de uma nova folha.

Papel manteiga comum

Os vários tipos de papel manteiga comum se caracterizam pelas variedades de transparência, brancura e granulação ou textura. Os papéis manteiga mais lisos geralmente são melhores para o recebimento de tinta, enquanto os mais texturizados são mais adequados para o lápis.

Papel manteiga especial para desenho

Este material barato e leve está disponível em rolos com 12 in, 18 in, 24 in, 30 in e 36 in de largura, nas cores branco, creme, amarelo e bege. As folhas mais finas e leves são utilizadas para croquis à mão livre, sobreposições e estudos. Nesse tipo de papel, use apenas marcadores ou minas de grafite macias, pois canetas ou minas duras podem rasgá-lo facilmente.

Papel de algodão

O papel de algodão é comercializado em rolos, blocos e folhas soltas, nas gramaturas de 16, 20 e 24 lb. Enquanto as folhas de gramatura média (16 lb) são para leiautes gerais e desenhos preliminares, as de 20 lb, com 100% de conteúdo de fibras de algodão, formam um papel mais estável e que pode ser apagado, ideal para desenhos de apresentação. Também existem folhas de papel de algodão quadriculadas, cuja retícula de 4 x 4, 5 x 5, 8 x 8 ou 10 x 10 décimos de polegada é de um azul muito claro, invisível nas reproduções.

Papel vegetal especial

O papel vegetal especial é um filme de poliéster incolor, durável, estável dimensionalmente e translúcido o suficiente para reproduções e sobreposições. Esse papel tem 3 ou 4 milésimos de polegada de espessura e pode ser adquirido em rolos ou folhas avulsas. Uma de suas faces, ou ambas, pode ter uma superfície fosca adequada para receber tanto lápis quanto tinta nanquim. Apenas minas, tintas e borrachas compatíveis devem ser utilizadas nesse papel. As linhas traçadas a tinta podem ser removidas com o uso de uma borracha líquida ou vinílica saturada com fluido apagador.

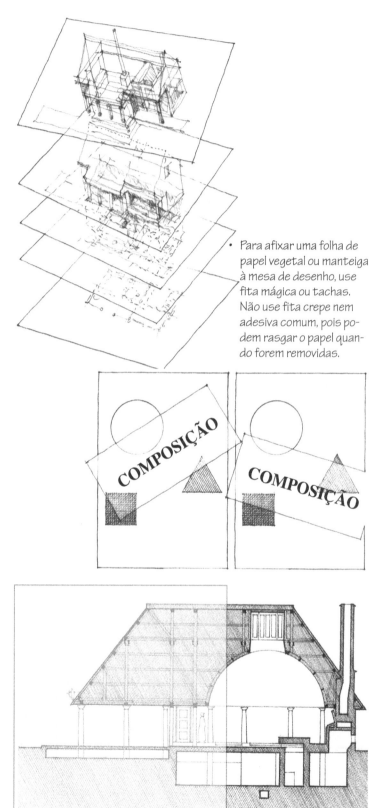

- Para afixar uma folha de papel vegetal ou manteiga à mesa de desenho, use fita mágica ou tachas. Não use fita crepe nem adesiva comum, pois podem rasgar o papel quando forem removidas.

SUPORTES PARA DESENHO 15

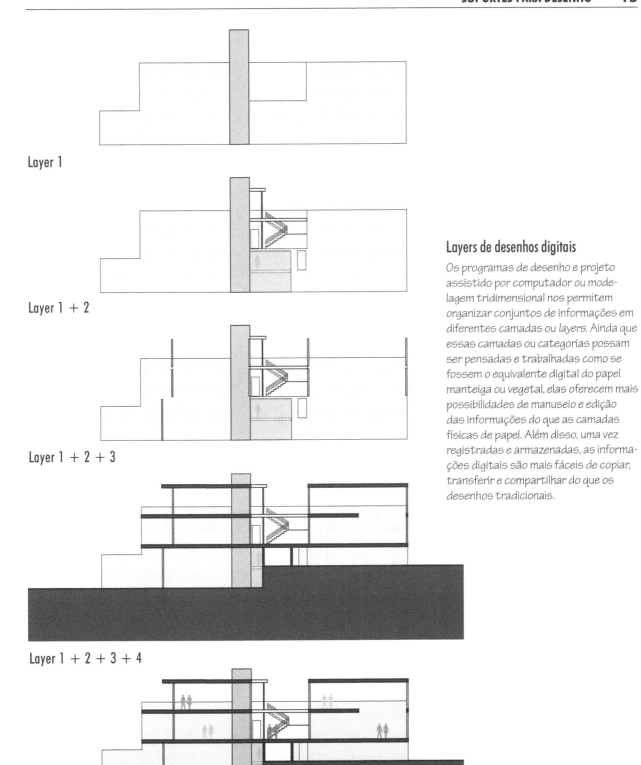

Layer 1

Layer 1 + 2

Layer 1 + 2 + 3

Layer 1 + 2 + 3 + 4

Layer 1 + 2 + 3 + 4 + 5

Layers de desenhos digitais

Os programas de desenho e projeto assistido por computador ou modelagem tridimensional nos permitem organizar conjuntos de informações em diferentes camadas ou layers. Ainda que essas camadas ou categorias possam ser pensadas e trabalhadas como se fossem o equivalente digital do papel manteiga ou vegetal, elas oferecem mais possibilidades de manuseio e edição das informações do que as camadas físicas de papel. Além disso, uma vez registradas e armazenadas, as informações digitais são mais fáceis de copiar, transferir e compartilhar do que os desenhos tradicionais.

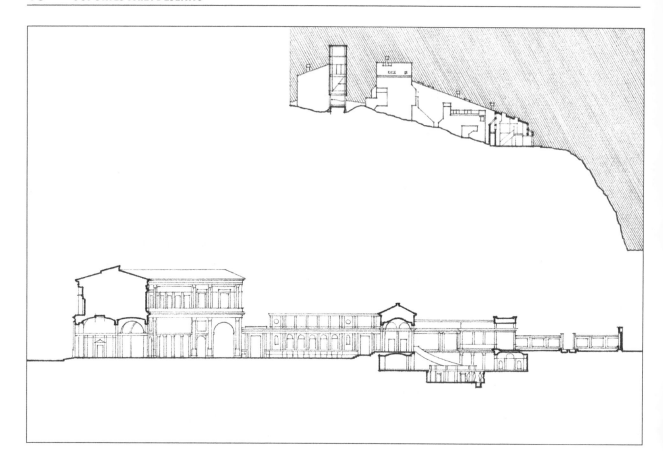

Papel duplex, triplex e similares

Os papéis duplex e triplex são feitos, respectivamente, com uma ou duas folhas de papelão ou cartão alternadas e revestidas de outras folhas brancas. O papel duplex tem 1/16 in de espessura, o triplex, 3/32 in. No caso de apresentações, recomenda-se o uso de papéis duplex ou triplex especiais, como os revestidos de papel com 100% de fibras de algodão.

As folhas prensadas a frio têm um grau de textura adequado ao lápis; as prensadas a quente são relativamente lisas e mais adequadas à tinta.

Algumas marcas de papel duplex, triplex e outros tipos de papel cartão reforçado têm todas as suas camadas de cor branca. Assim, quando cortados, esses papéis grossos se mantêm totalmente brancos, o que os torna ideais para a elaboração de maquetes.

2
Desenhos Técnicos de Arquitetura

O desenho técnico – desenhar com o auxílio de réguas, esquadros, gabaritos, compassos e escalímetros – é o meio tradicional de desenho e representação gráfica em arquitetura, e ainda é relevante em um mundo cada vez mais digital. Traçar uma linha com uma caneta ou lápis incorpora o sentido cinestésico de direção e comprimento, e é um ato tátil que realimenta a mente e reforça a estrutura da imagem gráfica resultante. Este capítulo descreve técnicas e sugestões para traçar linhas, construir figuras e formas geométricas, e realizar operações como subdividir um comprimento em partes iguais. Entender esses procedimentos resultará em uma representação mais eficiente e sistemática das obras de arquitetura e engenharia; vários deles são também muito úteis em esboços à mão livre. Também há equivalentes digitais de técnicas de representação à mão intercaladas para ilustrar os princípios que estão por trás de todo tipo de desenho, seja manual ou em computador.

18 TRAÇADO DE LINHAS

O elemento primordial dos desenhos de arquitetura é a linha, a marca que uma caneta ou lápis deixa quando se desloca pela superfície receptora. Controlar a caneta ou o lápis é fundamental para produzir linhas de boa qualidade e pesos de linha apropriados.

- Desenhe com a mão relaxada; não aperte demais o lápis ou a caneta.
- Segure o lápis, a lapiseira ou a caneta a alguns centímetros da ponta; não segure o instrumento muito perto de sua ponta.
- Controle o movimento de sua caneta, lapiseira ou lápis com o braço e a mão, não somente com os dedos.
- Puxe a caneta, a lapiseira ou o lápis à medida que desenha; não empurre o corpo do instrumento como faria com um taco de sinuca.
- Olhe aonde a linha está indo.

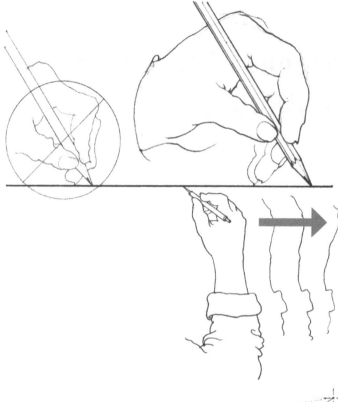

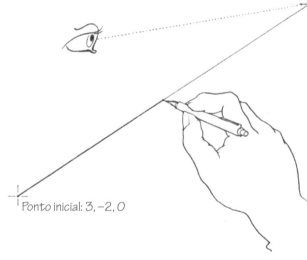

Ponto final: 17, 7, 0

Ponto inicial: 3, −2, 0

Desenhar com um lápis, uma lapiseira ou caneta não é apenas uma experiência visual, mas também uma experiência tátil, na qual se deve sentir a superfície do papel, filme, papel duplex ou triplex à medida que se desenha. Também é um ato cinestésico em que os movimentos da mão e dos olhos correspondem à linha produzida.

Desenho digital

Há uma correspondência similar, porém menos direta, ao desenhar com um mouse ou uma caneta de toque em uma mesa digitalizadora, mas tal ação espacial paralela não ocorre quando inserimos as coordenadas de uma linha por meio de um teclado.

TIPOS DE LINHA 19

Todas as linhas têm uma função no desenho. É essencial que, ao desenhar, entenda-se o que cada linha representa, seja o limite de um plano, uma mudança de material ou simplesmente uma linha de referência de construção.

Os seguintes exemplos de linhas, sejam desenhados à mão ou em um computador, geralmente são usados para tornar a representação gráfica de arquitetura mais fácil de ler e interpretar:

- As linhas de contorno delimitam a forma dos objetos, como a borda de um plano ou a interseção de dois planos. O peso relativo de uma linha de contorno varia de acordo com sua função na sugestão da profundidade.

- As linhas tracejadas ou pontilhadas, as quais consistem em traços curtos e bem próximos entre si ou pontos, indicam elementos ocultos ou removidos da nossa visão.

- Os eixos geométricos, que consistem em segmentos finos e relativamente longos separados por pontos ou linhas menores, representam o eixo de um objeto ou composição simétrica.

- As grades são um sistema retangular ou radial de linhas de contorno finas ou eixos geométricos para localizar e regular os elementos de um plano.

- As linhas de divisa, que consistem em segmentos longos separados por dois traços ou pontos, indicam juridicamente as divisas definidas e registradas de um terreno.

- As linhas de interrupção, segmentos relativamente longos unidos por traços curtos em zigue-zague, são usadas para cortar uma parte de um desenho.

- As linhas de instalações públicas consistem em segmentos relativamente longos separados por uma letra indicando o tipo de instalação predial.

Teoricamente, todas as linhas deveriam ter densidade uniforme, para uma boa leitura e reprodução. Por isso, o peso da linha é principalmente uma questão de largura ou espessura. Enquanto as linhas a tinta são de cor preta uniforme e variam apenas em largura, linhas a lápis podem variar tanto em largura quanto em valor tonal, dependendo de quão dura é a mina utilizada, da rugosidade e densidade da superfície, e da velocidade e pressão com que se desenha. Esforce-se para fazer com que as linhas a lápis tenham densidade uniforme e variem em largura para obter diferenciações nos pesos de linha.

Linhas grossas

- Linhas grossas de contorno são utilizadas para delinear os perfis do plano, cortes (veja as páginas 54 e 71) e as arestas espaciais (veja a página 99).
- Utilize minas H, F, HB ou B; pressionar com força demais para desenhar uma linha forte indica que está sendo utilizada uma mina muito dura.
- Utilize uma lapiseira de mina grossa ou trace uma série de linhas próximas umas das outras com uma lapiseira de mina fina de 0,3 ou 0,5 mm; evite usar lapiseiras de 0,7 ou 0,9 mm para traçar linhas grossas.

Linhas médias

- Linhas de contorno com peso médio indicam as bordas e interseções dos planos.
- Utilize minas H, F ou HB.

Linhas finas

- Linhas de contorno finas sugerem uma mudança de material, cor ou textura, sem mudança na forma de um objeto.
- Utilize minas 2H, H ou F.

Linhas muito finas

- Linhas muito finas e contínuas são usadas para esboçar desenhos, estabelecer malhas reguladoras e indicar texturas de superfícies.
- Utilize minas 4H, 2H, H ou F.
- A variedade e o contraste visível dos pesos de linha devem ser proporcionais ao tamanho e à escala do desenho.

Pesos de linhas digitais

Uma grande vantagem de desenhos em geral ou desenhos técnicos à mão é que os resultados são imediatamente visíveis. Ao usarmos um software, podemos selecionar o peso da linha em um menu ou especificamos a largura de traço em unidades absolutas (milímetros, frações de polegada ou número de pontos, sendo 1 ponto = 1/72 de polegada). Em ambos os casos, o que vemos em um monitor pode não equivaler ao resultado impresso de uma impressora ou plotter. Assim, sempre devemos fazer um teste de impressão para nos certificarmos de que a variação e os contrastes de pesos de linhas resultantes de um desenho estão adequados. Observe, entretanto, que se forem necessárias mudanças no peso de linha, geralmente é muito mais fácil fazê-las em um desenho digital do que em um desenho à mão.

QUALIDADE DA LINHA

A qualidade da linha refere-se à definição, nitidez e consistência de uma linha traçada.

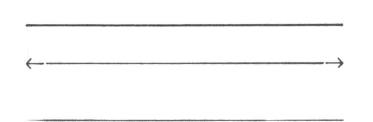

- A densidade e o peso de uma linha devem ser o mais uniforme possíveis ao longo de toda sua extensão.
- Linhas de desenhos técnicos devem ser homogêneas, como se fossem fios bem esticados entre dois pontos.
- Evite traçar uma linha como se fosse uma série de riscos curtos e sobrepostos.

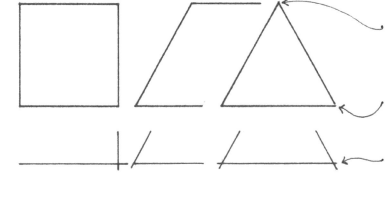

- Todas as linhas devem se encontrar com clareza nas quinas.
- Quando as linhas param antes de uma quina, esta parecerá arredondada.
- Evite linhas cruzadas excessivas que parecem desproporcionais ao tamanho do desenho.

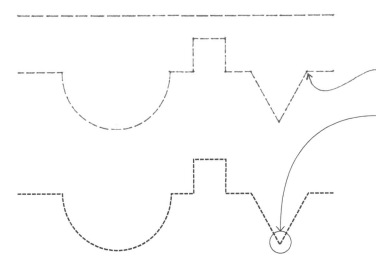

- Tracejados devem ser relativamente uniformes em todo o comprimento e próximos uns do outros, para melhor continuidade.
- Quando linhas tracejadas se encontram em uma quina, um traço deve ultrapassar o outro.
- Um espaço deixado na quina irá arredondá-la.

Qualidade da linha digital

O que se vê em um monitor de computador não indica necessariamente o que obteremos em uma impressora ou plotador. A avaliação da qualidade de uma linha em um desenho digital deve ser postergada até que se veja o verdadeiro resultado de uma impressora ou plotador.

- As linhas produzidas por programas de desenhos baseados em vetores são resultantes de fórmulas matemáticas e geralmente têm impressão melhor do que aquelas com quadriculação.

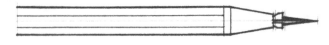

Princípios gerais

- A ponta da mina de uma lapiseira de mina grossa deve ter um afunilamento de cerca de 1 cm; se o afunilamento for muito curto ou muito arredondado, a ponta irá engrossar rapidamente.
- Há uma variedade de apontadores para lapiseira. Se preferir uma lixa para apontar minas, incline bastante a mina para conseguir o afunilamento correto.
- Minas de 0,3 ou 0,5 mm de lapiseiras de mina fina não precisam ser apontadas.

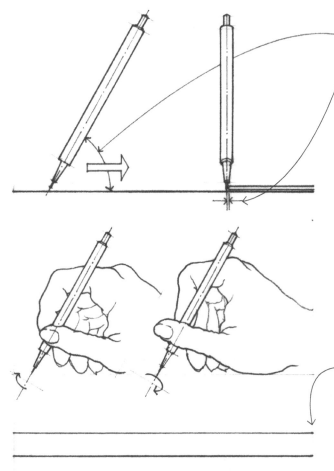

- Posicione seu corpo de modo a desenhar apoiando a lapiseira na borda superior de uma régua T, régua paralela ou esquadro, nunca na borda inferior.
- Segure a lapiseira em um ângulo de 45° a 60°; segure canetas nanquim em um ângulo levemente maior.
- Puxe a caneta ou lapiseira ao longo da régua em um plano perpendicular à superfície de desenho, deixando um espaço muito pequeno entre a régua e a ponta da caneta ou da lapiseira. Não empurre a caneta ou lapiseira como se fosse um taco.
- Não desenhe até a quina da régua que toca a superfície de desenho. Fazer isso suja o equipamento e cria linhas com borrões de tinta.
- Desenhe em ritmo constante – não muito rápido, nem muito devagar – e com uma pressão uniforme. Isso ajudará a evitar que uma linha fique mais fina ou mais clara ao longo do seu comprimento.
- Para ajudar a ponta da lapiseira a gastar de maneira uniforme e se manter relativamente apontada, gire o corpo da lapiseira entre o polegar e o indicador aos poucos à medida que for desenhando todo o comprimento de uma linha.
- Uma linha deve começar e terminar de modo marcante. Aplicar uma pressão levemente maior no começo e fim de um traço ajudará a conseguir isso.
- Esforce-se para traçar linhas de um único traço. Conseguir o peso de linha desejado, por outro lado, às vezes exige traçar uma série de linhas muito próximas umas das outras.
- Tente manter os desenhos limpos lavando as mãos e os equipamentos com frequência e erguendo e movendo os instrumentos em vez de arrastá-los pela superfície de desenho.
- Proteja a superfície de desenho mantendo parte dele coberto com um papel manteiga comum leve e expondo apenas a parte em que se está trabalhando. A transparência do papel manteiga comum ajuda a manter a conexão visual com o contexto do desenho.

TÉCNICAS DE DESENHO

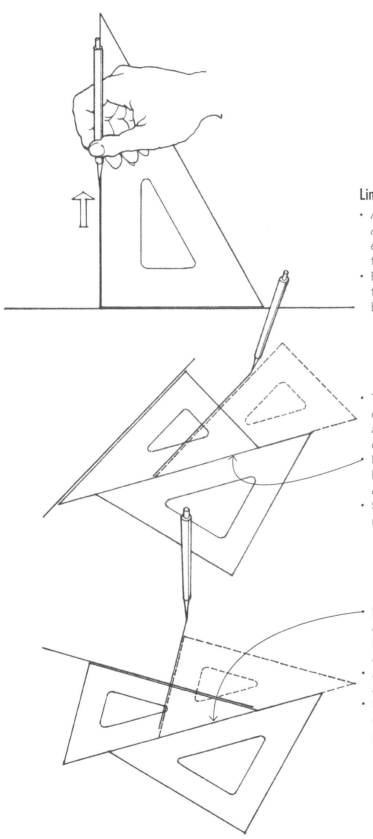

Linhas paralelas e perpendiculares

- Ao traçar linhas verticais perpendiculares à borda de uma régua T ou paralela, use um esquadro e desloque seu corpo de modo similar ao qual traçamos linhas horizontais.
- Evite fazer linhas verticais permanecendo sentado e imóvel e correndo a caneta ou o lápis pela borda do esquadro.

- Traçar uma série de linhas paralelas usando dois esquadros é útil quando essa série está em um ângulo que não esteja nos esquadros comuns, que têm ângulos de 30°, 45°, 60° ou 90°.
- Posicione a hipotenusa de um esquadro contra a hipotenusa do outro e alinhe um lado do esquadro superior com a linha determinada.
- Segure firme o esquadro inferior enquanto escorrega o outro esquadro às posições desejadas.

- Para traçar uma linha perpendicular a uma determinada linha, primeiramente posicione a hipotenusa de um esquadro contra a hipotenusa do outro.
- Alinhe um lado do esquadro superior com a linha determinada.
- Segure firme o esquadro inferior enquanto escorrega o esquadro superior até que o lado perpendicular esteja na posição adequada.

Subdivisões

A princípio, é sempre recomendável trabalhar da parte maior para a menor. A repetição sucessiva de comprimentos ou medidas pequenas pode resultar em um acúmulo de pequenos erros. Portanto, é vantajoso subdividir um comprimento total em um número de partes iguais. Subdividir um determinado comprimento é uma maneira útil de construir os pisos e espelhos de uma escada e estabelecer as fiadas de uma parede de alvenaria ao desenhar as peças de um piso cerâmico.

- Para subdividir um segmento de reta AB em um número de partes iguais, trace uma linha em um ângulo adequado entre 10° e 45° através do ponto inicial. Usar um ângulo agudo demais dificultaria a boa identificação do ponto exato de interseção.

- Ao longo dessa linha, use uma escala adequada para marcar o número desejado de partes iguais.

- Una os pontos extremos B e C.
- Trace linhas paralelas a BC para transferir as divisões em escala à linha AB.

TÉCNICAS DE DESENHO 25

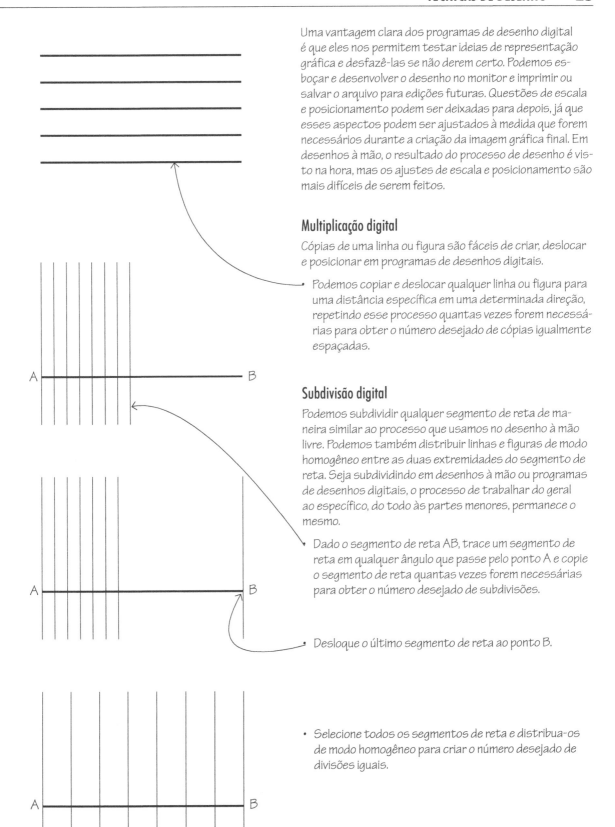

Uma vantagem clara dos programas de desenho digital é que eles nos permitem testar ideias de representação gráfica e desfazê-las se não derem certo. Podemos esboçar e desenvolver o desenho no monitor e imprimir ou salvar o arquivo para edições futuras. Questões de escala e posicionamento podem ser deixadas para depois, já que esses aspectos podem ser ajustados à medida que forem necessários durante a criação da imagem gráfica final. Em desenhos à mão, o resultado do processo de desenho é visto na hora, mas os ajustes de escala e posicionamento são mais difíceis de serem feitos.

Multiplicação digital

Cópias de uma linha ou figura são fáceis de criar, deslocar e posicionar em programas de desenhos digitais.

- Podemos copiar e deslocar qualquer linha ou figura para uma distância específica em uma determinada direção, repetindo esse processo quantas vezes forem necessárias para obter o número desejado de cópias igualmente espaçadas.

Subdivisão digital

Podemos subdividir qualquer segmento de reta de maneira similar ao processo que usamos no desenho à mão livre. Podemos também distribuir linhas e figuras de modo homogêneo entre as duas extremidades do segmento de reta. Seja subdividindo em desenhos à mão ou programas de desenhos digitais, o processo de trabalhar do geral ao específico, do todo às partes menores, permanece o mesmo.

- Dado o segmento de reta AB, trace um segmento de reta em qualquer ângulo que passe pelo ponto A e copie o segmento de reta quantas vezes forem necessárias para obter o número desejado de subdivisões.

- Desloque o último segmento de reta ao ponto B.

- Selecione todos os segmentos de reta e distribua-os de modo homogêneo para criar o número desejado de divisões iguais.

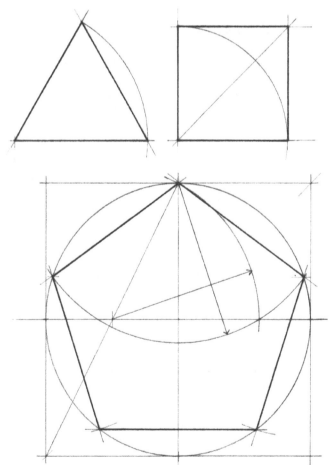

Ângulos e figuras

Utilizamos esquadros comuns para construir ângulos de 30°, 45°, 60° e 90°. Usando os esquadros de 45°–45° e 30°–60° em conjunto, também podemos obter ângulos de 15° e 75°. Para outros ângulos, use um transferidor ou um esquadro regulável.

Os diagramas à esquerda ilustram como construir três figuras geométricas comuns – um triângulo equilátero, um quadrado e um pentágono.

TÉCNICAS DE DESENHO 27

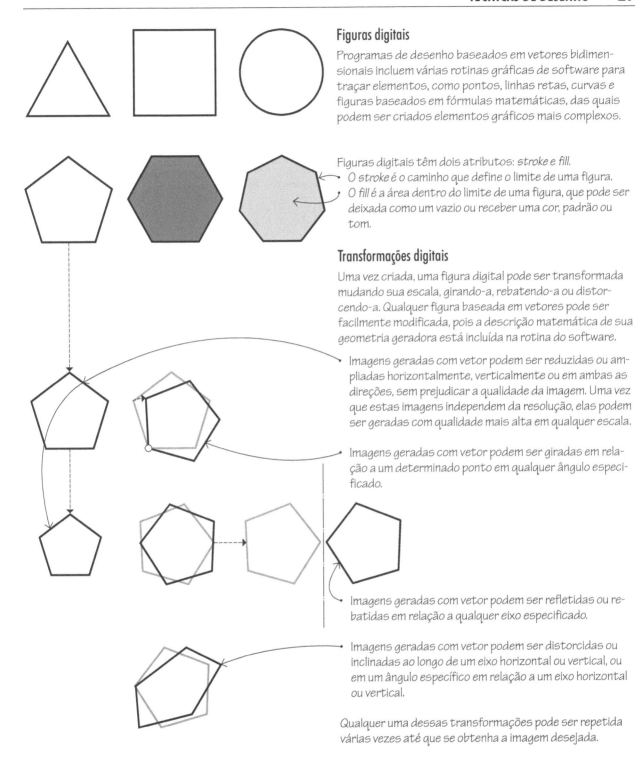

Figuras digitais

Programas de desenho baseados em vetores bidimensionais incluem várias rotinas gráficas de software para traçar elementos, como pontos, linhas retas, curvas e figuras baseados em fórmulas matemáticas, das quais podem ser criados elementos gráficos mais complexos.

Figuras digitais têm dois atributos: *stroke* e *fill*.
- O *stroke* é o caminho que define o limite de uma figura.
- O *fill* é a área dentro do limite de uma figura, que pode ser deixada como um vazio ou receber uma cor, padrão ou tom.

Transformações digitais

Uma vez criada, uma figura digital pode ser transformada mudando sua escala, girando-a, rebatendo-a ou distorcendo-a. Qualquer figura baseada em vetores pode ser facilmente modificada, pois a descrição matemática de sua geometria geradora está incluída na rotina do software.

- Imagens geradas com vetor podem ser reduzidas ou ampliadas horizontalmente, verticalmente ou em ambas as direções, sem prejudicar a qualidade da imagem. Uma vez que estas imagens independem da resolução, elas podem ser geradas com qualidade mais alta em qualquer escala.

- Imagens geradas com vetor podem ser giradas em relação a um determinado ponto em qualquer ângulo especificado.

- Imagens geradas com vetor podem ser refletidas ou rebatidas em relação a qualquer eixo especificado.

- Imagens geradas com vetor podem ser distorcidas ou inclinadas ao longo de um eixo horizontal ou vertical, ou em um ângulo específico em relação a um eixo horizontal ou vertical.

Qualquer uma dessas transformações pode ser repetida várias vezes até que se obtenha a imagem desejada.

TÉCNICAS DE DESENHO

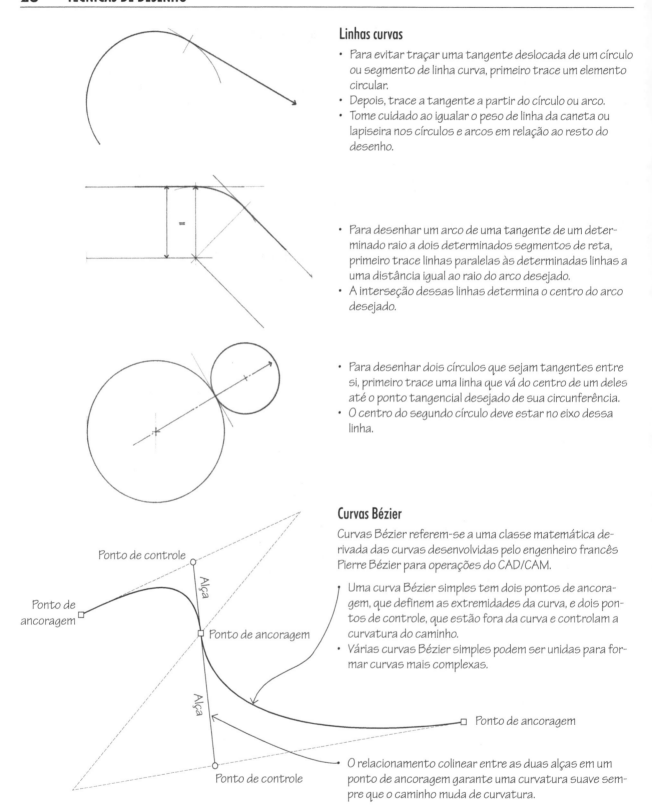

Linhas curvas

- Para evitar traçar uma tangente deslocada de um círculo ou segmento de linha curva, primeiro trace um elemento circular.
- Depois, trace a tangente a partir do círculo ou arco.
- Tome cuidado ao igualar o peso de linha da caneta ou lapiseira nos círculos e arcos em relação ao resto do desenho.

- Para desenhar um arco de uma tangente de um determinado raio a dois determinados segmentos de reta, primeiro trace linhas paralelas às determinadas linhas a uma distância igual ao raio do arco desejado.
- A interseção dessas linhas determina o centro do arco desejado.

- Para desenhar dois círculos que sejam tangentes entre si, primeiro trace uma linha que vá do centro de um deles até o ponto tangencial desejado de sua circunferência.
- O centro do segundo círculo deve estar no eixo dessa linha.

Curvas Bézier

Curvas Bézier referem-se a uma classe matemática derivada das curvas desenvolvidas pelo engenheiro francês Pierre Bézier para operações do CAD/CAM.

- Uma curva Bézier simples tem dois pontos de ancoragem, que definem as extremidades da curva, e dois pontos de controle, que estão fora da curva e controlam a curvatura do caminho.
- Várias curvas Bézier simples podem ser unidas para formar curvas mais complexas.
- O relacionamento colinear entre as duas alças em um ponto de ancoragem garante uma curvatura suave sempre que o caminho muda de curvatura.

3
Sistemas de Desenho de Arquitetura

O problema fundamental do desenho de arquitetura é como representar formas, construções e espaços tridimensionais em apenas duas dimensões. Três tipos distintos de sistemas de desenho evoluíram ao longo do tempo para cumprir essa missão: desenhos de vistas múltiplas, de linhas paralelas e em perspectivas cônicas. Este capítulo descreve esses três principais sistemas de desenho, os princípios por trás de sua construção e suas características gráficas finais. A discussão não inclui mídias que envolvem movimento e animação, tornadas possíveis pela tecnologia computacional. Mesmo assim, esses sistemas visuais de representação constituem uma linguagem gráfica formal que é regida por um conjunto de princípios consistente. Entender esses princípios e suas convenções é crucial para elaboração e leitura de desenhos de arquitetura.

30 DESENHOS EM PERSPECTIVA

Os três principais sistemas de desenho resultam do modo em que um objeto tridimensional é projetado em um plano bidimensional ou, em outras palavras, no plano do desenho.

- Linhas projetadas transferem pontos do objeto para o plano do desenho. Essas linhas projetadas também são chamadas de linhas de visão nas perspectivas cônicas.
- A folha de papel ou superfície de desenho é o equivalente virtual do plano do desenho.

Três sistemas de projeção diferentes resultam da relação entre si das linhas projetadas e delas com o plano do desenho.

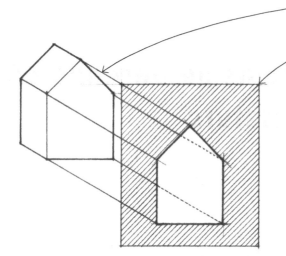

Projeção ortogonal
- As linhas projetadas são paralelas entre si e perpendiculares ao plano do desenho.
- A projeção axonométrica é um caso especial de projeção ortogonal.

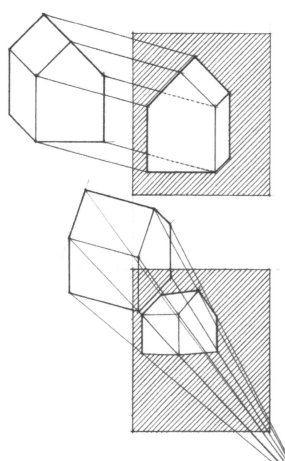

Projeção oblíqua
- As linhas projetadas são paralelas entre si e oblíquas ao plano do desenho.

Projeção em perspectiva (perspectiva cônica)
- As linhas projetadas ou linhas de visão convergem de um ponto central, que representa um único olho do observador.

Uma vez que a informação de uma construção ou meio tridimensional foi inserido em um computador, os CAD tridimensionais e programas de geração de maquetes eletrônicas podem, em tese, apresentar a informação em qualquer um desses sistemas de projeção.

SISTEMAS PICTÓRICOS 31

Quando estudamos como cada sistema de projeção representa o mesmo objeto, podemos ver como diferentes efeitos pictóricos resultam. Categorizamos esses sistemas pictóricos em desenhos de vistas múltiplas, de linhas paralelas e em perspectivas com pontos de fuga.

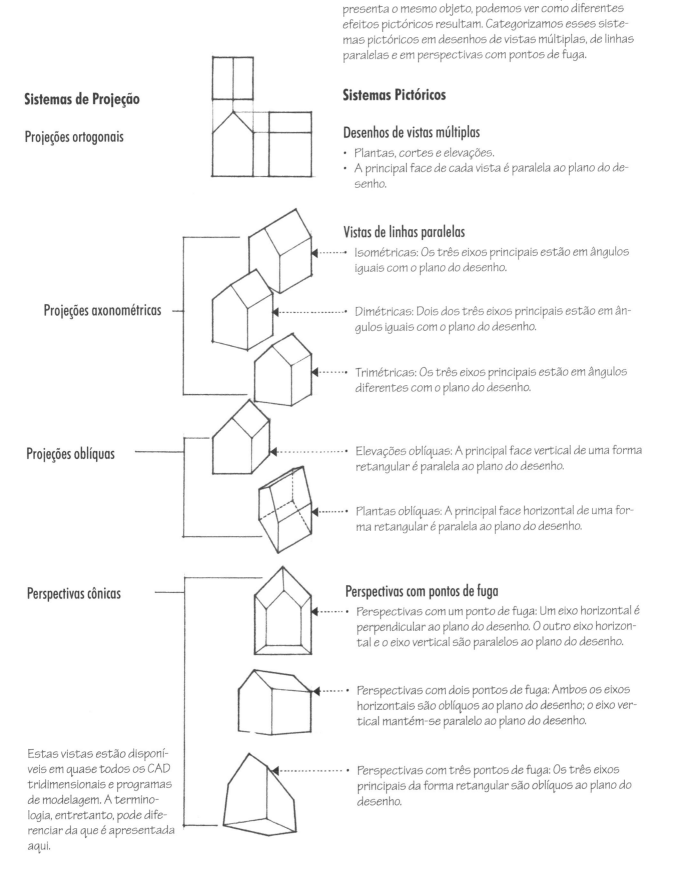

Sistemas de Projeção

Projeções ortogonais

Sistemas Pictóricos

Desenhos de vistas múltiplas
- Plantas, cortes e elevações.
- A principal face de cada vista é paralela ao plano do desenho.

Vistas de linhas paralelas

Projeções axonométricas

- Isométricas: Os três eixos principais estão em ângulos iguais com o plano do desenho.

- Dimétricas: Dois dos três eixos principais estão em ângulos iguais com o plano do desenho.

- Trimétricas: Os três eixos principais estão em ângulos diferentes com o plano do desenho.

Projeções oblíquas

- Elevações oblíquas: A principal face vertical de uma forma retangular é paralela ao plano do desenho.

- Plantas oblíquas: A principal face horizontal de uma forma retangular é paralela ao plano do desenho.

Perspectivas cônicas

Perspectivas com pontos de fuga
- Perspectivas com um ponto de fuga: Um eixo horizontal é perpendicular ao plano do desenho. O outro eixo horizontal e o eixo vertical são paralelos ao plano do desenho.

- Perspectivas com dois pontos de fuga: Ambos os eixos horizontais são oblíquos ao plano do desenho; o eixo vertical mantém-se paralelo ao plano do desenho.

Estas vistas estão disponíveis em quase todos os CAD tridimensionais e programas de modelagem. A terminologia, entretanto, pode diferenciar da que é apresentada aqui.

- Perspectivas com três pontos de fuga: Os três eixos principais da forma retangular são oblíquos ao plano do desenho.

DESENHOS DE VISTAS MÚLTIPLAS

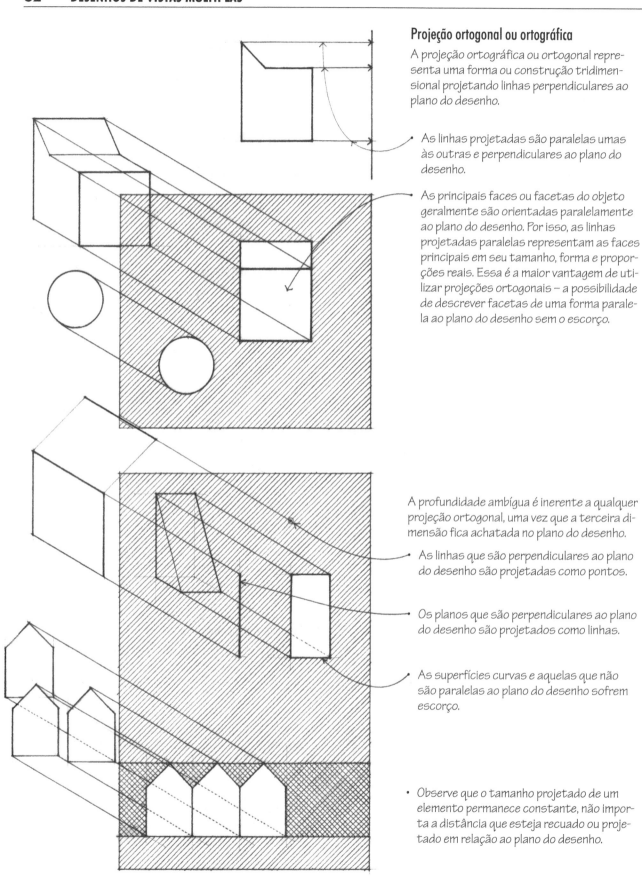

Projeção ortogonal ou ortográfica

A projeção ortográfica ou ortogonal representa uma forma ou construção tridimensional projetando linhas perpendiculares ao plano do desenho.

- As linhas projetadas são paralelas umas às outras e perpendiculares ao plano do desenho.

- As principais faces ou facetas do objeto geralmente são orientadas paralelamente ao plano do desenho. Por isso, as linhas projetadas paralelas representam as faces principais em seu tamanho, forma e proporções reais. Essa é a maior vantagem de utilizar projeções ortogonais – a possibilidade de descrever facetas de uma forma paralela ao plano do desenho sem o escorço.

A profundidade ambígua é inerente a qualquer projeção ortogonal, uma vez que a terceira dimensão fica achatada no plano do desenho.

- As linhas que são perpendiculares ao plano do desenho são projetadas como pontos.

- Os planos que são perpendiculares ao plano do desenho são projetados como linhas.

- As superfícies curvas e aquelas que não são paralelas ao plano do desenho sofrem escorço.

- Observe que o tamanho projetado de um elemento permanece constante, não importa a distância que esteja recuado ou projetado em relação ao plano do desenho.

DESENHOS DE VISTAS MÚLTIPLAS 33

Apenas uma projeção ortogonal não pode representar as facetas de um objeto que são oblíquas ou perpendiculares ao plano do desenho. Essa informação só pode ser obtida por meio de projeções ortogonais relacionadas. Por isso, usamos o termo "desenhos de vistas múltiplas" para descrever a série de projeções ortogonais necessárias de maneira completa e precisa a fim de descrever um objeto tridimensional.

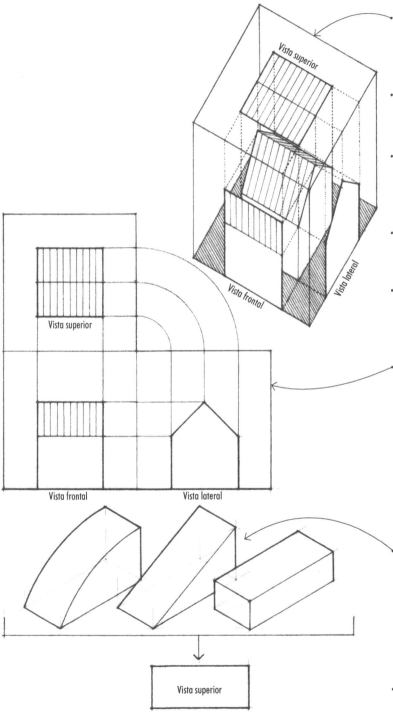

- Se inserirmos um objeto dentro de uma caixa transparente com planos de desenho, podemos dar nomes às imagens projetadas ortogonalmente nos principais planos do desenho.
- As vistas superiores são projeções ortogonais geradas no plano do desenho horizontal. Em desenho de arquitetura, as vistas superiores são chamadas de plantas.
- As vistas frontais e laterais são projeções ortogonais geradas no plano do desenho vertical. Em desenho de arquitetura, as vistas frontais e laterais são chamadas de elevações.
- Veja o Capítulo 4 para plantas baixas e cortes, os quais são projeções ortogonais de cortes feitos através de uma edificação.
- Para facilitar a leitura e a interpretação de como uma série de projeções ortogonais descreve um todo tridimensional, distribuímos as vistas de maneira ordenada e lógica.
- O leiaute mais comum é obtido ao desmontarmos a caixa transparente dos planos do desenho em um único plano representado pela superfície de desenho. A vista superior ou planta é deslocada para cima a uma posição diretamente acima e verticalmente alinhada com a vista frontal ou elevação, enquanto a vista lateral gira para alinhar-se horizontalmente com a vista frontal. O resultado é um conjunto coerente de vistas ortogonais relacionadas entre si.
- Embora esses três objetos tenham formas diferentes, suas vistas superiores ou plantas são idênticas. Apenas olhando-se as projeções ortogonais relacionadas é que conseguimos entender a forma tridimensional de cada objeto. Por isso, devemos estudar e representar formas e construções tridimensionais por meio de uma série de projeções ortogonais relacionadas entre si.
- A mente deve ser capaz de ler e reunir um conjunto desenhos de vistas múltiplas para entender perfeitamente a natureza do objeto tridimensional.

34 VISTAS DE LINHAS PARALELAS (PARALINES)

Enquanto projeções ortogonais descrevem um objeto tridimensional por meio de uma série de vistas bidimensionais distintas, porém relacionadas, as vistas de linhas paralelas (paralines) transmitem a natureza tridimensional de uma forma ou construção em uma única vista. Na verdade, qualquer projeção ortogonal é uma vista de linhas paralelas. Entretanto, utilizamos o termo "vistas de linhas paralelas" ou "paralines" para nos referirmos especificamente às vistas descritas abaixo.

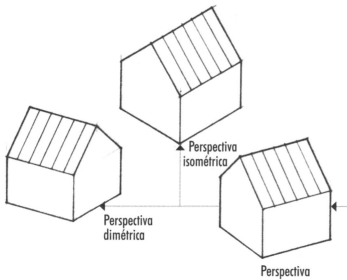

Perspectiva isométrica
Perspectiva dimétrica
Perspectiva trimétrica

Tipos de vistas de linhas paralelas (paralines)

- Projeções axonométricas podem produzir vistas isométricas, dimétricas ou trimétricas.

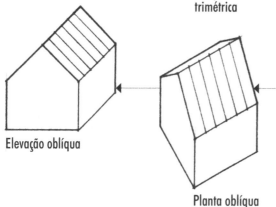

Elevação oblíqua
Planta oblíqua

- Projeções oblíquas podem resultar em perspectivas cavaleiras (plantas oblíquas) ou elevações oblíquas.

- Infelizmente, os programas de maquetes eletrônicas e CAD tridimensionais não utilizam esses termos para os diferentes tipos de vistas de linhas paralelas de maneira consistente.

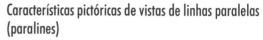

Características pictóricas de vistas de linhas paralelas (paralines)

- Vistas de linhas paralelas são sempre vistas aéreas (vistas a olho de pássaro) ou vistas de baixo para cima ("a olho de minhoca").

- As linhas paralelas do objeto permanecem paralelas no desenho.

- Todas as linhas axiais – linhas que são paralelas em relação aos eixos principais X, Y e Z – podem ser representadas em escala.

Projeção axonométrica

Uma projeção axonométrica é uma projeção ortogonal de uma forma tridimensional que é inclinada em relação ao plano do desenho de modo que os seus três eixos principais são escorçados. O termo "axonométrica" muitas vezes é usado incorretamente para descrever vistas de linhas paralelas (paralines) de projeções oblíquas ou de toda a classe de vistas de linhas paralelas. Em sentido estrito, a projeção axonométrica é uma forma de projeção ortogonal na qual as linhas projetadas são paralelas umas às outras e perpendiculares ao plano do desenho. A diferença entre desenhos ortogonais de vista múltipla e desenhos axonométricos de vista única é simplesmente a orientação do objeto em relação ao plano do desenho.

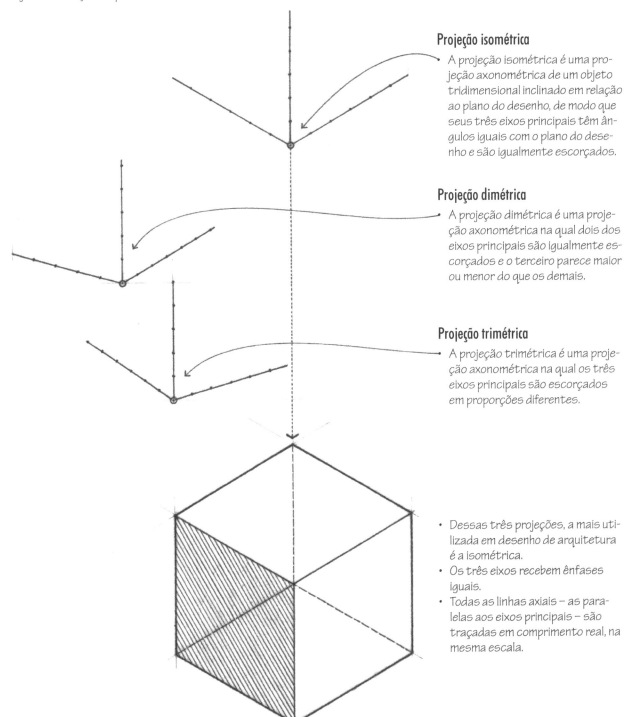

Projeção isométrica
A projeção isométrica é uma projeção axonométrica de um objeto tridimensional inclinado em relação ao plano do desenho, de modo que seus três eixos principais têm ângulos iguais com o plano do desenho e são igualmente escorçados.

Projeção dimétrica
A projeção dimétrica é uma projeção axonométrica na qual dois dos eixos principais são igualmente escorçados e o terceiro parece maior ou menor do que os demais.

Projeção trimétrica
A projeção trimétrica é uma projeção axonométrica na qual os três eixos principais são escorçados em proporções diferentes.

- Dessas três projeções, a mais utilizada em desenho de arquitetura é a isométrica.
- Os três eixos recebem ênfases iguais.
- Todas as linhas axiais – as paralelas aos eixos principais – são traçadas em comprimento real, na mesma escala.

36 VISTAS DE LINHAS PARALELAS (PARALINES)

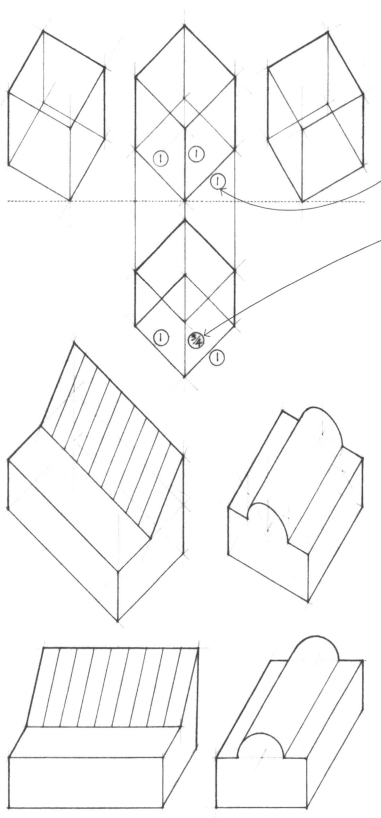

Projeção oblíqua

A projeção oblíqua representa uma forma ou construção tridimensional obtida projetando-se linhas paralelas sob determinado ângulo, que não o de 90°, em relação ao plano do desenho. Uma face principal ou conjunto de planos do objeto é geralmente orientado paralelamente ao plano do desenho, e, portanto, é representado em tamanho, forma e proporção precisos.

- Por conveniência, as linhas de recuo perpendiculares ao plano do desenho geralmente são traçadas na mesma escala das linhas paralelas ao plano do desenho.
- As linhas de recuo podem ser reduzidas a ¾ ou ½ do seu comprimento em escala, para compensar a aparência distorcida.

Em desenho de arquitetura, há dois tipos principais de projeções oblíquas: plantas oblíquas e elevações oblíquas.

Plantas oblíquas
- As plantas oblíquas orientam os planos horizontais do objeto paralelamente ao plano do desenho. Esses planos horizontais são, portanto, mostrados em seu tamanho e forma real, enquanto os dois conjuntos principais de planos verticais são reduzidos.
- As plantas oblíquas têm um ângulo de vista maior do que desenhos isométricos.
- Uma das vantagens em construir plantas oblíquas é a possibilidade de utilizar plantas baixas como desenhos de base.

Elevações oblíquas
- As elevações oblíquas orientam um conjunto principal de planos verticais do objeto paralelamente ao plano do desenho. Portanto, esse conjunto é mostrado em seu tamanho e forma real, enquanto outro conjunto vertical e o conjunto principal de planos horizontais são reduzidos.
- A face escolhida para ser paralela ao plano do desenho deve ser a mais longa, complexa e importante da construção ou edificação.

Perspectivas cônicas

As perspectivas cônicas representam uma forma ou construção tridimensional, projetando-se todos os seus pontos em um plano de desenho (PD) por meio de linhas retas que convergem a um ponto fixo representando um olho do observador.

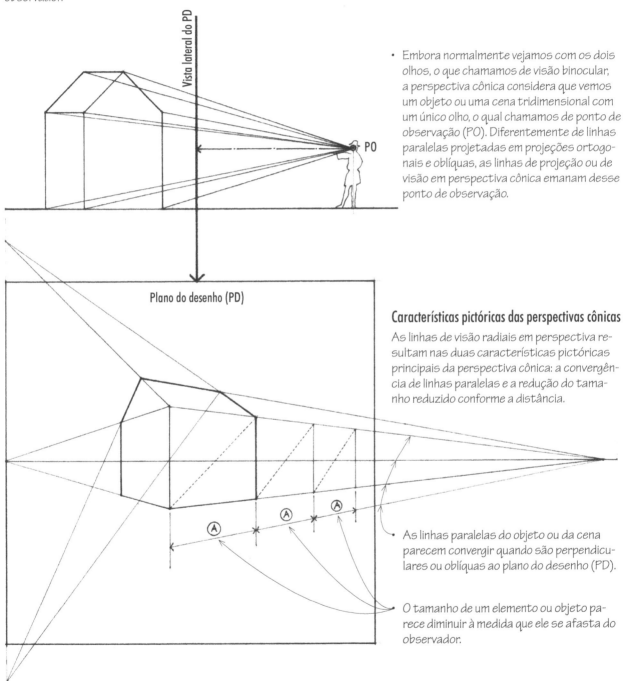

- Embora normalmente vejamos com os dois olhos, o que chamamos de visão binocular, a perspectiva cônica considera que vemos um objeto ou uma cena tridimensional com um único olho, o qual chamamos de ponto de observação (PO). Diferentemente de linhas paralelas projetadas em projeções ortogonais e oblíquas, as linhas de projeção ou de visão em perspectiva cônica emanam desse ponto de observação.

Características pictóricas das perspectivas cônicas

As linhas de visão radiais em perspectiva resultam nas duas características pictóricas principais da perspectiva cônica: a convergência de linhas paralelas e a redução do tamanho reduzido conforme a distância.

- As linhas paralelas do objeto ou da cena parecem convergir quando são perpendiculares ou oblíquas ao plano do desenho (PD).

- O tamanho de um elemento ou objeto parece diminuir à medida que ele se afasta do observador.

38 PERSPECTIVAS CÔNICAS

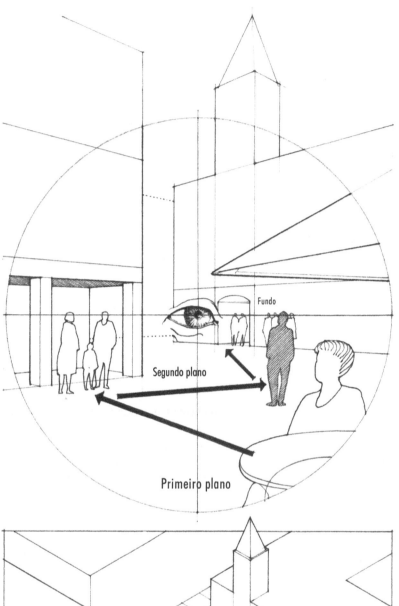

Perspectivas cônicas vs. desenhos de vistas múltiplas e linhas paralelas

Uma perspectiva bem desenhada é o melhor meio de representar a experiência de estar em um espaço tridimensional.

- A natureza sensorial de uma perspectiva cônica baseia-se em nossa capacidade de definir pelo menos três camadas de profundidade dentro de uma cena: o primeiro plano, o segundo plano e o fundo.

- Perspectivas cônicas pressupõem que há um observador localizado em um ponto específico do espaço e olhando em uma direção específica.

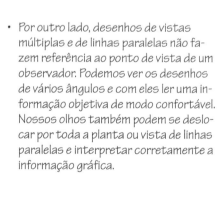

- Por outro lado, desenhos de vistas múltiplas e de linhas paralelas não fazem referência ao ponto de vista de um observador. Podemos ver os desenhos de vários ângulos e com eles ler uma informação objetiva de modo confortável. Nossos olhos também podem se deslocar por toda a planta ou vista de linhas paralelas e interpretar corretamente a informação gráfica.

PERSPECTIVAS CÔNICAS

Visão seriada

Podemos usar uma série de perspectivas – o que chamamos de visão seriada – para transmitir não apenas a experiência de estar em um lugar, mas também a de se mover por uma sequência de espaços.

- Programas de maquete eletrônica ou modelagem eletrônica muitas vezes podem criar uma série sequencial de vistas em perspectiva e simular um passeio virtual dentro ou por cima de uma edificação ou espaço. Atualmente estão sendo desenvolvidas pesquisas sobre como usar essas possibilidades para estimular mais efetivamente o modo com que experimentamos um espaço.

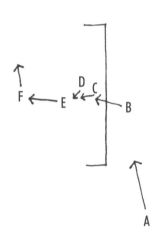

- Não faz sentido desenhar uma perspectiva de um objeto pequeno, como uma cadeira ou um detalhe estrutural, a não ser que ele exista em um contexto espacial. Nessas escalas reduzidas, o grau de convergência das linhas paralelas é tão pequeno que uma vista de linhas paralelas geralmente é a escolha mais adequada e eficiente.

40 COMUNICANDO IDEIAS DE PROJETO

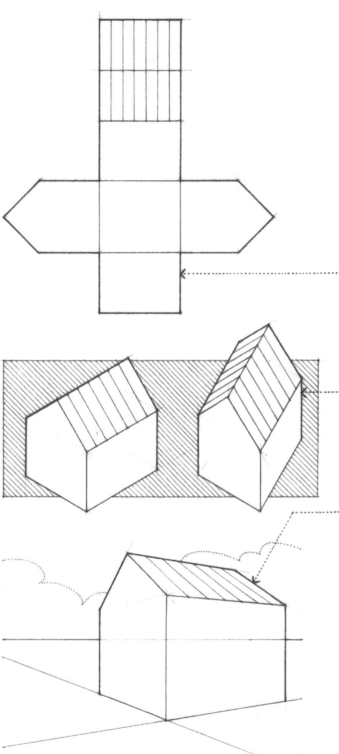

Usamos desenhos de arquitetura para iniciar, explorar, desenvolver e comunicar ideias de projeto. Nenhum desenho pode mostrar tudo a respeito de um objeto ou tema. Cada sistema pictórico de representação fornece um modo alternativo de representar e pensar sobre o que vemos à nossa frente ou imaginamos em nossas mentes. A escolha de um sistema de desenho específico influencia como vemos a imagem gráfica final, estabelece quais questões de projeto estão visíveis para avaliação e estudo, e indica como tendemos a pensar sobre o tema do desenho. Portanto, ao escolhermos um sistema de desenho, estamos fazendo escolhas conscientes e inconscientes sobre o que mostrar e o que ocultar.

Ponto de vista

- Os desenhos de vista múltipla representam um objeto tridimensional por meio de uma série de vistas bidimensionais distintas, porém relacionadas.
- Há vistas abstratas que o observador deve reunir em sua mente para construir uma realidade objetiva.

- As vistas de linhas paralelas (paralines) descrevem a natureza tridimensional do mesmo objeto em uma única vista.
- Essas vistas combinam a representação em escala de desenhos de vista múltipla com a natureza pictórica e fácil de entender das perspectivas.

- As perspectivas são vistas sensoriais que transmitem a sensação de estar presente em um meio espacial.
- As perspectivas representam uma realidade óptica e não a realidade objetiva de desenhos de vista múltipla ou vistas de linhas paralelas.
- É um paradoxo que desenhos de vista múltipla sejam relativamente fáceis de desenvolver, mas muitas vezes difíceis de interpretar, ao passo que perspectivas cônicas são mais complexas de construir, mas geralmente mais fáceis de entender.

COMUNICANDO IDEIAS DE PROJETO 41

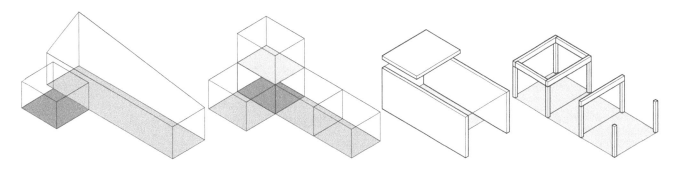

Experimentando diferentes possibilidades espaciais e formais

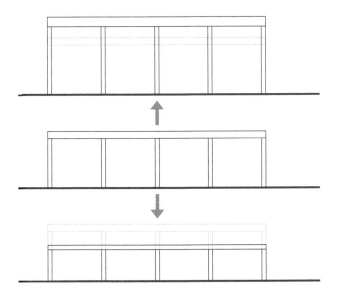

Experimentando diferentes relações de proporção

Vistas digitais

Uma vantagem evidente dos desenhos digitais em relação aos desenhos tradicionais é a possibilidade de experimentar modificações no projeto, estudar pontos de vista alternativos ou testar diferentes técnicas de desenho. Essas vantagens advêm da possibilidade de se desfazer uma ação ou uma sequência de operações, ou salvar uma versão do desenho enquanto trabalhamos em uma cópia ou retornar à versão salva, se necessário.

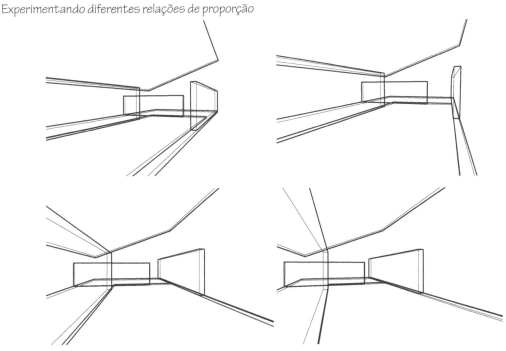

Experimentando diferentes pontos de vista

42 COMUNICANDO IDEIAS DE PROJETO

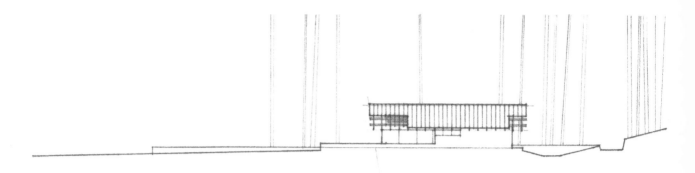

Escala e detalhe

Os desenhos de arquitetura geralmente são feitos em escalas reduzidas para se adequarem a um determinado tamanho de folha de papel, papel vegetal comum, papel duplex ou triplex. Até impressoras digitais e plotadores têm limitações quanto ao tamanho do papel. A escala de um desenho determina a quantidade de detalhes que pode ser colocada na imagem gráfica. Por outro lado, a quantidade de detalhe desejada determina qual deverá ser a escala de um desenho.

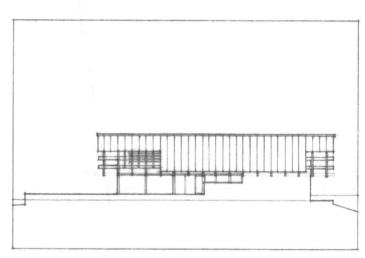

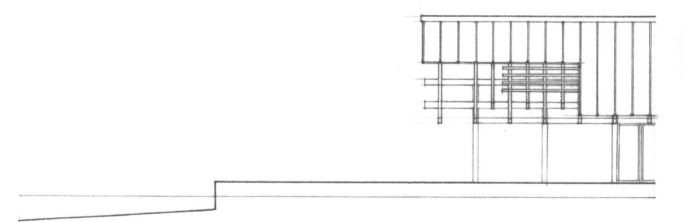

COMUNICANDO IDEIAS DE PROJETO 43

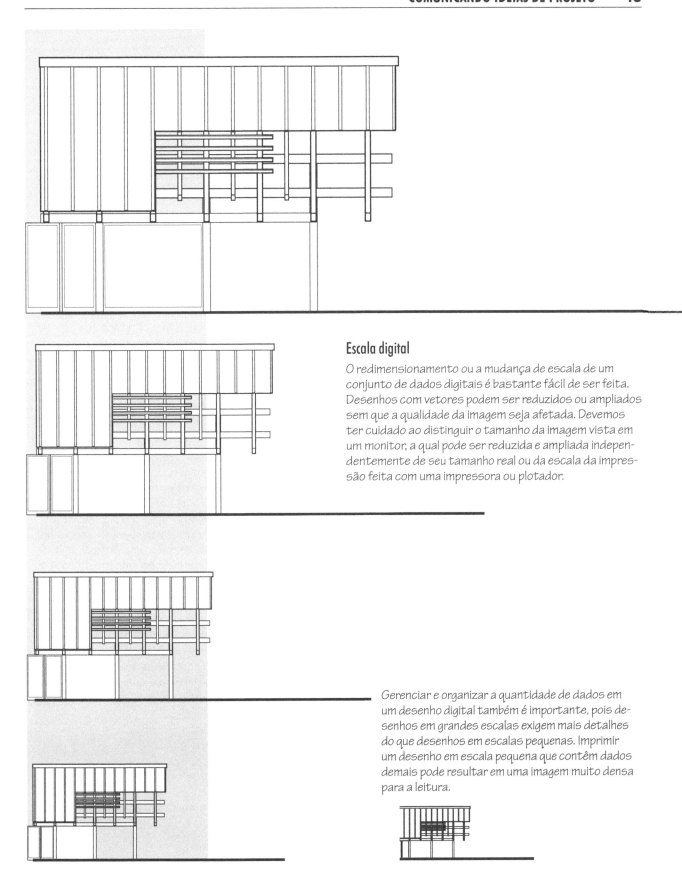

Escala digital

O redimensionamento ou a mudança de escala de um conjunto de dados digitais é bastante fácil de ser feita. Desenhos com vetores podem ser reduzidos ou ampliados sem que a qualidade da imagem seja afetada. Devemos ter cuidado ao distinguir o tamanho da imagem vista em um monitor, a qual pode ser reduzida e ampliada independentemente de seu tamanho real ou da escala da impressão feita com uma impressora ou plotador.

Gerenciar e organizar a quantidade de dados em um desenho digital também é importante, pois desenhos em grandes escalas exigem mais detalhes do que desenhos em escalas pequenas. Imprimir um desenho em escala pequena que contêm dados demais pode resultar em uma imagem muito densa para a leitura.

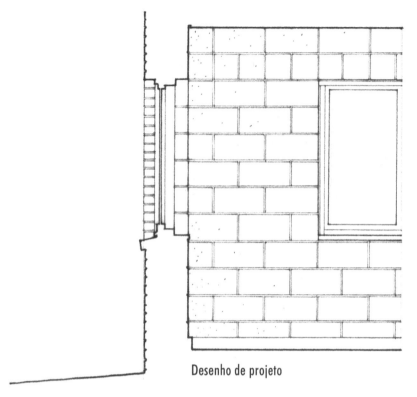

Desenho de projeto

Desenhos de projeto e de construção

Nos projetos de arquitetura, usamos desenhos que transmitem as características sensoriais de composições e meios espaciais. Portanto, os desenhos de projeto buscam ilustrar e esclarecer a natureza essencial de cheios e vazios das formas e dos espaços, relações de proporção e escala e outras características sensíveis do espaço. Por isso, desenhos de projeto transmitem informações primordialmente por meios gráficos.

Por outro lado, desenhos de construção são feitos para instruir o construtor ou fabricante sobre a execução ou pré-fabricação de um projeto. Esses desenhos executivos, os quais constituem parte de um documento legal, muitas vezes se baseiam em convenções abstratas e incluem dimensões, notas e especificações.

Hoje o mais comum para a criação de desenhos de construção é o uso dos recursos de CAD e BIM, especialmente durante as fases de desenvolvimento do projeto e da elaboração do projeto executivo.

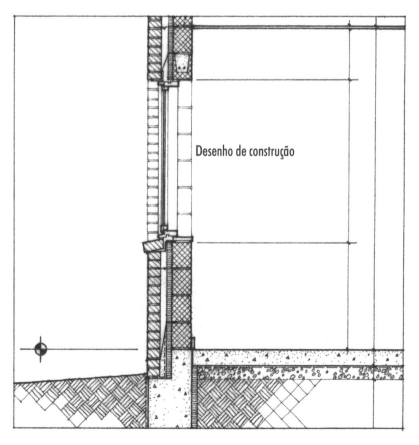

Desenho de construção

Tecnologias CAD e BIM

As tecnologias de *software* e *hardware* para o projeto e desenho assistido por computador (CAD) auxiliam na visualização, no projeto e na fabricação tanto de objetos como ambientes reais e virtuais a partir de desenhos baseados em vetores e no traçado de linhas e figuras em espaços bidimensionais (CAD 2D) ou na modelagem e animação de figuras no espaço tridimensional (CAD 3D).

A *building information modeling* (BIM) é uma tecnologia digital que se baseia nos recursos do CAD e usa um banco de dados de informações de projeto e um software dinâmico de modelagem tridimensional para facilitar a troca de informações e o trabalho em equipe durante o projeto de uma edificação. A capacidade de criar, gerenciar e coordenar aspectos como a geometria da edificação, as relações espaciais, a análise da iluminação, as informações geográficas e as quantidades e propriedades dos materiais e componentes de construção é uma poderosa ferramenta de projeto.

As tecnologias de BIM podem ser empregadas durante todo o ciclo de vida de um prédio, das atividades de projeto aos estudos de visualização, na elaboração dos contratos, na simulação e análise do desempenho da edificação, nos cronogramas, na coordenação e na otimização do processo de construção, na orçamentação e definição de propostas para equipamentos, mão de obra e materiais, e na administração do prédio.

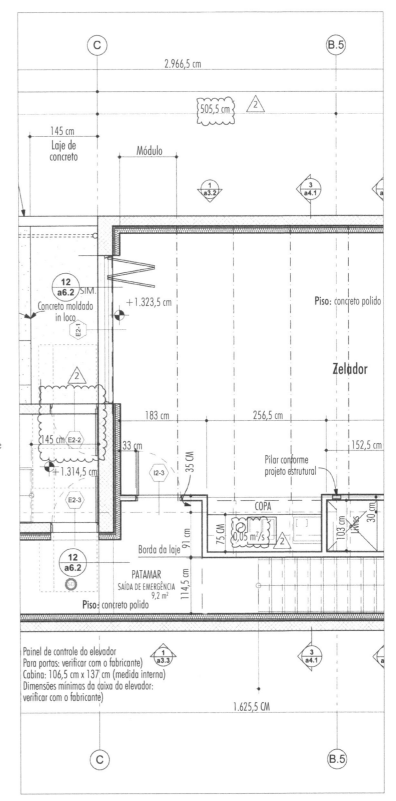

46 COMUNICANDO IDEIAS DE PROJETO

Embora os desenhos gerados por CAD e BIM sejam tecnicamente corretos, muitas vezes eles falham por não apresentarem as informações gráficas da forma mais fácil de ler e interpretar. Talvez o problema mais crítico seja a falta de contraste nos pesos de linha, que seria necessária para se distinguir entre os elementos cortados e aqueles em vista, tanto nas plantas baixas como nos cortes.

Estes são alguns exemplos de desenhos de CAD típicos trabalhados com pesos e valores de linhas contrastantes que ilustram como eles podem transmitir a ideia de profundidade e melhorar a legibilidade das plantas de arquitetura.

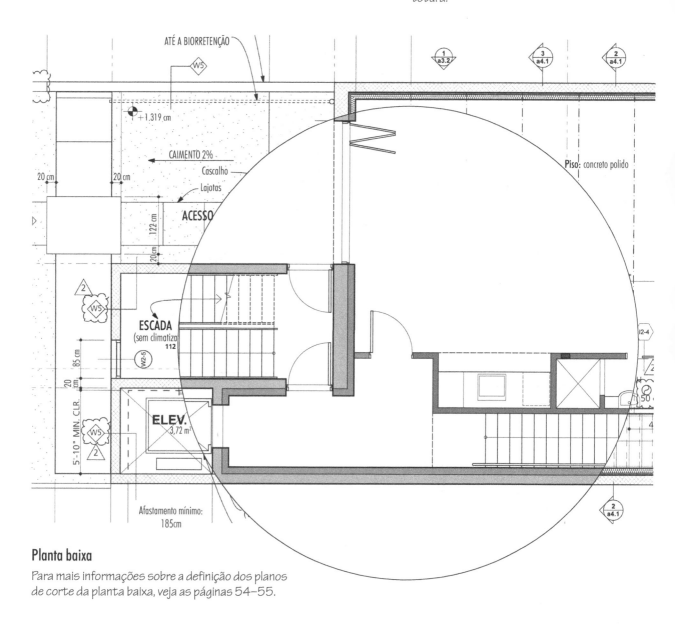

Planta baixa
Para mais informações sobre a definição dos planos de corte da planta baixa, veja as páginas 54–55.

COMUNICANDO IDEIAS DE PROJETO 47

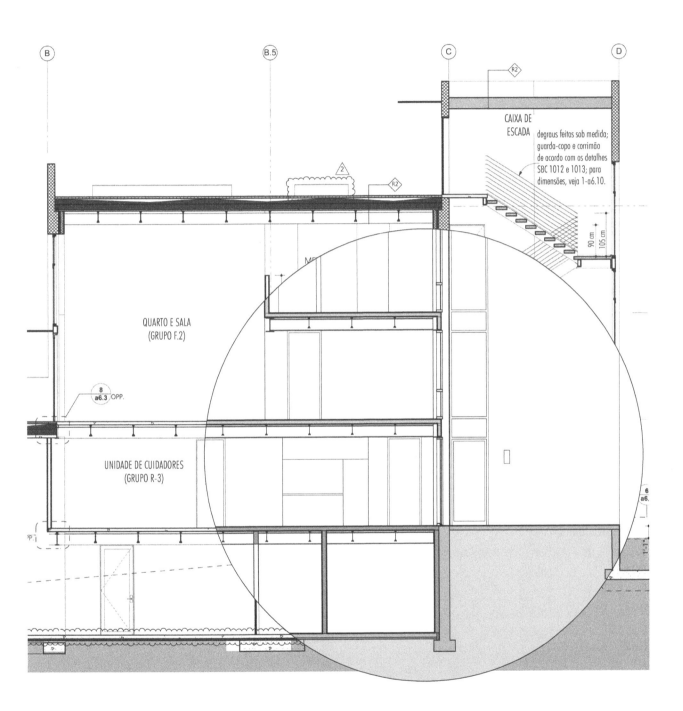

Corte
Para mais informações sobre a definição dos planos de corte, veja as páginas 72–75.

48 COMUNICANDO IDEIAS DE PROJETO

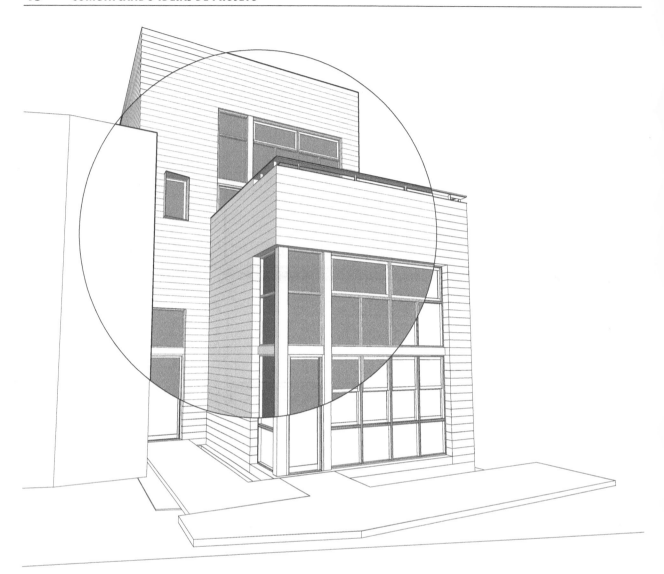

Perspectiva cônica
Para mais informações sobre como expressar profundidade em uma vista tridimensional, veja as páginas 99 e 166–168.

4
Desenhos em Vistas Múltiplas

Os desenhos em vistas múltiplas compreendem os tipos de desenho que conhecemos como plantas, elevações e cortes. Cada um deles é uma projeção ortográfica de um aspecto particular de um objeto ou de uma construção tridimensional. Estas vistas ortográficas ou ortogonais são abstratas, uma vez que não correspondem à realidade ótica; elas são uma forma conceitual de representação baseada naquilo que sabemos sobre uma coisa, e não em como ela talvez pareça aos nossos olhos. No projeto de arquitetura, os desenhos em vistas múltiplas estabelecem campos bidimensionais nos quais conseguimos estudar padrões formais e espaciais bem como relações de proporção e escala em uma composição. A capacidade de regular tamanho, posicionamento e configuração também torna os desenhos em vistas múltiplas úteis para comunicar a informação gráfica necessária à descrição, pré-fabricação e execução de um projeto.

50 PLANTAS

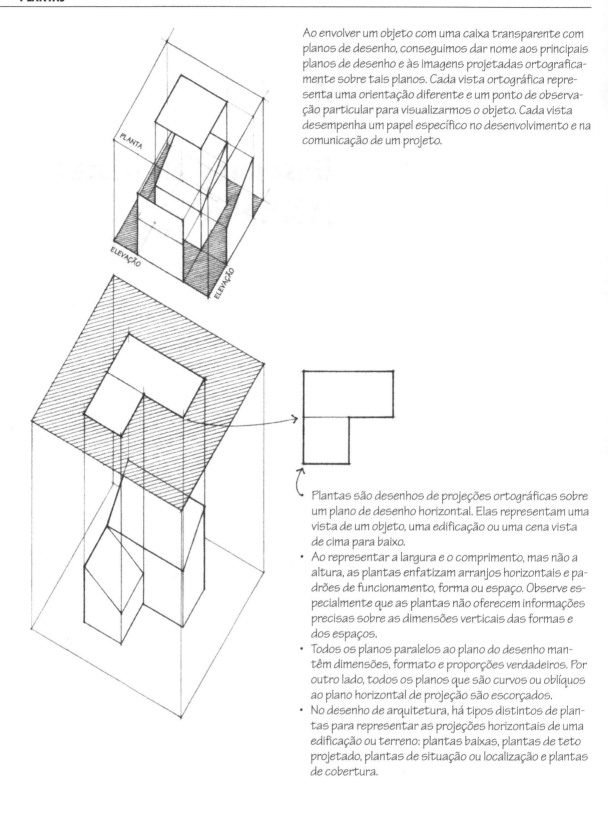

Ao envolver um objeto com uma caixa transparente com planos de desenho, conseguimos dar nome aos principais planos de desenho e às imagens projetadas ortograficamente sobre tais planos. Cada vista ortográfica representa uma orientação diferente e um ponto de observação particular para visualizarmos o objeto. Cada vista desempenha um papel específico no desenvolvimento e na comunicação de um projeto.

Plantas são desenhos de projeções ortográficas sobre um plano de desenho horizontal. Elas representam uma vista de um objeto, uma edificação ou uma cena vista de cima para baixo.

- Ao representar a largura e o comprimento, mas não a altura, as plantas enfatizam arranjos horizontais e padrões de funcionamento, forma ou espaço. Observe especialmente que as plantas não oferecem informações precisas sobre as dimensões verticais das formas e dos espaços.
- Todos os planos paralelos ao plano do desenho mantêm dimensões, formato e proporções verdadeiros. Por outro lado, todos os planos que são curvos ou oblíquos ao plano horizontal de projeção são escorçados.
- No desenho de arquitetura, há tipos distintos de plantas para representar as projeções horizontais de uma edificação ou terreno: plantas baixas, plantas de teto projetado, plantas de situação ou localização e plantas de cobertura.

PLANTAS BAIXAS 51

Uma planta baixa representa um corte de uma edificação feito no plano horizontal, removendo-se a porção superior. A planta baixa é uma projeção ortográfica da porção que permanece.

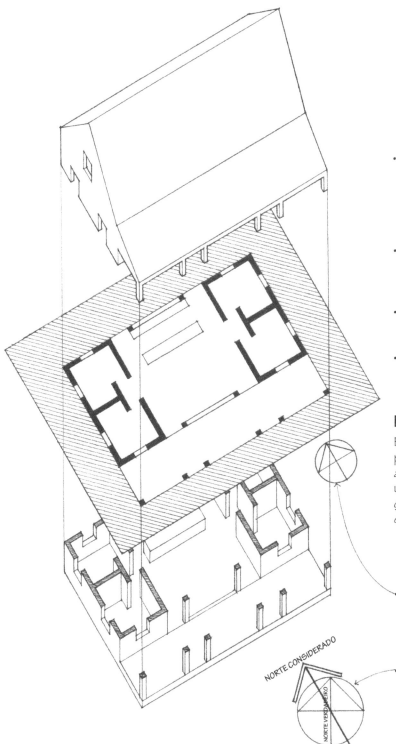

- As plantas baixas geralmente mostram a configuração das paredes e dos pilares, a forma e as dimensões dos espaços, o padrão de aberturas de janela e porta, as conexões entre os cômodos e o interior e exterior.
- O plano de corte horizontal costuma ser feito a cerca de 1,2 metro acima do piso, mas esta altura pode variar de acordo com a natureza do projeto da edificação.
- O corte horizontal atravessa todas as paredes e os pilares, bem como aberturas de porta e janela.
- Além do plano de corte, vemos o piso, as bancadas, os tampos de mesa e as superfícies horizontais similares.

Plantas baixas digitais

Em programas de modelagem eletrônica, planos de recorte "*front and back*" ou "*hither and yon*" (frente e fundos) perpendiculares a uma linha de visão vertical podem ser empregados para criar uma planta baixa a partir de uma maquete eletrônica.

- Usamos uma seta de norte para indicar a orientação de uma planta baixa. A convenção normal é orientar as plantas baixas com o norte para cima (na parte superior da folha do desenho).
- Se um eixo importante do prédio ficar a menos de 45° para leste ou oeste em relação ao norte ou ao sul, podemos simplificar e chamar esta orientação de norte, para evitar títulos muito longos, como "elevação norte-nordeste" ou "elevação sul-sudoeste".

52 PLANTAS BAIXAS

Desenho de plantas baixas

Esta série de desenhos ilustra a sequência de execução de uma planta baixa. Embora esta sequência possa variar conforme a natureza do projeto sendo representado, sempre tente passar dos elementos reguladores e mais contínuos àqueles que são contidos ou definidos por tais elementos.

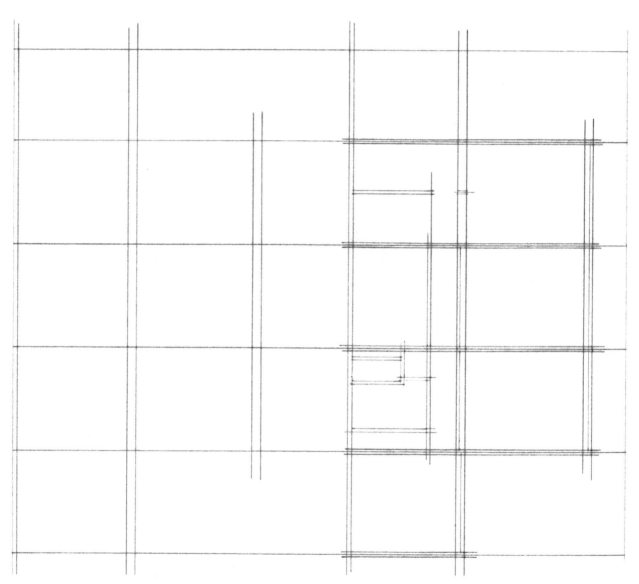

- Em primeiro lugar, trace as linhas principais que regulam a posição dos elementos estruturais e das paredes.
- Uma malha de eixos ortogonais é uma maneira conveniente e eficaz de indicar um sistema estrutural ou modular.

- Depois, dê a espessura adequada às principais paredes e aos demais elementos estruturais, como colunas e pilares.

PLANTAS BAIXAS 53

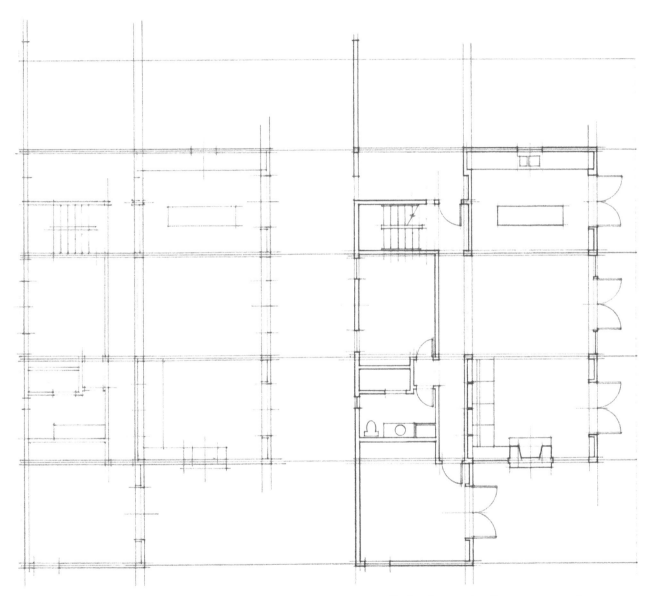

- Agora desenhe elementos como janelas, portas e escadas.

- Por fim, faça os detalhes, como as portas e a marcação de suas aberturas, os pisos e corrimãos de escada e os móveis e acessórios fixos.

54 PLANTAS BAIXAS

Definição do corte da planta baixa

A possibilidade de distinguir entre sólidos e vazios e de discernir precisamente onde os volumes se encontram no espaço é crucial à leitura de uma planta baixa. Assim, é importante enfatizar de maneira gráfica o que é cortado em uma planta baixa e diferenciar os materiais cortados daqueles que estão em vista, abaixo do plano de corte.

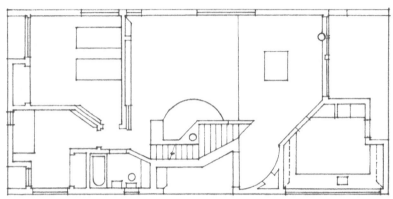

- À esquerda, vemos a planta baixa do pavimento térreo da Casa Vanna Venturi, na Filadélfia, projetada por Robert Venturi em 1962. Ela foi desenhada com um único peso de linha.

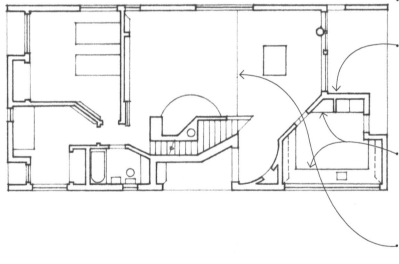

- Para representar a profundidade em uma planta baixa, podemos empregar uma hierarquia de pesos de linha.

  As linhas mais pesadas ou mais grossas representam as formas em planta dos elementos seccionados. Por serem linhas de perfil, devem ser contínuas – elas jamais podem interceptar outra linha de um elemento cortado ou terminar em uma linha de peso menor.

  As linhas de peso intermediário delineiam as bordas das superfícies horizontais que se encontram abaixo do plano de corte, mas acima do piso. Quanto mais afastada uma linha estiver da superfície horizontal do plano de corte, menor será seu peso.

  As linhas de peso menor representam as linhas de superfície. Elas não significam qualquer mudança na forma, apenas representam o padrão visual ou a textura do plano de piso e de outras superfícies horizontais.

- A escala do desenho influencia a variedade de pesos de linha que podemos utilizar para representar a profundidade dos espaços. Desenhos em escala pequena empregam uma variedade menor de pesos de linha do que desenhos em escala grande.

Hachuras e profundidade espacial

Podemos enfatizar a forma dos elementos cortados com uma tonalidade que contraste com o campo espacial da planta baixa. Chamamos de hachura este escurecimento de paredes, pilares e outros corpos maciços cortados.

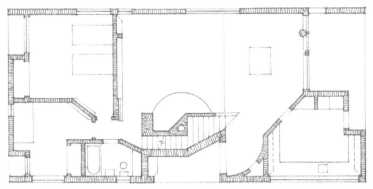

- Uma hachura estabelece uma relação de figura e fundo entre cheios (corpos maciços) e vazios.
- Nas plantas baixas em escala pequena, em vez de usar uma hachura, é mais comum pintar de preto os elementos cortados, para ressaltá-los.

- Caso deseje apenas um pequeno contraste entre os elementos cortados (as figuras) e o campo de desenho (o fundo), use um cinza de tom médio ou uma hachura para enfatizar tais elementos. Isso é especialmente importante em plantas baixas em escala grande, quando áreas extensas de preto podem acarretar um peso visual muito grande ou criar um contraste exagerado.

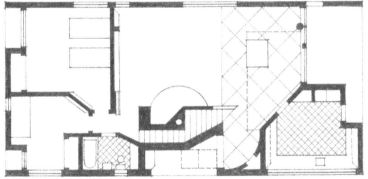

- Se elementos da planta – como padrões de piso e móveis – conferirem valor tonal ao desenho, pode ser necessário um certo grau de contraste entre cheios e vazios.

56 PLANTAS BAIXAS

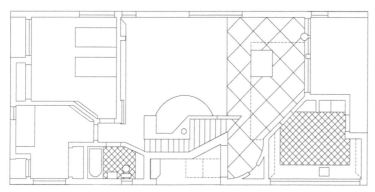

Plantas baixas digitais

Quando utilizamos programas de desenho em computador ou CAD, também é importante manter a diferenciação entre cheios e vazios. Assim como nos desenhos à mão livre, devemos empregar uma variedade de pesos de linha contrastantes para distinguir o perfil dos elementos que são cortados em planta dos elementos em vista, que estão abaixo do plano de corte.

- Esta planta baixa utiliza apenas um peso de linha. À primeira vista, fica difícil discernir o que está em corte e o que está em vista.

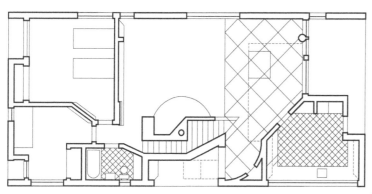

- Esta planta baixa emprega linhas de peso maior para marcar as formas em planta dos elementos seccionados, linhas de peso intermediário para delinear as arestas das superfícies horizontais abaixo do plano de corte e linhas de peso menor para representar as linhas de superfície.

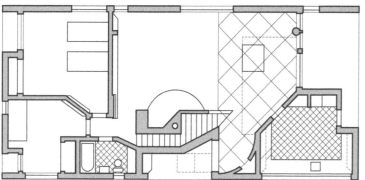

- Esta terceira planta enfatiza a forma dos elementos em corte utilizando um valor tonal ou uma hachura que contrasta com o campo espacial da planta baixa.

Quando utilizar programas de computador de desenho ou CAD para criar plantas baixas, evite empregar cores, texturas e padrões para tornar os desenhos mais pictóricos do que eles precisam ser. A ênfase deve permanecer na articulação do plano de corte e na espessura relativa dos elementos abaixo do plano de corte (em vista).

PLANTAS BAIXAS   **57**

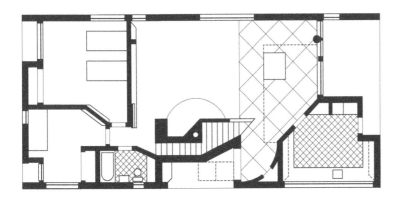

- Um cinza escuro ou preto pode ser necessário para produzir o grau de contraste desejado entre cheios e vazios em uma planta baixa, especialmente em desenhos em escala pequena.

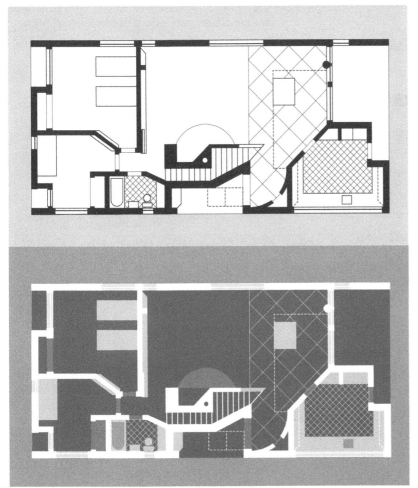

- Uma vantagem dos programas de desenho digitais é a relativa facilidade que eles apresentam para criar grandes áreas de valor tonal. Isso pode ser útil quando se deseja contrastar uma planta baixa com seu contexto.

- Este último exemplo ilustra como o esquema de valores tonais pode ser invertido, atribuindo-se aos elementos cortados o menor valor, e ao espaço que está sendo representado, uma variedade de tons mais escuros.

PLANTAS BAIXAS

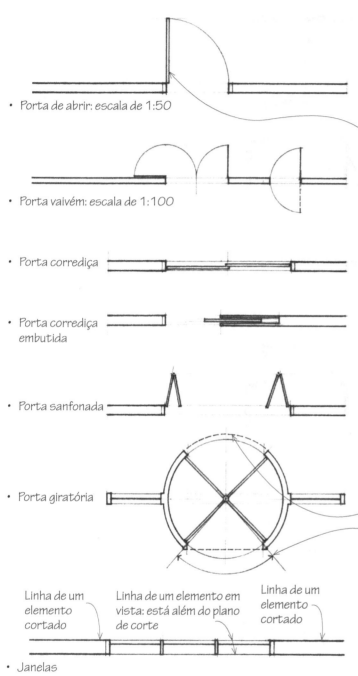

- Porta de abrir: escala de 1:50
- Porta vaivém: escala de 1:100
- Porta corrediça
- Porta corrediça embutida
- Porta sanfonada
- Porta giratória
- Linha de um elemento cortado
- Linha de um elemento em vista: está além do plano de corte
- Linha de um elemento cortado
- Janelas

Portas e janelas

Não temos como mostrar a aparência de portas em uma planta baixa – para isso devemos contar com as elevações. Contudo, uma planta baixa deve indicar o posicionamento e a largura das aberturas de porta, e, até certo ponto, suas ombreiras e o tipo de operação da porta – se a porta é de abrir, de correr ou sanfonada, por exemplo.

- Desenhe uma folha de porta de abrir perpendicular ao plano da abertura de parede e marque o lado de abertura da porta com um quarto de círculo desenhado com uma linha fina e com o uso de um compasso ou de um gabarito de círculos. Não se esqueça que a largura da folha da porta deve corresponder à sua abertura.
- Represente a espessura de portas e ombreiras em escalas de 1:50 ou maiores.

O teto da porta giratória pode ser reto ou curvo.
<90°

Assim como nas portas, não temos como mostrar a aparência de janelas em plantas baixas. Porém, uma planta revela a largura das aberturas de janela e – até certo ponto – a presença de ombreiras e esquadrias.

- Os peitoris de janela não são cortados em plantas baixas. Portanto, devem ser desenhados com uma linha de peso menor do que a das paredes, das esquadrias e demais elementos cortados.
- A operação de uma janela costuma ser indicada em uma elevação.

PLANTAS BAIXAS 59

Escadas

As plantas podem indicar o vão de uma escada – seus pisos e patamares – mas não a altura de seus degraus (os espelhos).

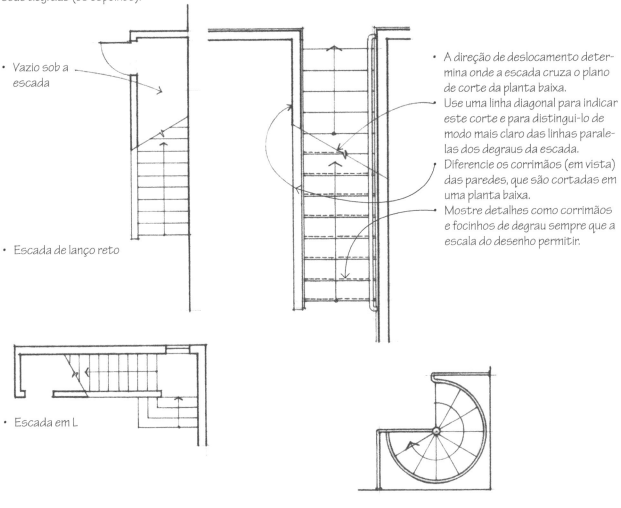

- Vazio sob a escada
- Escada de lanço reto
- Escada em L

- A direção de deslocamento determina onde a escada cruza o plano de corte da planta baixa.
- Use uma linha diagonal para indicar este corte e para distingui-lo de modo mais claro das linhas paralelas dos degraus da escada.
- Diferencie os corrimãos (em vista) das paredes, que são cortadas em uma planta baixa.
- Mostre detalhes como corrimãos e focinhos de degrau sempre que a escala do desenho permitir.

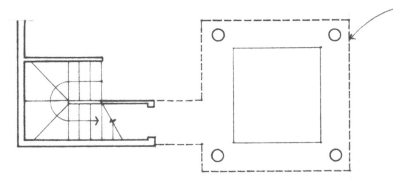

- Escada em meia-volta que leva a um sótão

- Tracejados indicam elementos de arquitetura importantes que aparecem acima do plano de corte, como sótãos, forros rebaixados, vigas aparentes, claraboias e beirais. Os tracejados também podem revelar as linhas ocultas de elementos cobertos por elementos opacos.
- A convenção mais usual é empregar traços longos, para representar elementos que foram removidos ou se encontram acima do plano de corte, e traços menores ou pontos para elementos ocultos abaixo do plano de corte.

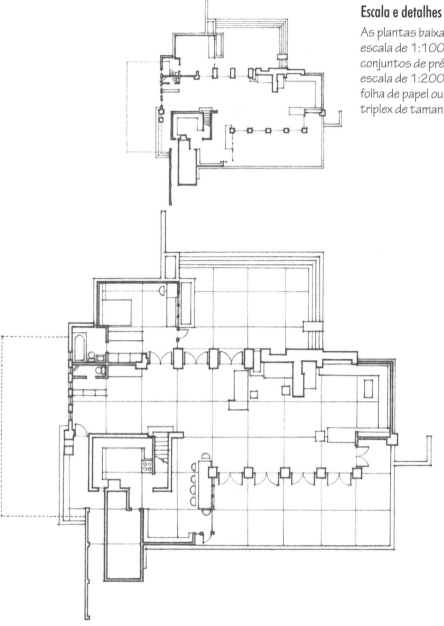

Escala e detalhes

As plantas baixas costumam ser desenhadas na escala de 1:100 ou 1:50. Edificações maiores ou conjuntos de prédios podem ser desenhados na escala de 1:200, para que possam caber em uma folha de papel ou em uma folha de papel duplex ou triplex de tamanho convencional.

Escala de desenhos digitais

Em desenhos gerados por computador, uma planta baixa em escala pequena que contém muitos dados pode resultar em um arquivo desnecessariamente grande e em uma imagem impressa ou plotada muito densa para boa leitura.

PLANTAS BAIXAS   61

Plantas baixas em escala grande são úteis para o estudo e a representação de espaços muito detalhados, como cozinhas, banheiros e escadas. Uma escala maior permite a inclusão de informações sobre acabamentos de piso, acessórios e remates.

Por outro lado, quanto maior for a escala de uma planta baixa, mais detalhes deveremos incluir. Esta atenção aos detalhes é mais importante para a representação da espessura dos materiais de construção e sistemas cortados em planta.

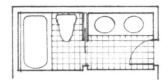

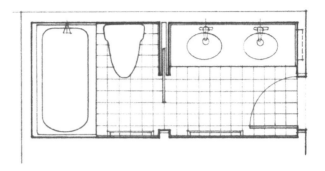

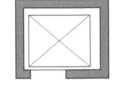

- 1:100

- 1:50

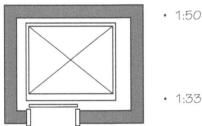

- 1:33

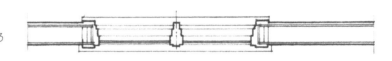

- 1:15

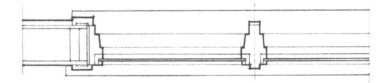

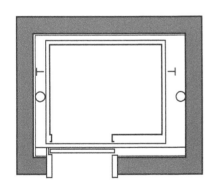

- Preste muita atenção nas espessuras de paredes e portas, terminações de parede, quinas e detalhes de escadas. Por este motivo, um conhecimento geral de como as edificações são construídas é extremamente valioso para a criação de plantas baixas em escala grande.

62   PLANTAS BAIXAS

Uma planta de teto é uma planta de um cômodo vista de cima para baixo, mas com as superfícies e os elementos do teto projetados sobre o piso. Por esta razão, geralmente chamamos esta vista de planta de teto projetado.

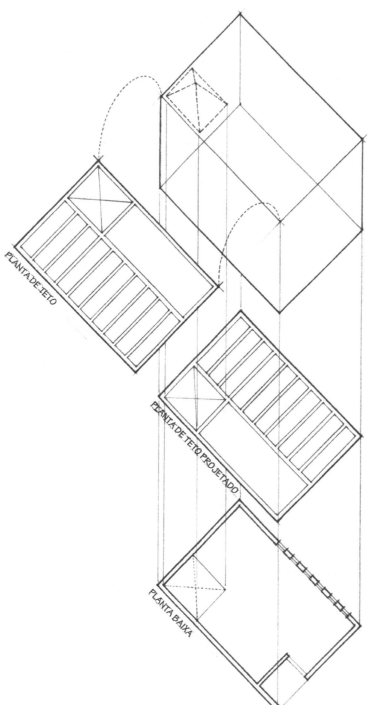

Plantas de teto projetado

- Uma planta de teto projetado apresenta a mesma orientação da planta baixa à qual ela se relaciona.

- As plantas de teto mostram informações como forma e material de um teto, localização e tipo de luminárias, elementos estruturais à vista e dutos de instalações, bem como claraboias ou outras aberturas no teto.

- Geralmente desenhamos uma planta de teto na mesma escala das plantas baixas, e, como nestas, é importante o registro de todos os elementos que chegam até o teto.

PLANTAS DE LOCALIZAÇÃO E SITUAÇÃO

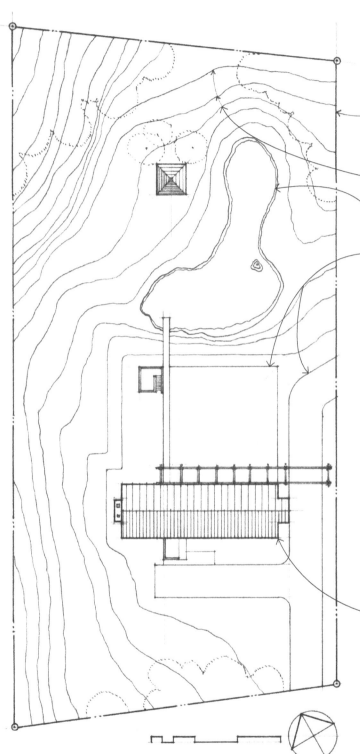

Uma planta de localização descreve a implantação e orientação de uma edificação ou um conjunto de edificações em um terreno; uma planta de situação mostra o terreno edificado no seu entorno. Sejam em contextos urbanos ou rurais, as plantas de localização e situação descrevem o seguinte:

- As divisas legais do lote, indicadas por linhas descontínuas feitas com segmentos relativamente longos separados por dois traços ou pontos
- A topografia do terreno, com suas curvas de nível
- As características naturais do terreno, como árvores, vegetação, corpos de água e outros elementos de paisagismo
- As construções existentes ou propostas para o terreno, como passeios, pisos secos e ruas
- As edificações do contexto imediato que têm impacto sobre a edificação proposta

Além disso, plantas de localização e situação também podem incluir:

- Condicionantes legais, como recuos obrigatórios e servidões de passagem
- Redes públicas existentes ou propostas
- Pontos de entrada e caminhos para pedestres e veículos
- Forças e características ambientais significativas

Plantas de cobertura

Uma planta de cobertura é uma vista superior que descreve a forma, o volume e o material de uma cobertura ou o leiaute de elementos de cobertura, como claraboias, terraços e casas de máquina.

- As plantas de cobertura geralmente incluem uma planta de localização da edificação ou do grupo de edificações propostas.

- Uma escala gráfica designa a escala da planta de localização ou situação, e uma seta de norte indica a orientação do terreno.

64 TOPOGRAFIA DO TERRENO

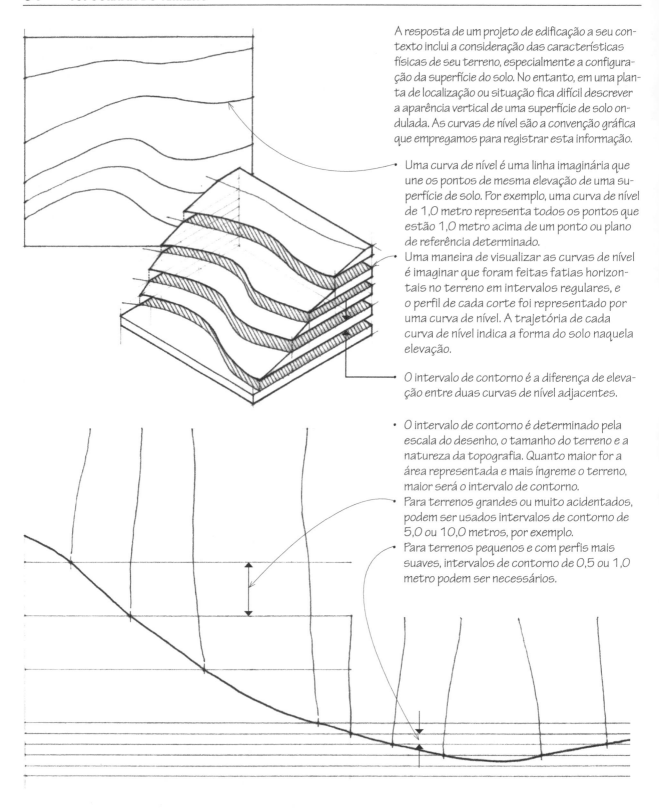

A resposta de um projeto de edificação a seu contexto inclui a consideração das características físicas de seu terreno, especialmente a configuração da superfície do solo. No entanto, em uma planta de localização ou situação fica difícil descrever a aparência vertical de uma superfície de solo ondulada. As curvas de nível são a convenção gráfica que empregamos para registrar esta informação.

- Uma curva de nível é uma linha imaginária que une os pontos de mesma elevação de uma superfície de solo. Por exemplo, uma curva de nível de 1,0 metro representa todos os pontos que estão 1,0 metro acima de um ponto ou plano de referência determinado.
- Uma maneira de visualizar as curvas de nível é imaginar que foram feitas fatias horizontais no terreno em intervalos regulares, e o perfil de cada corte foi representado por uma curva de nível. A trajetória de cada curva de nível indica a forma do solo naquela elevação.
- O intervalo de contorno é a diferença de elevação entre duas curvas de nível adjacentes.

- O intervalo de contorno é determinado pela escala do desenho, o tamanho do terreno e a natureza da topografia. Quanto maior for a área representada e mais íngreme o terreno, maior será o intervalo de contorno.
- Para terrenos grandes ou muito acidentados, podem ser usados intervalos de contorno de 5,0 ou 10,0 metros, por exemplo.
- Para terrenos pequenos e com perfis mais suaves, intervalos de contorno de 0,5 ou 1,0 metro podem ser necessários.

TOPOGRAFIA DO TERRENO

As distâncias horizontais entre as curvas de nível são uma função da inclinação da superfície do solo. Podemos discernir a natureza topográfica de um terreno lendo este espaçamento horizontal.

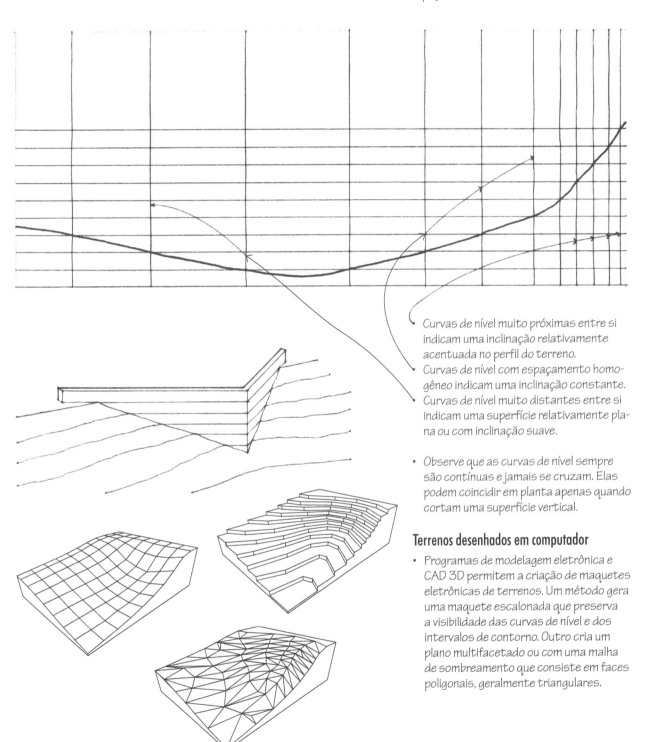

• Curvas de nível muito próximas entre si indicam uma inclinação relativamente acentuada no perfil do terreno.
Curvas de nível com espaçamento homogêneo indicam uma inclinação constante.
Curvas de nível muito distantes entre si indicam uma superfície relativamente plana ou com inclinação suave.

• Observe que as curvas de nível sempre são contínuas e jamais se cruzam. Elas podem coincidir em planta apenas quando cortam uma superfície vertical.

Terrenos desenhados em computador

• Programas de modelagem eletrônica e CAD 3D permitem a criação de maquetes eletrônicas de terrenos. Um método gera uma maquete escalonada que preserva a visibilidade das curvas de nível e dos intervalos de contorno. Outro cria um plano multifacetado ou com uma malha de sombreamento que consiste em faces poligonais, geralmente triangulares.

66 ESCALA E ORIENTAÇÃO DO TERRENO

Dependendo do tamanho do terreno e do espaço disponível para o desenho, as plantas de localização ou situação podem ser desenhadas em uma escala de engenharia (1:500 ou 1:1.000, por exemplo) ou em uma escala de arquitetura (1:200, por exemplo).

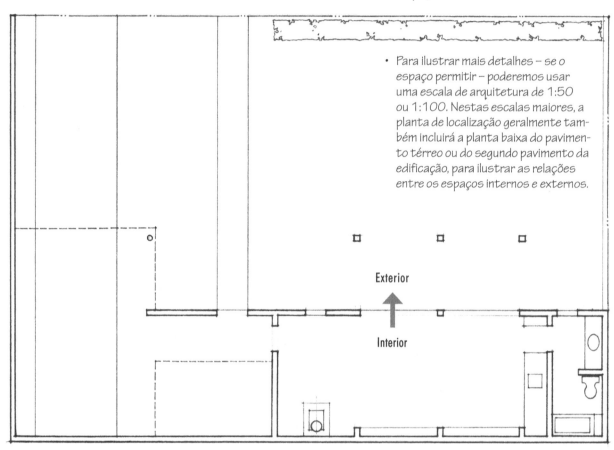

- Para ilustrar mais detalhes – se o espaço permitir – poderemos usar uma escala de arquitetura de 1:50 ou 1:100. Nestas escalas maiores, a planta de localização geralmente também incluirá a planta baixa do pavimento térreo ou do segundo pavimento da edificação, para ilustrar as relações entre os espaços internos e externos.

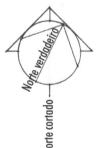

- A orientação de um terreno é indicada por uma seta de norte. Sempre que possível, o norte deve ficar para cima (o lado superior) da folha de desenho ou do painel de apresentação.
- Se um eixo importante do prédio ficar a menos de 45° para leste ou oeste em relação ao norte ou ao sul, podemos simplificar e chamar esta orientação de norte, para evitar títulos muito longos, como "elevação norte-nordeste" ou "elevação sul-sudoeste".
- Para que a relação entre as plantas baixas e a planta de localização fique clara, elas sempre devem manter a mesma orientação em todas as folhas de uma apresentação.

PLANTAS DE LOCALIZAÇÃO 67

Há duas maneiras principais de se relacionar uma edificação ao seu terreno e contexto.

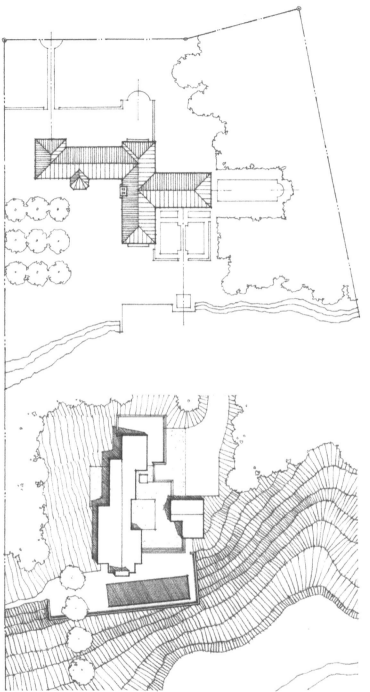

- A primeira é desenhar o prédio como uma figura mais escura do que o fundo. Esta abordagem é especialmente adequada quando o modo de representação do material de cobertura estabelece um valor tonal e uma textura que contrastam com o entorno.

- A segunda estratégia define o prédio como uma figura mais clara do que o fundo. Esta técnica é necessária quando representamos as sombras projetadas ou quando os elementos de paisagismo conferem valor tonal ao entorno imediato.

68 PLANTAS DE LOCALIZAÇÃO

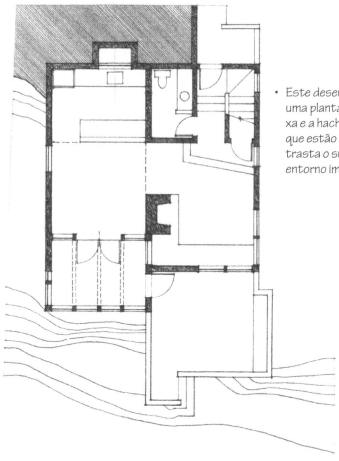

- Este desenho combina uma planta baixa com uma planta de localização. A forma da planta baixa e a hachura escura dos elementos em planta que estão cortados têm valor pictórico que contrasta o suficiente com os espaços externos do entorno imediato.

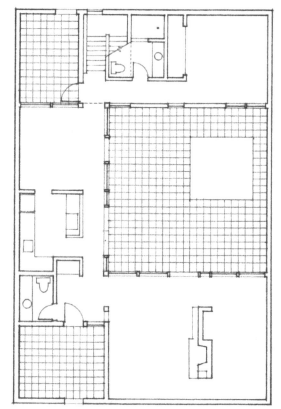

- Este desenho ilustra uma edificação sem qualquer recuo no terreno – todas as paredes externas tocam as divisas. Ela é, portanto, um híbrido de planta baixa e planta de localização.

CORTES

Um corte é uma projeção ortográfica de como veríamos um objeto cortado por um plano de interseção. Ele abre o objeto para revelar os materiais, a composição e os sistemas do interior. Em teoria, o plano de corte pode de uma seção pode ter qualquer orientação, mas, para podermos distinguir um corte de uma planta baixa – outro tipo de desenho que envolve uma seção – geralmente consideramos que o corte de uma edificação é na vertical. Assim como outras projeções ortogonais, todos os planos paralelos ao plano do desenho mantêm tamanho, formato e proporções reais.

Usamos cortes para projetar e comunicar os detalhes de construção de uma edificação, bem como a composição de móveis e equipamentos fixos. Na representação gráfica em arquitetura, contudo, os cortes são os melhores desenhos para revelar e estudar as relações entre a estrutura de pisos, paredes e coberturas de uma edificação e as dimensões e a escala vertical dos espaços definidos por estes elementos.

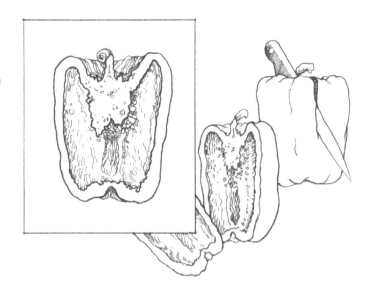

- Os cortes de uma edificação enfatizam a relação entre cheios e vazios de estruturas de pisos, paredes e coberturas e as dimensões e relações verticais dos espaços internos.

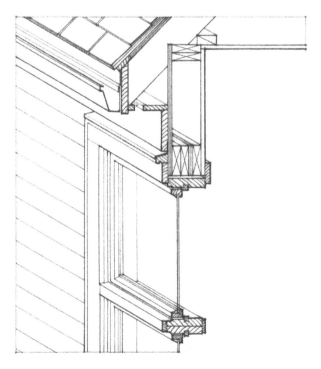

- Os detalhes em corte e os cortes de pele relacionam sistemas de construção e conexões com materiais e os detalhes de uma edificação.

70 CORTES DE EDIFICAÇÕES

O corte de uma edificação representa sua secção vertical. Após o plano vertical cortar a construção, removemos uma das partes. O corte de uma edificação é uma projeção ortográfica da porção que permanece feita sobre o plano vertical do desenho ou coincidente com o plano de corte.

- Os cortes revelam a forma e a escala vertical dos espaços internos, o impacto das aberturas de janelas e portas sobre esses espaços e as conexões verticais entre os espaços internos e também entre o interior e o exterior.

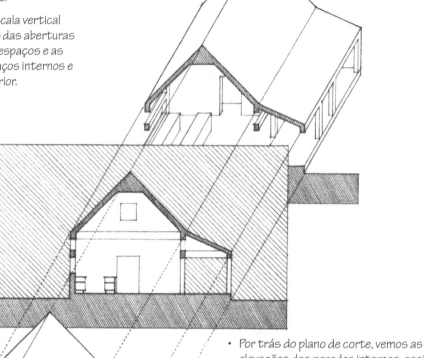

- Por trás do plano de corte, vemos as elevações das paredes internas, assim como os objetos e eventos que ocorrem em frente a elas, mas estão atrás do plano vertical do corte.

- O símbolo convencional para indicar a localização de um corte em uma planta é uma linha tracejada composta de longos segmentos de reta intercalados por segmentos menores ou pontos.
- Não é necessário desenhar esta linha de marcação de corte atravessando toda a planta baixa, mas ela deve pelo menos ultrapassar os limites externos do prédio.
- Uma seta na extremidade de cada linha indica a direção da vista.

Cortes desenhados em computador

Programas de modelagem eletrônica e CAD 3D utilizam planos de recorte "front and back" ou "hither and yon" (frente e fundos) para gerar cortes.

CORTES DE EDIFICAÇÕES   71

Como fazer um corte

Os cortes de uma edificação devem ser feitos de modo contínuo, paralelos aos principais conjuntos de paredes. Use deslocamentos no plano de corte apenas quando forem absolutamente necessários.

- Em prédios que têm planta baixa simétrica, a localização lógica para um corte é ao longo dos eixos de simetria.
- Em todas as demais situações, faça os cortes passarem pelos espaços mais significativos, com as vistas que revelam as principais características dos espaços.
- Apenas um corte não costuma ser suficiente para ilustrar estas características, a menos que a edificação seja extremamente simples. Lembre-se também que um corte é apenas parte de uma série de vistas ortográficas relacionadas.

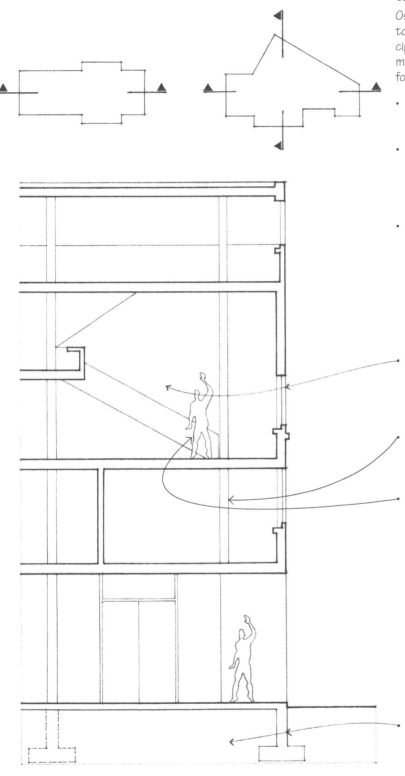

- Faça os cortes passarem por aberturas de janelas e portas, mudanças nos níveis de cobertura e piso, aberturas nas coberturas e outros eventos espaciais importantes de uma edificação.
- Nunca passe o corte por colunas ou pilares soltos, senão eles serão lidos como paredes, transmitindo uma experiência espacial completamente diferente.
- É uma boa prática incluir calungas nos cortes de edificações para indicar a escala dos espaços representados.

- O corte deve incluir o solo do terreno no qual a edificação se apoia.

72 CORTES DE EDIFICAÇÕES

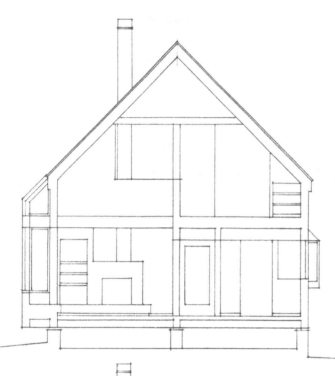

Definindo o plano de corte

Assim como nas plantas baixas, nos cortes é crucial distinguir entre cheios e vazios e discernir com precisão onde as massas encontram os espaços. Para que possamos representar a profundidade e a existência de volumes no espaço, devemos empregar uma hierarquia de pesos de linha e uma variedade de valores tonais. A técnica que utilizamos depende da escala do corte da edificação, do meio de desenho e do grau de contraste necessário entre cheios e vazios.

- Este é um corte de edificação feito como apenas um peso de linha. Fica difícil discernir o que está seccionado e o que está em vista, depois do plano de corte.

- Já este desenho usa uma hierarquia de pesos de linha para representar volumes no espaço.

- As linhas mais pesadas definem as formas dos elementos cortados. Observe que estes perfis são sempre contínuos; eles nunca podem interceptar outra linha de corte nem terminar em uma linha de menor peso.
- As linhas de peso intermediário delineiam os elementos que são vistos em elevação, depois do plano de corte. Quanto mais distante o elemento estiver do plano de corte, mais leves deverão ser suas linhas.
- As linhas mais leves representam as linhas de superfície. Elas não significam mudança na forma, simplesmente representam o padrão visual ou a textura dos planos das paredes e de outras superfícies verticais paralelas ao plano do desenho.

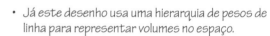

- Nos cortes, os detalhes de construção das fundações e sapatas abaixo do nível do solo não precisam ser indicados. Se forem mostrados, farão parte do solo do terreno e deverão ser desenhados com linhas finas.

CORTES DE EDIFICAÇÕES   73

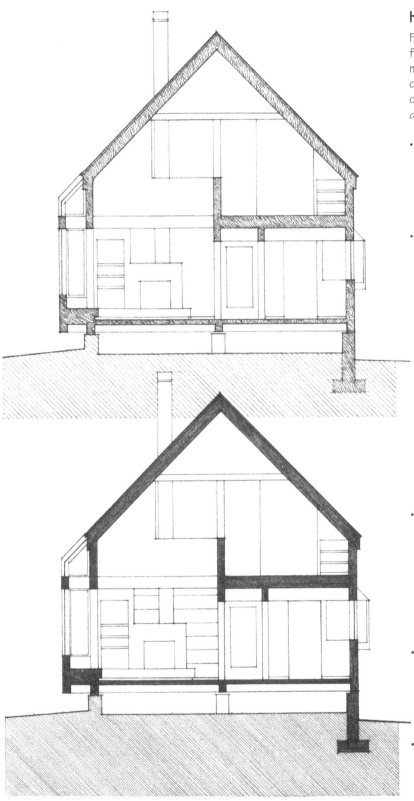

Hachuras e profundidade espacial

Para estabelecer uma relação clara de figura e fundo entre cheios e vazios, podemos enfatizar o formato dos elementos cortados com um valor tonal ou uma hachura que contraste com o campo espacial do corte da edificação.

- Geralmente pintamos de preto ou usamos uma hachura nos elementos de piso, parede e cobertura que estão seccionados em cortes de edificações em pequena escala.

- Caso deseje apenas um pequeno contraste entre os elementos cortados (as figuras) e o campo de desenho (o fundo), use um cinza de tom médio ou uma hachura para enfatizar tais elementos. Isso é especialmente importante em plantas baixas em escala grande, quando áreas extensas de preto podem acarretar um peso visual muito grande ou criar um contraste exagerado.

- Se elementos verticais, como padrões e texturas de paredes, derem valor tonal para o campo do desenho, talvez seja necessário o uso de um contraste forte entre cheios e vazios. Neste esquema de valores, use progressivamente tons mais claros para os elementos à medida que se afastam do plano de corte.

- Lembre-se que o solo de sustentação do prédio também é seccionado nos cortes. Assim, qualquer valor tonal dado aos elementos seccionados deve continuar no volume do terreno abaixo.

- Se quisermos mostrar o sistema de fundação de um prédio no corte, deveremos desenhar cuidadosamente o subsolo como parte integral do terreno.

74 CORTES DE EDIFICAÇÕES

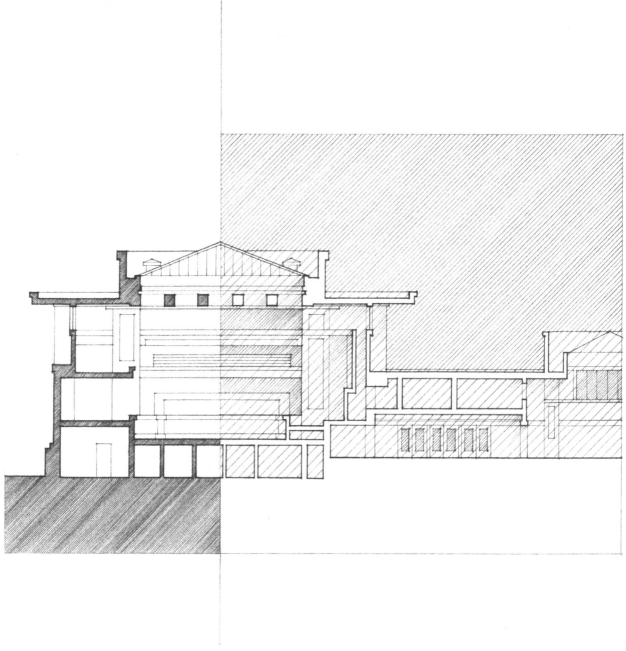

- Este corte ilustra como os elementos seccionados podem receber valor tonal de modo a aumentar seu contraste com os elementos vistos em elevação, após o plano de corte.

- Este desenho mostra como o sistema de valores pode ser invertido, conferindo-se o mesmo tom para o que é visto em elevação e o fundo. Nesse caso, o corte pode ser deixado em branco ou receber um valor bastante leve, para contrastar com o campo de desenho.

CORTES DE EDIFICAÇÕES

Hachuras feitas em computador

Ao usar um programa de desenho ou CAD para criar cortes, evite empregar cores, texturas e padrões que tornem o desenho mais pictórico do que ele precisa ser. A principal ênfase deve permanecer na articulação do corte e na profundidade relativa dos elementos além do plano de corte.

76 CORTES DE EDIFICAÇÕES

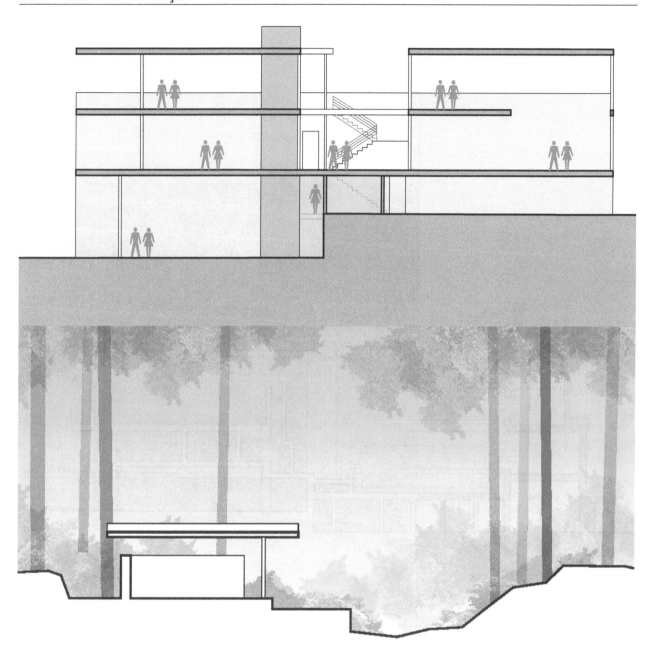

- Esses dois exemplos ilustram o uso de um programa de representação gráfica para criar cortes. O corte no alto usa um programa de desenho baseado em vetores; o corte inferior usa uma imagem com quadriculação para transmitir o caráter de um terreno, além de servir como fundo contrastante para os elementos seccionados (em branco).

CORTES DE EDIFICAÇÕES 77

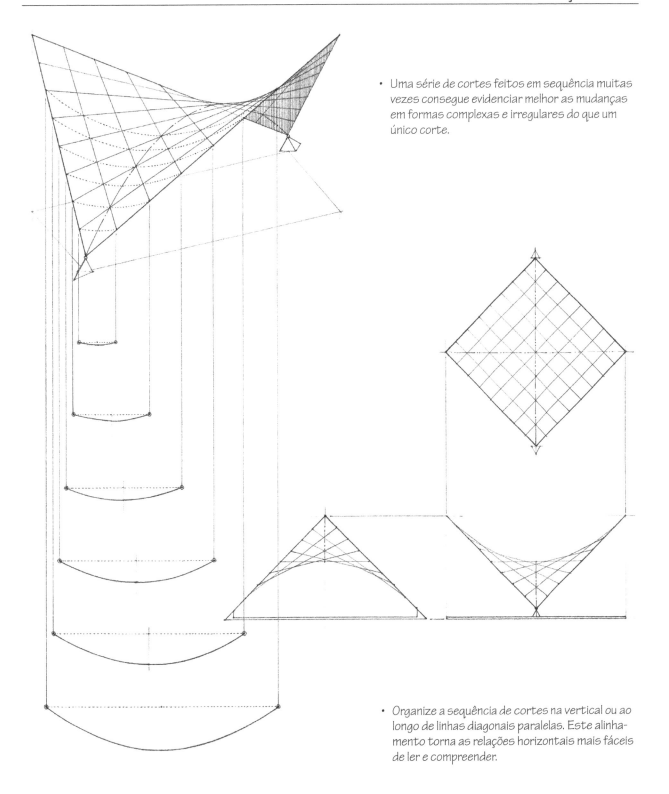

- Uma série de cortes feitos em sequência muitas vezes consegue evidenciar melhor as mudanças em formas complexas e irregulares do que um único corte.

- Organize a sequência de cortes na vertical ou ao longo de linhas diagonais paralelas. Este alinhamento torna as relações horizontais mais fáceis de ler e compreender.

78 CORTES DE EDIFICAÇÕES

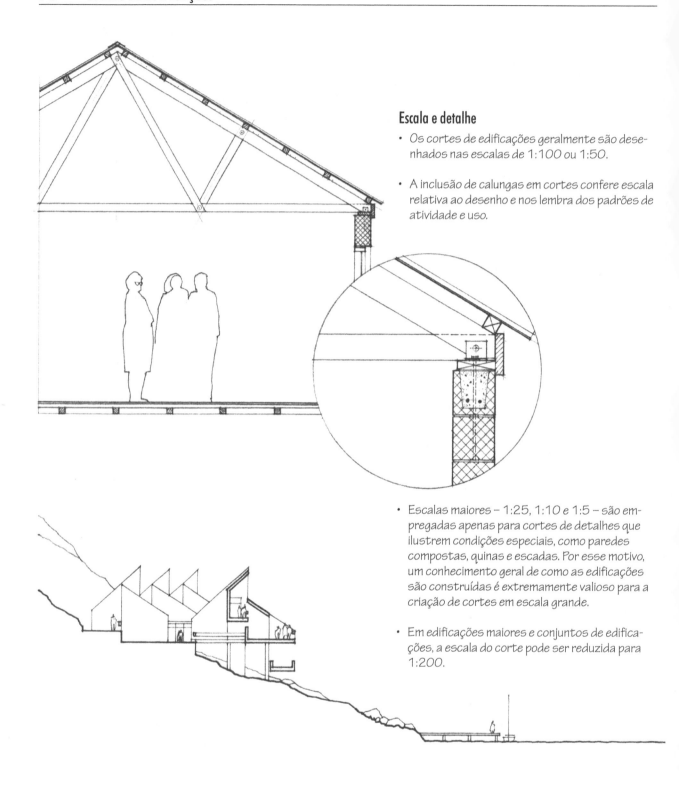

Escala e detalhe

- Os cortes de edificações geralmente são desenhados nas escalas de 1:100 ou 1:50.

- A inclusão de calungas em cortes confere escala relativa ao desenho e nos lembra dos padrões de atividade e uso.

- Escalas maiores – 1:25, 1:10 e 1:5 – são empregadas apenas para cortes de detalhes que ilustrem condições especiais, como paredes compostas, quinas e escadas. Por esse motivo, um conhecimento geral de como as edificações são construídas é extremamente valioso para a criação de cortes em escala grande.

- Em edificações maiores e conjuntos de edificações, a escala do corte pode ser reduzida para 1:200.

CORTES DE TERRENOS

Os cortes podem estender-se além da edificação e incluir seu terreno e contexto. Eles podem descrever a relação da edificação proposta com o plano de solo do entorno e revelar se o prédio proposto está elevado, em balanço ou diretamente apoiado no solo. Além disso, os cortes podem ilustrar de modo eficaz as relações entre os espaços internos de uma edificação e os espaços externos adjacentes, bem como as relações entre diversas edificações.

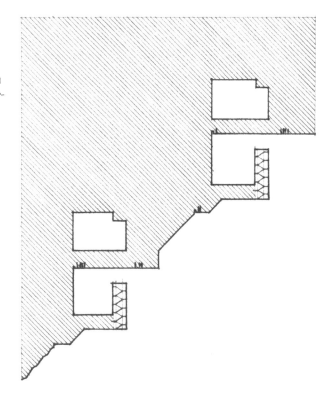

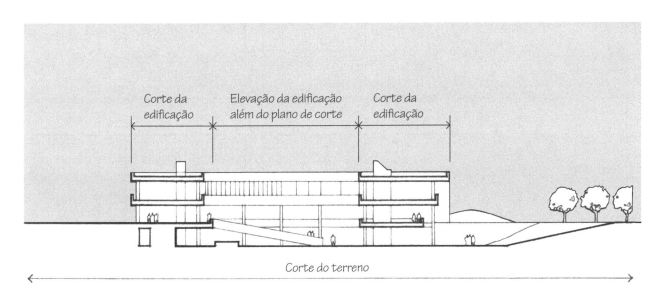

- Sempre que possível, mas especialmente em contextos urbanos, os cortes de edificações devem incluir prédios ou elementos adjacentes, seja cortando-os simultaneamente, ou vendo-os em elevação, além do plano de corte.

80 ELEVAÇÕES

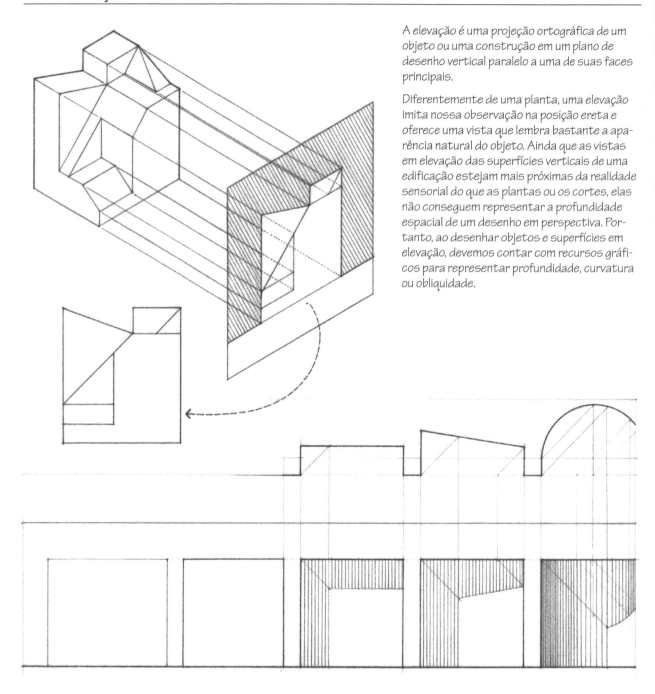

A elevação é uma projeção ortográfica de um objeto ou uma construção em um plano de desenho vertical paralelo a uma de suas faces principais.

Diferentemente de uma planta, uma elevação imita nossa observação na posição ereta e oferece uma vista que lembra bastante a aparência natural do objeto. Ainda que as vistas em elevação das superfícies verticais de uma edificação estejam mais próximas da realidade sensorial do que as plantas ou os cortes, elas não conseguem representar a profundidade espacial de um desenho em perspectiva. Portanto, ao desenhar objetos e superfícies em elevação, devemos contar com recursos gráficos para representar profundidade, curvatura ou obliquidade.

ELEVAÇÕES DE EDIFICAÇÕES   81

A elevação de uma edificação é uma imagem projetada ortograficamente sobre um plano de desenho vertical. As elevações de edificações transmitem sua aparência externa restrita a um único plano de projeção. Portanto, elas enfatizam as faces verticais externas de um prédio paralelas ao plano do desenho e definem sua silhueta no espaço. Elas também conseguem ilustrar a textura e o padrão dos materiais de revestimento, bem como a localização, o tipo e as dimensões das aberturas de janelas e portas.

- Para representar a implantação da edificação, as elevações devem incluir um corte do terreno sobre o qual ela se apoia. Este corte vertical normalmente é feito um pouco antes do prédio e a distância varia de acordo com as informações que desejamos apresentar na frente da edificação e com o grau com que o contexto irá obscurecer a forma e as características do prédio.

- Normalmente orientamos o plano do desenho paralelo a uma das faces principais da edificação. Isso permite que todos os planos paralelos ao plano do desenho mantenham dimensões, formatos e proporções reais.
- Qualquer plano curvo ou oblíquo ao plano do desenho será escorçado, ou seja, parecerá menor.

Disposição e orientação

Podemos inter-relacionar de maneira lógica as elevações de uma edificação, desdobrando os planos de desenho verticais sobre os quais as elevações estão projetadas. As elevações podem formar uma sequência horizontal de desenhos ou estar relacionadas em uma composição única em torno de uma planta comum.

- Sempre que possível, alinhamos vistas ortográficas relacionadas de tal modo que pontos e dimensões possam ser transferidos com facilidade de uma vista a outra. Esta relação não apenas facilitará a construção dos desenhos como também os tornará mais legíveis, como um conjunto coordenado de informações. Por exemplo, após desenhar uma planta, podemos transferir as dimensões horizontais da planta (comprimentos ou larguras) para uma elevação posicionada abaixo. De maneira semelhante, podemos projetar as dimensões verticais (alturas) de uma elevação para outras elevações adjacentes.

Na representação gráfica em arquitetura, a orientação cardeal de uma edificação é uma consideração importante para a análise e comunicação do efeito do sol e de outros fatores climáticos do projeto. Assim, na maioria das vezes, damos à elevação o nome da orientação solar para a qual ela está voltada: por exemplo, uma elevação norte é a elevação da fachada que está voltada para o norte. Se a face da edificação está orientada com um desvio de menos de 45° em relação aos quatro pontos cardeais principais, adotamos um norte fictício, para simplificar e evitar títulos muito longos.

- Quando uma elevação se refere a uma característica específica ou significativa do terreno, podemos denominá-la de acordo com tal característica. Por exemplo, uma elevação voltada para a rua principal seria chamada de Elevação Principal ou Elevação da Rua, e a elevação vista do lago seria a Elevação do Lago.

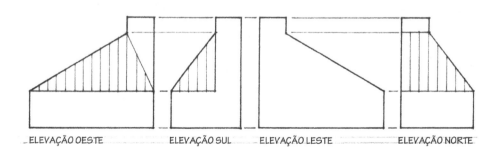

ELEVAÇÕES DE EDIFICAÇÕES

Escala e detalhes

Geralmente desenhamos as elevações das edificações na mesma escala das plantas baixas que a acompanham – 1:100 ou 1:50. Para edifícios muito grandes ou grupos de edifícios, podemos empregar uma escala menor.

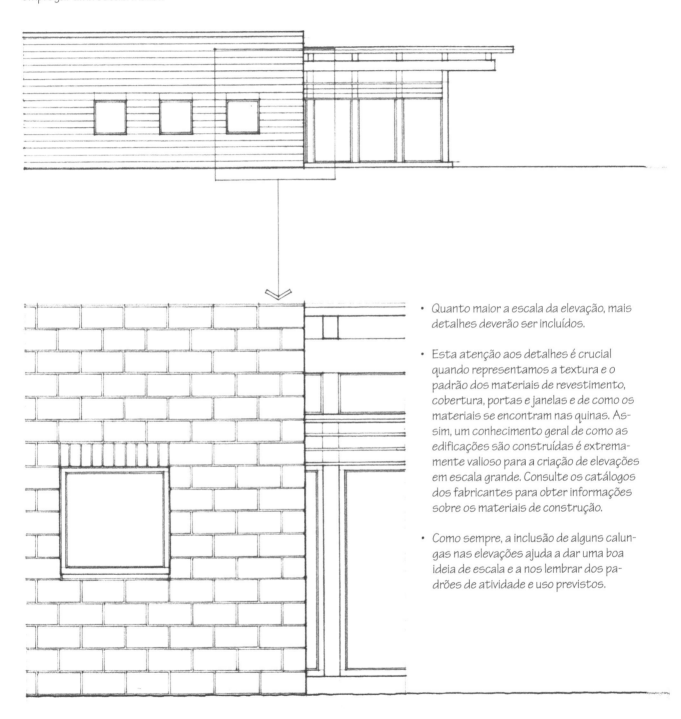

- Quanto maior a escala da elevação, mais detalhes deverão ser incluídos.

- Esta atenção aos detalhes é crucial quando representamos a textura e o padrão dos materiais de revestimento, cobertura, portas e janelas e de como os materiais se encontram nas quinas. Assim, um conhecimento geral de como as edificações são construídas é extremamente valioso para a criação de elevações em escala grande. Consulte os catálogos dos fabricantes para obter informações sobre os materiais de construção.

- Como sempre, a inclusão de alguns calungas nas elevações ajuda a dar uma boa ideia de escala e a nos lembrar dos padrões de atividade e uso previstos.

ELEVAÇÕES DE EDIFICAÇÕES

Representação de materiais de construção

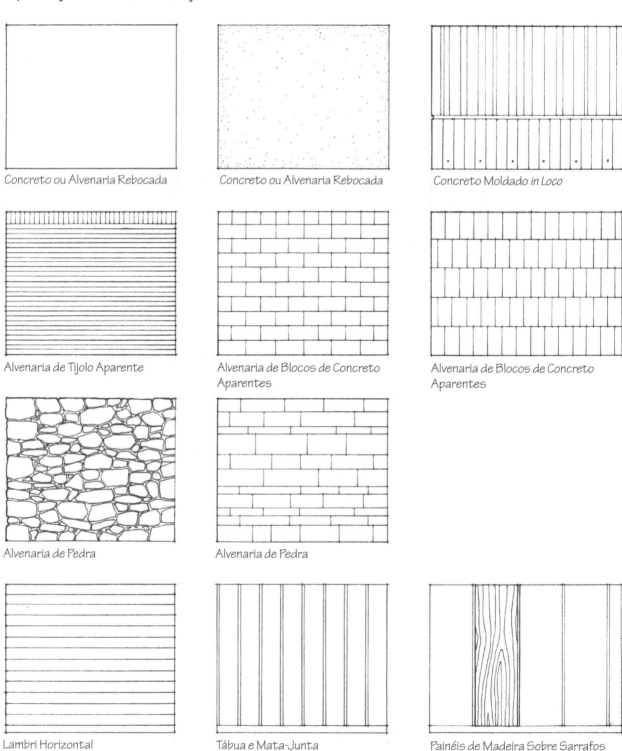

ELEVAÇÕES DE EDIFICAÇÕES 85

Telhas Chatas

Telhas de Metal

Tipos de Janela

Tipos de Porta

86 ELEVAÇÕES DE EDIFICAÇÕES

Expressando profundidade

Em projeções ortográficas, o tamanho projetado de uma linha ou um plano permanece inalterado, não importa qual seja a distância do plano do desenho. Portanto, para transmitir a sensação de profundidade, devemos utilizar uma hierarquia de pesos de linha ou uma variedade de valores tonais. A técnica que utilizamos depende da escala da elevação, dos instrumentos de desenho e da técnica de representação da textura e do padrão dos materiais.

Em um desenho a traço, as diferenças discerníveis de peso de linha podem ajudar a sugerir a profundidade relativa dos planos.

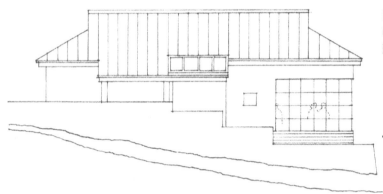

- Esta é a elevação de uma casa desenhada com apenas um peso de linha.

- Este desenho emprega uma hierarquia de pesos de linha para transmitir profundidade.

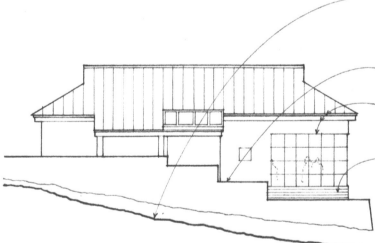

- A linha mais pesada define o corte na linha de solo em frente ao prédio. Estender esta linha de solo para além do prédio ajuda a descrever a natureza topográfica do contexto.

- A segunda linha mais pesada representa o plano mais próximo ao plano de projeção.

- Linhas sucessivamente mais leves e mais finas indicam o distanciamento gradual dos elementos do plano do desenho.

- As linhas mais leves representam linhas de superfície. Essas linhas não significam mudança na forma; simplesmente representam o padrão visual ou a textura das superfícies.

ELEVAÇÕES DE EDIFICAÇÕES 87

Em uma elevação, tentamos estabelecer três zonas pictóricas: o primeiro plano, que fica entre o plano de corte e a fachada do prédio; o segundo plano, ocupado pelo próprio prédio; e o fundo, definido pelo céu, pela paisagem ou pelas edificações atrás do prédio.

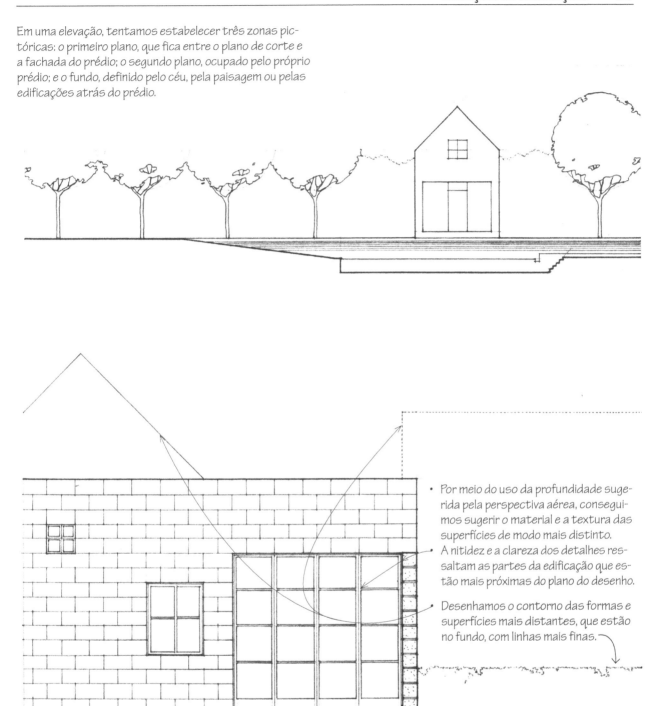

- Por meio do uso da profundidade sugerida pela perspectiva aérea, conseguimos sugerir o material e a textura das superfícies de modo mais distinto.
- A nitidez e a clareza dos detalhes ressaltam as partes da edificação que estão mais próximas do plano do desenho.
- Desenhamos o contorno das formas e superfícies mais distantes, que estão no fundo, com linhas mais finas.

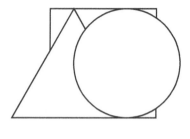 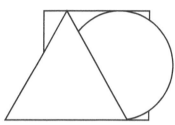

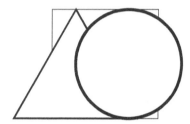 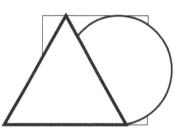

Expressando profundidade

Os exemplos nas duas páginas anteriores ilustram o uso de vários pesos de linha e detalhes para transmitir a sensação de profundidade ao desenho das elevações de uma edificação. Esta série de desenhos ilustra de maneira mais discreta e abstrata como recursos visuais podem reforçar a sensação de profundidade em qualquer projeção ortográfica.

- Continuidade do Contorno: Tendemos a perceber uma forma como estando na frente de outra quando ela tem contorno contínuo e interrompe o perfil de outra forma. Uma vez que este fenômeno visual depende de os objetos mais próximos do observador estarem sobrepostos ou se projetando em frente aos objetos mais distantes, geralmente chamamos de sobreposição esta forma de expressar profundidade.

- A sobreposição tende por si só a criar intervalos de espaço com relativamente pouca profundidade. Contudo, podemos obter uma sensação maior de espaço intermediário e profundidade se combinarmos a sobreposição com outros recursos indicadores de profundidade, como a variação dos pesos de linha de um desenho a traço. Linhas de contorno ou perfis mais escuros e mais grossos tendem a se projetar e parecem estar na frente de perfis mais escuros e mais finos.

- Perspectiva Aérea: O amortecimento progressivo de matizes, valores tonais e contrastes ocorre com o aumento do distanciamento das figuras em relação ao observador. Objetos vistos bem próximos do primeiro plano ou do nosso campo visual apresentam cores mais saturadas e contrastes bem definidos em valores tonais. À medida que os objetos se afastam, suas cores se tornam mais claras e mais suaves, e seus contrastes tonais são mais difusos. No fundo, vemos principalmente formas com tons acinzentados e matizes pouco saturados.

- Perspectiva da Névoa: Este indicador de profundidade reflete o fato de que normalmente associamos a clareza da visão com a proximidade e o enevoamento das silhuetas com a distância. O equivalente gráfico da névoa da perspectiva é a diminuição ou difusão das bordas e dos contornos dos objetos mais distantes. Podemos utilizar uma linha de peso menor ou uma linha tracejada ou pontilhada para delinear estas arestas de figuras e os contornos das formas que existem além do foco do desenho.

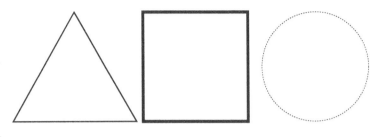

- Perspectiva da Textura: A densidade da textura de uma superfície aumenta gradualmente à medida que nos afastamos. A técnica de representação gráfica para representar o fenômeno visual da perspectiva da textura envolve a diminuição gradual do tamanho e do espaçamento dos elementos gráficos usados para retratar uma textura ou padrão superficial, seja por meio de pontos, linhas ou tons. Inicie identificando as unidades no primeiro plano, depois sugira o padrão texturizado do segundo plano e por fim represente o valor tonal do fundo.

 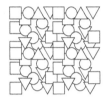 

- Luz e Sombra: Qualquer variação abrupta no brilho estimula a percepção de que uma aresta ou um perfil está separado da superfície do fundo por um espaço intermediário. Esta forma de sugerir profundidade implica a existência de formas sobrepostas e o uso de valores tonais contrastantes em um desenho. Consulte o Capítulo 7 para mais informações sobre o uso de valores tonais na representação gráfica em arquitetura.

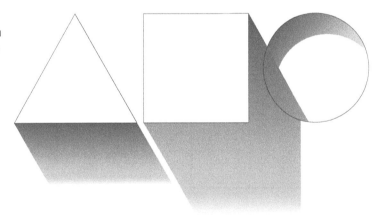

90 ELEVAÇÕES INTERNAS

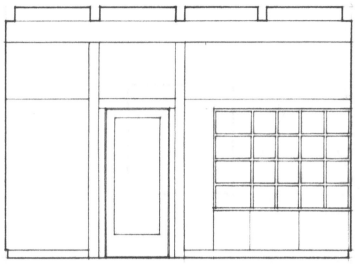

As elevações internas são projeções ortográficas das paredes internas mais importantes de uma edificação. Embora normalmente se incluam nos desenhos dos cortes, elas também podem estar independentes, para o estudo e a apresentação de espaços muito detalhados, como cozinhas, banheiros e escadas. Nesse caso, em vez de reforçar o corte, enfatizamos as linhas externas ou de contorno das superfícies das paredes internas.

- Geralmente desenhamos elevações internas na mesma escala das plantas baixas que as acompanham – 1:50 ou 1:100. Quando desejamos mostrar uma quantidade maior de detalhes, usamos uma escala de 1:20 ou 1:25.

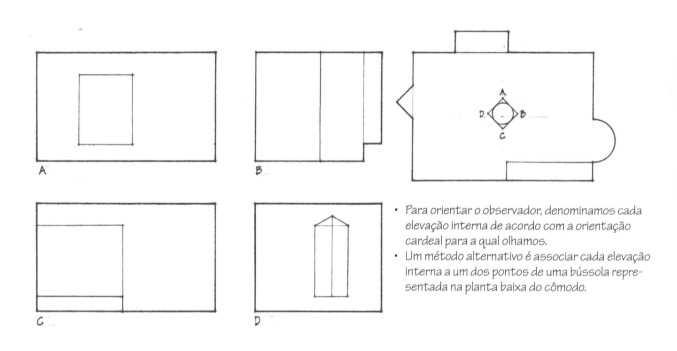

- Para orientar o observador, denominamos cada elevação interna de acordo com a orientação cardeal para a qual olhamos.
- Um método alternativo é associar cada elevação interna a um dos pontos de uma bússola representada na planta baixa do cômodo.

5
Vistas de Linhas Paralelas

As vistas de linhas paralelas incluem o subconjunto de projeções ortográficas conhecidas como projeções axonométricas – as perspectivas ou projeções isométricas, dimétricas e trimétricas – bem como a classe completa de projeções oblíquas. Cada tipo oferece um ponto de vista levemente distinto e enfatiza diferentes aspectos do objeto ou tema sendo representado. Em comum, contudo, elas combinam a precisão das medidas e do uso das escalas dos desenhos de vistas múltiplas e a natureza pictórica das perspectivas cônicas. Por causa de sua natureza pictórica e da relativa facilidade de construção, as vistas de linhas paralelas são adequadas para a visualização em três dimensões de uma ideia emergente logo no início de um projeto. São capazes de fundir plantas, elevações e cortes e ilustrar padrões tridimensionais e composições espaciais. Porções dos desenhos de linhas paralelas podem ser cortadas e removidas ou se tornar transparentes, para a visualização de seu interior e através de suas partes, ou expandidas, para ilustrar as relações espaciais entre as partes de um todo. Às vezes, podem até servir como substitutos razoáveis para as perspectivas aéreas.

VISTAS DE LINHAS PARALELAS (PARALINES)

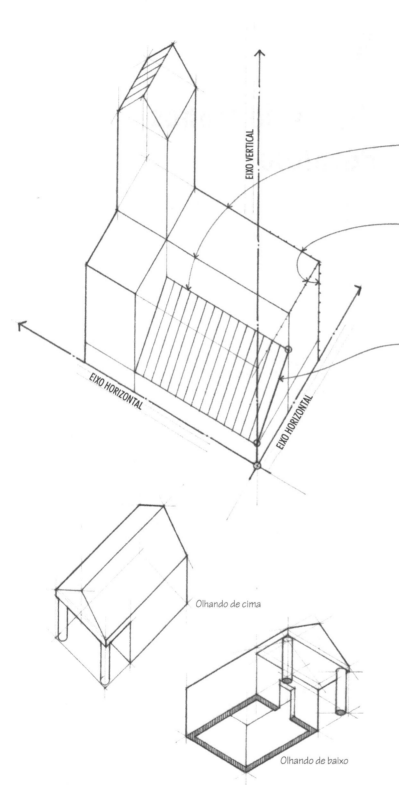

As vistas de linhas paralelas exprimem a natureza tridimensional de um objeto ou relação espacial em uma única imagem. Assim, também são chamadas de desenhos de vista única, para diferenciá-las das vistas múltiplas e relacionadas de plantas, cortes e elevações. Elas distinguem-se do outro tipo de desenho de vista única, a perspectiva cônica, pelos seguintes efeitos pictóricos.

- As linhas paralelas, não importa qual seja a orientação do objeto, permanecem paralelas na vista desenhada; elas não convergem em direção a um ponto de fuga, como na perspectiva cônica.
- Todas as medidas paralelas a um dos três eixos principais – obtidas das retas axiais – podem ser feitas e desenhadas em uma escala consistente. As retas axiais formam naturalmente uma malha retangular de coordenadas que utilizamos para encontrar qualquer ponto no espaço tridimensional.
- As retas não axiais referem-se às retas que não são paralelas a um dos eixos principais. Não podemos medir dimensões ao longo dessas retas nem podemos desenhá-las em escala. Para desenhar retas não axiais, devemos antes localizar suas extremidades e depois uni-las. Uma vez determinada uma reta não axial, podemos desenhar qualquer reta paralela a ela, já que as retas paralelas no objeto permanecem paralelas no desenho.

- As vistas de linhas paralelas representam uma vista aérea, ou uma cena ou uma vista de baixo para cima de um objeto. Elas carecem da vista do nível do observador e da natureza pictórica das perspectivas cônicas e mostram o que sabemos, e não o que vemos, representando uma realidade objetiva que corresponde mais à imagem que temos em nossas mentes do que à imagem na retina, típica das perspectivas cônicas.

TIPOS DE VISTAS DE LINHAS PARALELAS   93

Existem vários tipos de vistas de linhas paralelas, nomeados segundo o método de projeção empregado para seu desenvolvimento. Os dois tipos mais comuns nos desenhos de arquitetura são discutidos neste capítulo: perspectivas isométricas e perspectivas oblíquas (plantas ou elevações oblíquas).

Tanto nas perspectivas isométricas como nas perspectivas oblíquas:

- Todas as linhas paralelas no objeto permanecem paralelas no desenho.
- Todas as linhas paralelas aos eixos principais (X–Y–Z) podem ser medidas e desenhadas em escala.

As imagens que resultam das projeções oblíquas são diferentes das vistas isométricas que se desenvolvem das projeções ortográficas. A facilidade com que conseguimos construir uma perspectiva oblíqua torna-as muito interessantes. Se orientarmos uma face principal do objeto paralela ao plano do desenho, sua forma permanecerá inalterada e poderemos desenhá-la com mais facilidade. Assim, as vistas oblíquas são especialmente convenientes para a representação de objetos com faces curvilíneas, irregulares ou complicadas.

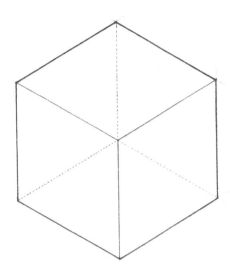

Perspectivas isométricas
- Os três conjuntos de planos têm a mesma ênfase.
- O ângulo de visão é levemente inferior ao das plantas oblíquas.
- Plantas e elevações não podem ser utilizadas como desenhos de base.

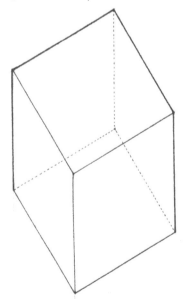

Plantas oblíquas
- O principal conjunto de planos horizontais paralelos ao plano do desenho é enfatizado e pode ser representado em grandeza, forma e proporção verdadeiras.
- As plantas podem ser utilizadas como desenhos de base – uma grande vantagem quando desenhamos planos horizontais com formas circulares ou complexas.
- As plantas oblíquas têm um ângulo de visão mais alto do que as perspectivas isométricas.

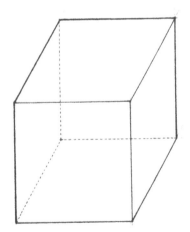

Elevações oblíquas
- O principal conjunto de planos verticais orientados paralelos ao plano do desenho é enfatizado e pode ser representado em grandeza, forma e proporção verdadeiras. O outro conjunto de planos verticais e o conjunto principal de planos horizontais são escorçados.
- Uma elevação pode ser empregada como desenho de base. Esta vista deve ser a face mais longa, mais esclarecedora ou mais complexa do objeto ou da edificação.

94 PERSPECTIVAS ISOMÉTRICAS

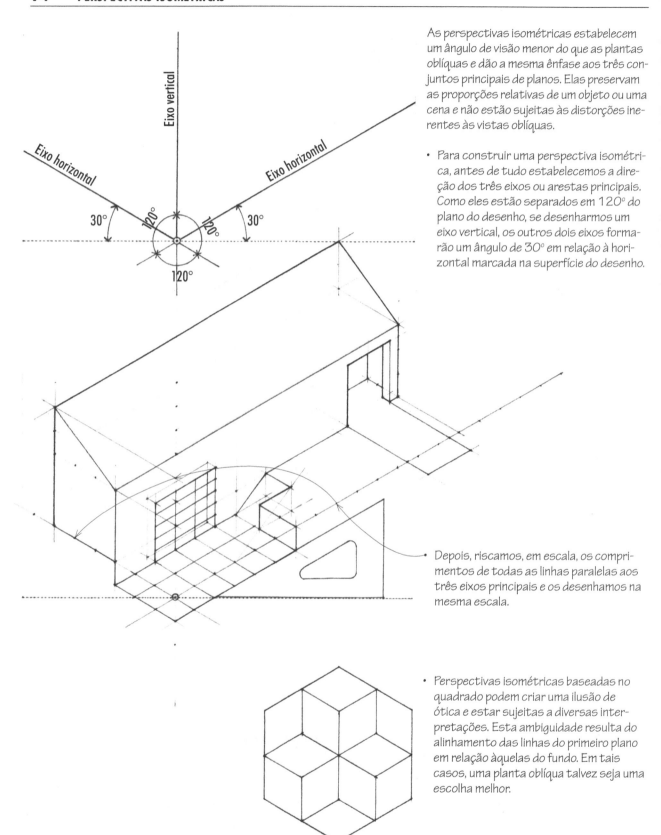

As perspectivas isométricas estabelecem um ângulo de visão menor do que as plantas oblíquas e dão a mesma ênfase aos três conjuntos principais de planos. Elas preservam as proporções relativas de um objeto ou uma cena e não estão sujeitas às distorções inerentes às vistas oblíquas.

- Para construir uma perspectiva isométrica, antes de tudo estabelecemos a direção dos três eixos ou arestas principais. Como eles estão separados em 120° do plano do desenho, se desenharmos um eixo vertical, os outros dois eixos formarão um ângulo de 30° em relação à horizontal marcada na superfície do desenho.

- Depois, riscamos, em escala, os comprimentos de todas as linhas paralelas aos três eixos principais e os desenhamos na mesma escala.

- Perspectivas isométricas baseadas no quadrado podem criar uma ilusão de ótica e estar sujeitas a diversas interpretações. Esta ambiguidade resulta do alinhamento das linhas do primeiro plano em relação àquelas do fundo. Em tais casos, uma planta oblíqua talvez seja uma escolha melhor.

PLANTAS OBLÍQUAS 95

As plantas oblíquas apresentam um ângulo de visão maior do que as perspectivas isométricas e enfatizam o conjunto de planos horizontais, ao revelar seus tamanhos, formatos e proporções verdadeiros.

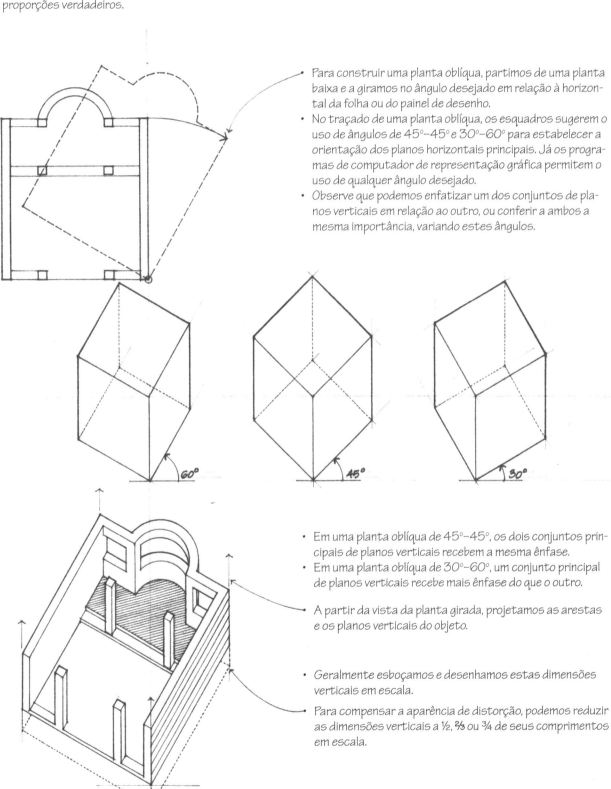

- Para construir uma planta oblíqua, partimos de uma planta baixa e a giramos no ângulo desejado em relação à horizontal da folha ou do painel de desenho.
- No traçado de uma planta oblíqua, os esquadros sugerem o uso de ângulos de 45°–45° e 30°–60° para estabelecer a orientação dos planos horizontais principais. Já os programas de computador de representação gráfica permitem o uso de qualquer ângulo desejado.
- Observe que podemos enfatizar um dos conjuntos de planos verticais em relação ao outro, ou conferir a ambos a mesma importância, variando estes ângulos.

- Em uma planta oblíqua de 45°–45°, os dois conjuntos principais de planos verticais recebem a mesma ênfase.
- Em uma planta oblíqua de 30°–60°, um conjunto principal de planos verticais recebe mais ênfase do que o outro.

- A partir da vista da planta girada, projetamos as arestas e os planos verticais do objeto.

- Geralmente esboçamos e desenhamos estas dimensões verticais em escala.
- Para compensar a aparência de distorção, podemos reduzir as dimensões verticais a ½, ⅔ ou ¾ de seus comprimentos em escala.

96 ELEVAÇÕES OBLÍQUAS

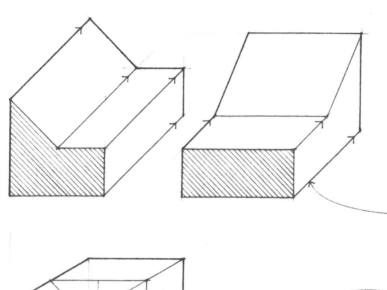

As elevações oblíquas orientam uma face vertical principal ou uma série de planos verticais paralelos ao plano do desenho e, portanto, revelam suas dimensões, formas e proporções verdadeiras.

- Para construir uma elevação oblíqua, começamos com uma elevação da face principal do objeto, que deve ser a mais longa, a mais significativa ou a mais complexa.
- Dos pontos significativos na vista em elevação, projetamos as linhas de recuo para a profundidade do desenho, conforme o ângulo desejado.

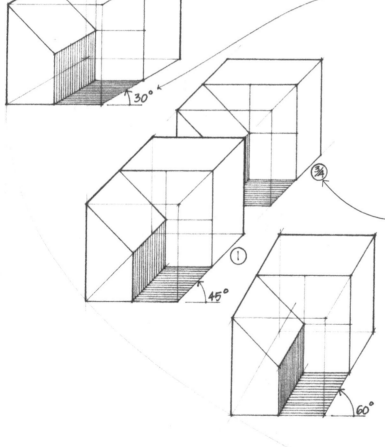

- Ao desenhar com esquadros, geralmente usamos ângulos de 45°, 30° ou 60° para as linhas de recuo. Ao esboçar ou usar ferramentas digitais, não precisamos ser tão precisos, mas após estabelecermos um ângulo para as linhas de recuo, devemos aplicá-lo de maneira consistente.
- Lembre-se que o ângulo utilizado para as linhas de recuo altera o tamanho aparente e o formato dos planos de recuo. Ao variar o ângulo, os conjuntos horizontais e verticais de planos de recuo podem receber diferentes graus de ênfase. Em todos os casos, a ênfase principal permanece nas faces paralelas ao plano do desenho.
- Para compensar a aparência de distorção, podemos reduzir as linhas de recuo a ½, ⅔ ou ¾ de seus comprimentos verdadeiros.

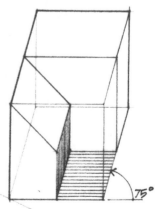

CONSTRUÇÃO DE VISTAS DE LINHAS PARALELAS   97

Há três abordagens básicas para a construção de qualquer tipo de vista de linhas paralelas. Ao construí-las, tenha em mente que as vistas de linhas paralelas são mais fáceis de ser entendidas quando as linhas verticais no espaço também estão orientadas verticalmente na superfície de desenho.

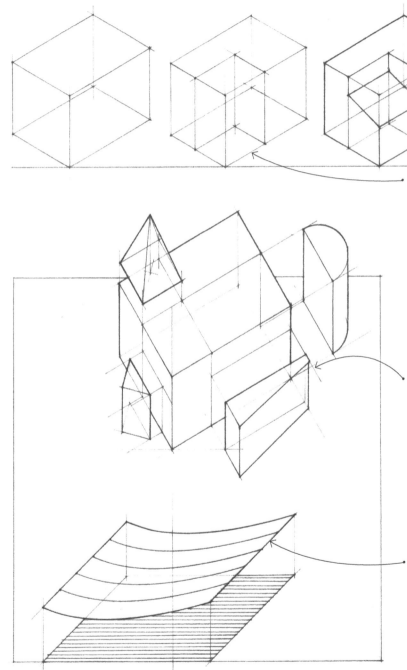

- A primeira estratégia, em grau de complexidade, é uma abordagem subtrativa para formas relativamente simples. Envolve a construção da vista com linhas paralelas a partir de uma caixa retangular que engloba todo o volume do objeto e, depois, trabalhando de maneira subtrativa, a remoção de material e a revelação da forma.

- A segunda abordagem, adequada para a composição de edificações compostas de um volume básico e vários volumes agregados, reverte o procedimento da abordagem subtrativa. Ela exige o desenho inicial de uma vista de linhas paralelas do volume principal e a posterior adição dos volumes subordinados.

- A terceira abordagem é adequada a formas irregulares. Começa com a vista de linhas paralelas de um plano horizontal do objeto ou do perfil de um corte vertical. Depois, podemos alongar a forma verticalmente ou estendê-la para trás, na profundidade do desenho.

98 CONSTRUÇÃO DE VISTAS DE LINHAS PARALELAS

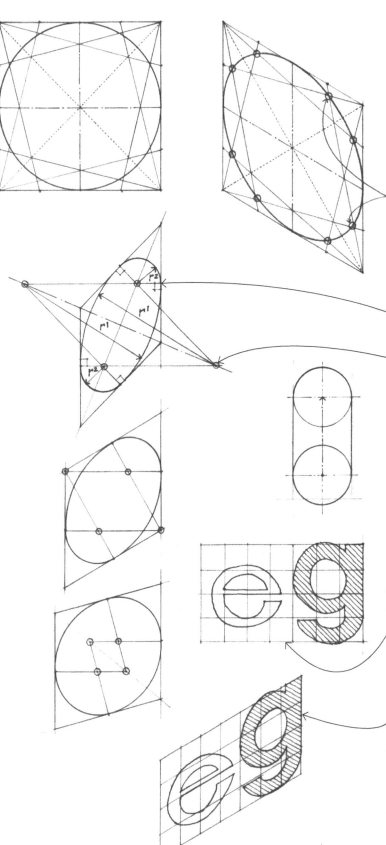

Círculos e formas livres

Qualquer círculo oblíquo ao plano do desenho aparece como uma elipse. Para desenhar este círculo em uma vista de linhas paralelas, em primeiro lugar devemos desenhar uma vista de linhas paralelas de um quadrado que circunscreva o círculo. Depois, podemos usar qualquer um dos métodos abaixo para desenhar o círculo dentro do quadrado.

- O primeiro método é uma abordagem aproximada. Ao dividir o quadrado em quadrantes e desenhar diagonais entre as quinas e os pontos médios das laterais dos quadrantes, conseguimos estabelecer oito pontos na circunferência do círculo.

- O método dos quatro centros utiliza dois conjuntos de raios e um compasso ou um gabarito de círculos.
- Dos pontos médios das laterais do quadrado em vista de linhas paralelas, estendemos perpendiculares até que se interceptem.
- Com os quatro pontos de interseção como centros e com os raios r1 e r2, construímos dois pares de arcos iguais com extremidades entre os pontos de origem das retas perpendiculares.
- Muitas vezes é mais conveniente desenhar uma planta oblíqua em vez da isométrica de uma planta com forma circular ou livre, pois a própria planta pode ser empregada como o desenho de base, e as formas horizontais permanecem em verdadeira grandeza.

Podemos utilizar uma malha para transferir formas curvilíneas ou livres de uma vista ortográfica a uma vista de linhas paralelas.

- Em primeiro lugar, construímos uma malha sobre uma planta ou elevação da forma. Esta malha pode ser uniforme ou corresponder aos pontos mais importantes da forma. Quanto mais complexa for a forma, menores deverão ser as divisões da malha.
- Em seguida, construímos a mesma malha na vista de linhas paralelas.
- Depois localizamos os pontos de interseção entre a malha e a forma livre e reproduzimos estas coordenadas na vista de linhas paralelas.
- Por fim, conectamos os pontos transferidos para a vista de linhas paralelas.

CONSTRUÇÃO DE VISTAS DE LINHAS PARALELAS 99

Expressando profundidade

Podemos reforçar a sensação de profundidade de uma vista de linhas paralelas utilizando uma hierarquia de pesos de linha para distinguir entre arestas, interseções de plano e linhas de superfície.

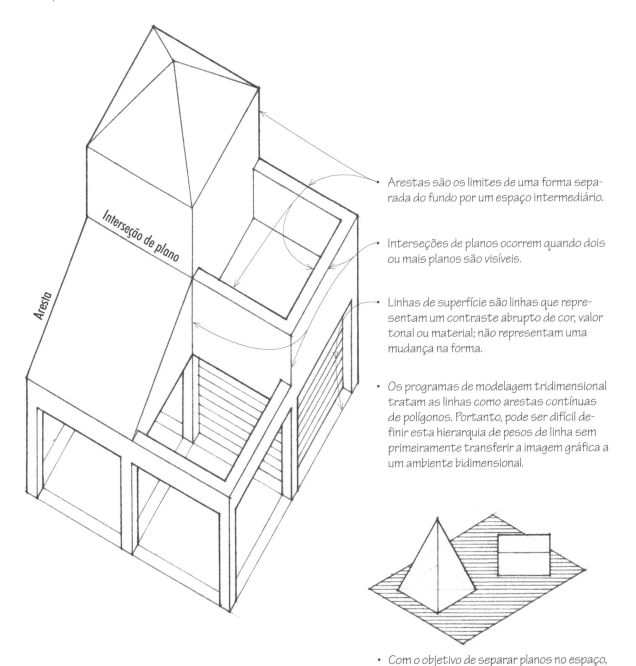

- Arestas são os limites de uma forma separada do fundo por um espaço intermediário.

- Interseções de planos ocorrem quando dois ou mais planos são visíveis.

- Linhas de superfície são linhas que representam um contraste abrupto de cor, valor tonal ou material; não representam uma mudança na forma.

- Os programas de modelagem tridimensional tratam as linhas como arestas contínuas de polígonos. Portanto, pode ser difícil definir esta hierarquia de pesos de linha sem primeiramente transferir a imagem gráfica a um ambiente bidimensional.

- Com o objetivo de separar planos no espaço, explicitar suas diferentes orientações e especialmente distinguir entre a horizontal e a vertical, podemos empregar texturas e padrões contrastantes.

100 VISTAS DE LINHAS PARALELAS

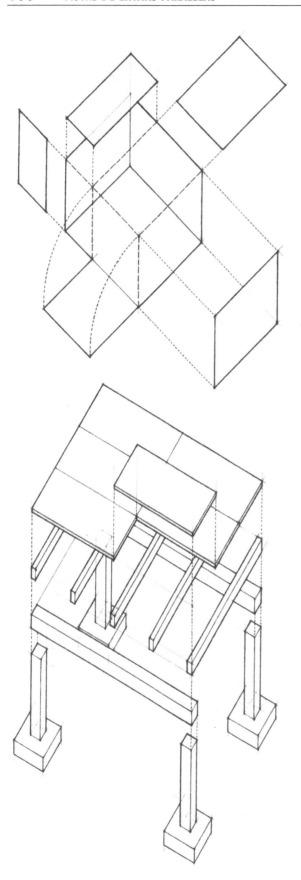

Ainda que uma vista de linhas paralelas sempre apresente um ponto de vista aéreo ou por baixo de um objeto, podemos construir uma vista de linhas paralelas de vários modos, para revelar mais do que a forma exterior e a configuração de um projeto. Essas técnicas nos oferecem acesso visual ao interior de uma composição espacial ou às porções ocultas de uma construção complexa. Categorizamos essas técnicas em vistas expandidas, vistas cortadas e vistas fantasmas.

Vistas expandidas

Buscando desenvolver o que chamamos de vista expandida ou explodida, simplesmente deslocamos partes de uma vista de linhas paralelas para outras posições no espaço. O desenho final parece ser a imagem congelada de uma explosão obtida no momento em que as relações entre as partes do todo estavam mais evidentes.

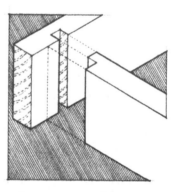

- As vistas expandidas são extremamente úteis para a descrição de detalhes, camadas ou etapas de uma sequência de construção. Lembre-se que, assim como nos demais tipos de desenho, quanto maior a escala da vista de linhas paralelas, mais detalhes você deverá incluir.
- Em escalas maiores, as vistas expandidas podem ilustrar de maneira eficaz as relações verticais em edifícios de pavimentos múltiplos, bem como as conexões horizontais através do espaço.

VISTAS EXPANDIDAS   101

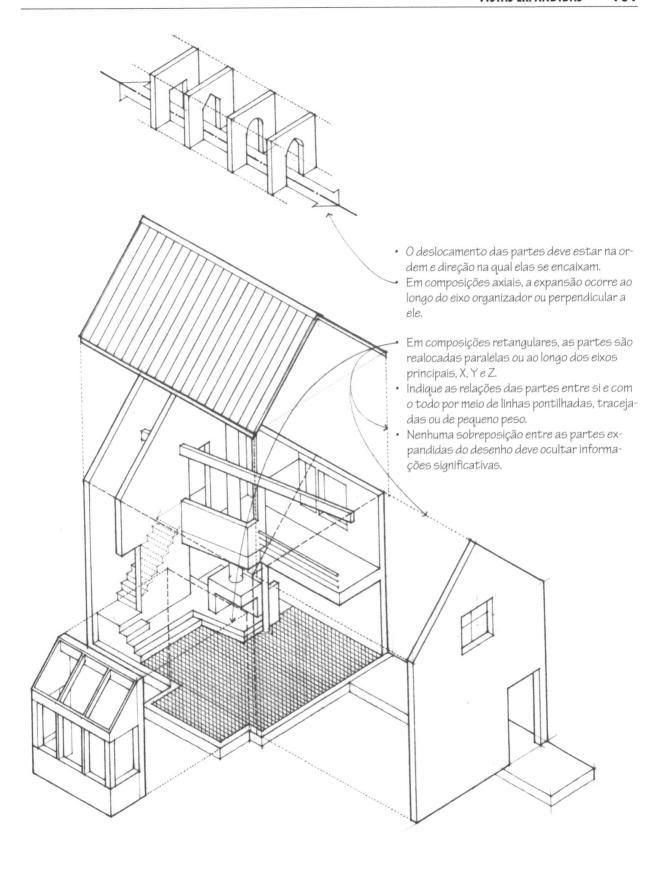

- O deslocamento das partes deve estar na ordem e direção na qual elas se encaixam.
- Em composições axiais, a expansão ocorre ao longo do eixo organizador ou perpendicular a ele.
- Em composições retangulares, as partes são realocadas paralelas ou ao longo dos eixos principais, X, Y e Z.
- Indique as relações das partes entre si e com o todo por meio de linhas pontilhadas, tracejadas ou de pequeno peso.
- Nenhuma sobreposição entre as partes expandidas do desenho deve ocultar informações significativas.

102 VISTAS CORTADAS

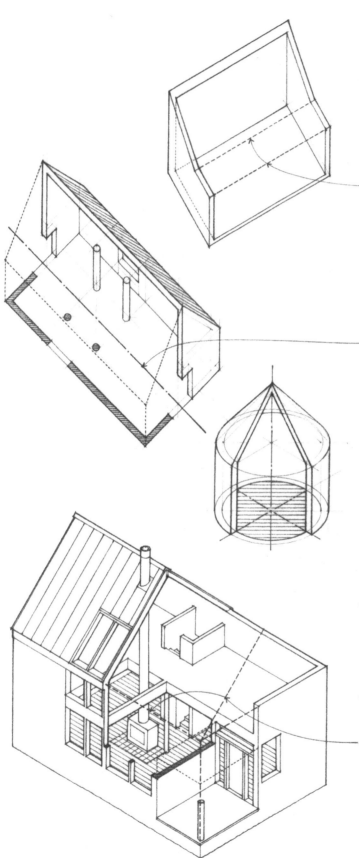

Uma vista cortada é um desenho que tem uma seção ou camada superior removida para revelar um espaço interno ou uma construção interna. Esta estratégia também pode representar, de forma eficaz, a relação entre um interior e o ambiente externo.

- O método mais simples de criar uma vista cortada é remover uma camada externa ou delimitadora da composição ou construção.
- Por exemplo, a remoção de uma cobertura, teto ou parede permite-nos olhar para baixo e observar um espaço interno. Já a remoção de um piso oferece uma vista interna de um espaço feita por baixo.

- Podemos remover uma seção maior seccionando pelo centro da composição. Quando uma composição apresenta simetria bilateral, podemos fazer este corte ao longo do eixo central e indicar a marcação no piso ou a planta da parte removida.
- De maneira similar, podemos criar uma vista cortada de uma composição simétrica radial seccionando pelo centro e removendo um quadrante ou uma porção em forma de fatia.

- Para revelar uma composição mais complexa, o corte pode seguir uma rota tridimensional. Neste caso, a trajetória do corte deve evidenciar a natureza da forma total do prédio, bem como a organização e o arranjo dos espaços internos.
- Os cortes devem ser marcados de maneira clara, com linhas de peso ou valor tonal contrastante.
- Ainda que uma porção do prédio seja removida na vista cortada, pode-se mantê-la representada no desenho se delinearmos seus limites externos com uma linha pontilhada, tracejada ou mais leve. Indicar a forma externa do que foi removido ajuda o observador a ter uma ideia do conjunto.

VISTAS FANTASMAS   103

Uma vista fantasma é uma vista de linhas paralelas na qual representamos como transparentes uma ou mais partes para permitir a apresentação de informações internas que, de outra forma, ficariam ocultas da nossa visão. Essa estratégia permite-nos revelar de maneira efetiva uma construção ou espaço interno sem a remoção de qualquer um dos planos externos da edificação ou dos elementos de vedação. Assim, conseguimos ver simultaneamente toda a composição e sua estrutura e organização interna.

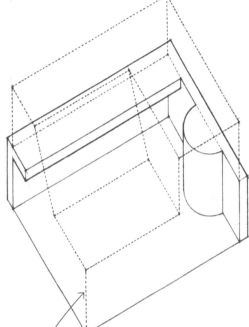

- Uma linha fantasma é uma linha tracejada que consiste de segmentos de reta relativamente longos separados por dois traços curtos ou pontos.
  Na prática, linhas fantasmas também podem consistir em linhas tracejadas, pontilhadas ou mesmo finas.
- A descrição gráfica deve incluir a espessura ou o volume das partes representadas transparentes.

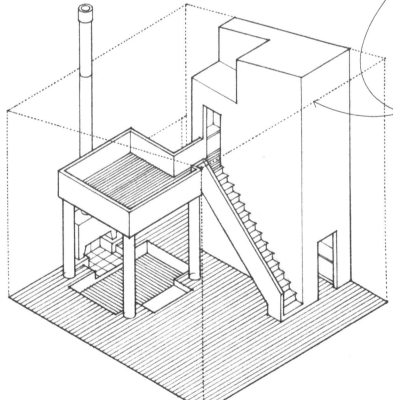

- Unidade Nº 5 do Condomínio em Sea Ranch, Califórnia, 1963–65
  Moore, Lyndon, Turnbull, Whitaker

104 VISTAS DESENHADAS EM COMPUTADOR

As funções de agrupamento e criação de camadas em programas de computador de geração de maquetes eletrônicas ou programas de CAD bi ou tridimensionais nos oferecem a possibilidade de criar de modo mais fácil os diferentes tipos de vistas de linhas paralelas. Uma vez que tais programas organizam os elementos e sistemas de uma construção tridimensional em grupos ou camadas separados, podemos controlar de maneira seletiva sua localização, visibilidade e aparência, como é ilustrado nesta e na página ao lado.

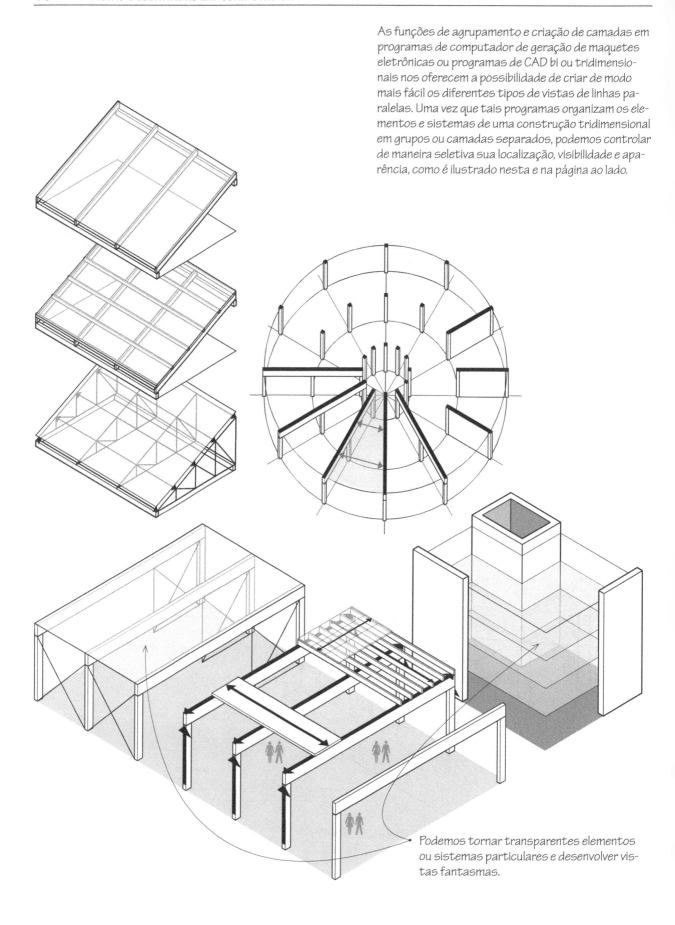

Podemos tornar transparentes elementos ou sistemas particulares e desenvolver vistas fantasmas.

VISTAS DESENHADAS EM COMPUTADOR   105

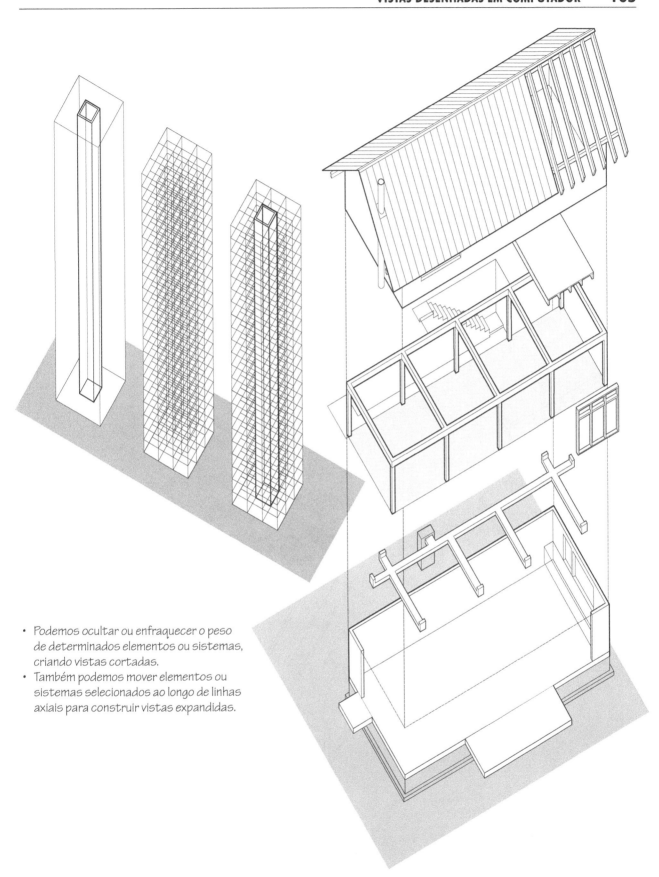

- Podemos ocultar ou enfraquecer o peso de determinados elementos ou sistemas, criando vistas cortadas.
- Também podemos mover elementos ou sistemas selecionados ao longo de linhas axiais para construir vistas expandidas.

106 VISTAS SEQUENCIAIS

Embora uma vista de linhas paralelas seja um desenho com vista única útil para mostrar relações tridimensionais, uma série de vistas de linhas paralelas pode explicar de maneira efetiva processos e fenômenos que ocorrem ao longo do tempo ou no espaço.

Uma progressão de vistas de linhas paralelas consegue explicar a sequência de montagem ou as etapas de construção de uma edificação, com cada vista sendo construída sucessivamente a partir da imagem precedente.

Uma técnica similar pode ser empregada para ilustrar a organização interna e a forma total de uma edificação, utilizando plantas baixas repetitivas. Neste caso, cada pavimento é construído sucessivamente a partir do anterior.

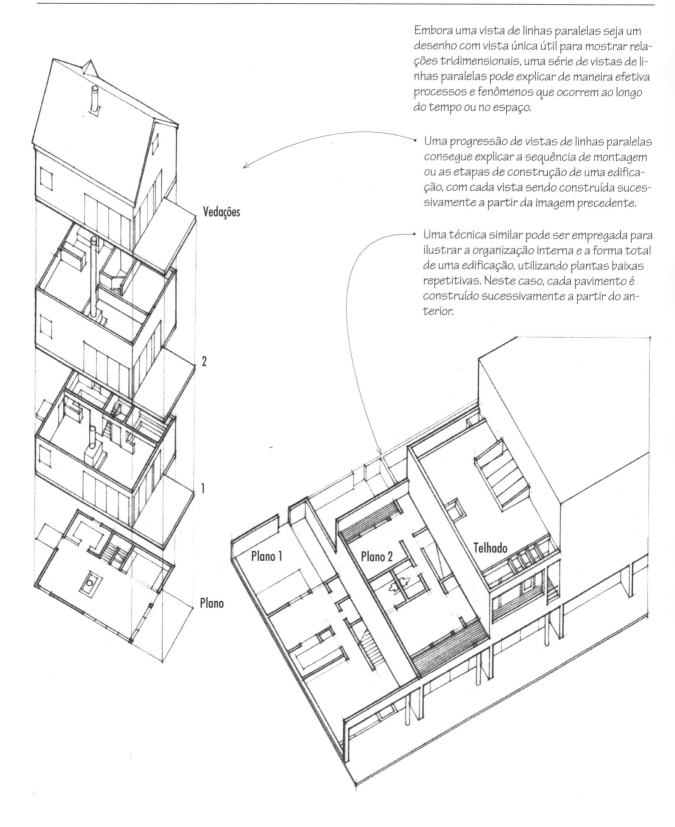

6
Perspectivas Cônicas

Perspectiva pode referir-se a qualquer técnica gráfica para representar relações entre espaços e volumes em uma superfície plana, como a perspectiva de tamanho ou a paisagística. O termo perspectiva, entretanto, na maior parte das vezes, traz à mente o sistema de desenho de perspectivas cônicas. A perspectiva cônica é a uma técnica de representação de volumes e relações espaciais tridimensionais em uma superfície bidimensional por meio de linhas que convergem conforme retrocedem na profundidade do desenho. Se, por um lado, desenhos de vistas múltiplas e vistas paralelas apresentam vistas de uma realidade objetiva, perspectivas cônicas, por outro, oferecem visões sensoriais da realidade óptica. Elas representam o modo como objetos e espaço podem ser visualizados pelo observador, que olha em direção específica, a partir de um determinado ponto de partida no espaço.

108 PERSPECTIVAS CÔNICAS

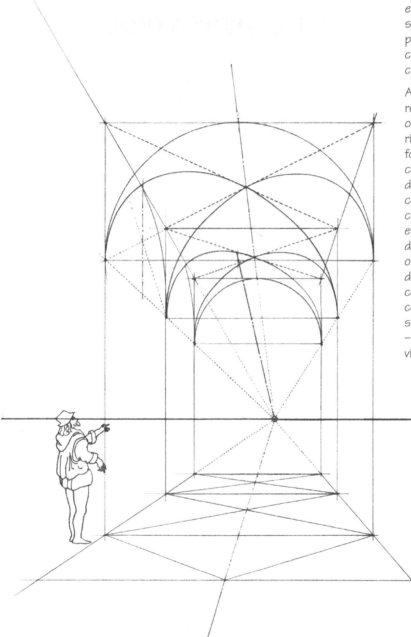

As perspectivas cônicas são válidas apenas para a visão monocular. O desenho em perspectiva pressupõe que o observador veja com um único olho. Quase nunca vemos algo desta maneira. Mesmo com a cabeça em posição fixa, vemos por meio dos dois olhos que estão constantemente em movimento, examinando objetos e seu entorno, alternando ambientes sucessivamente. Assim, perspectivas cônicas podem apenas aproximar-se da maneira complexa como os olhos realmente funcionam.

As perspectivas cônicas também nos oferecem um método de colocação correta de objetos tridimensionais no espaço pictórico e de ilustração do grau em que estas formas aparentam diminuir de tamanho, conforme retrocedem na profundidade do desenho. A singularidade da perspectiva cônica reside em sua opacidade de propiciar uma visão de vivência do espaço. Esta evidente vantagem, entretanto, cria uma dificuldade normalmente relacionada com os desenhos em perspectiva. O desafio de dominar a perspectiva cônica é resolver o conflito entre nosso conhecimento de uma coisa em si mesma – como concebemos sua realidade objetiva – e a aparência dela – como percebemos sua realidade óptica – vista com um único olho do observador.

PROJEÇÃO PERSPECTIVA 109

As projeções em perspectiva representam um objeto tridimensional com a projeção de todos os seus pontos no plano do desenho, por meio de linhas retas convergentes em um ponto fixo no espaço, que representa um dos olhos do observador. Esta convergência das linhas de visão diferencia a projeção em perspectiva dos outros dois principais sistemas de projeção – a projeção ortogonal e a projeção oblíqua –, nos quais as linhas de projeção se mantêm paralelas entre si.

- O plano do desenho (PD) é um plano transparente imaginário no qual a imagem de um objeto tridimensional é projetada. O plano do desenho é sempre perpendicular ao eixo central de visão (ECV).

- As linhas de visão são qualquer uma das linhas de projeção, estendidas do ponto de observação (PO) aos vários pontos do objeto visualizado.

- A projeção em perspectiva de qualquer ponto de um objeto está onde as linhas de visão deste ponto interseccionam o plano do desenho.

- O eixo central de visão (ECV) é a linha de visão que determina a direção em que, presumivelmente, o observador está olhando.

- O ponto de observação (PO) consiste em um ponto fixo no espaço, que representa um único olho do observador.

ELEMENTOS DE PERSPECTIVA

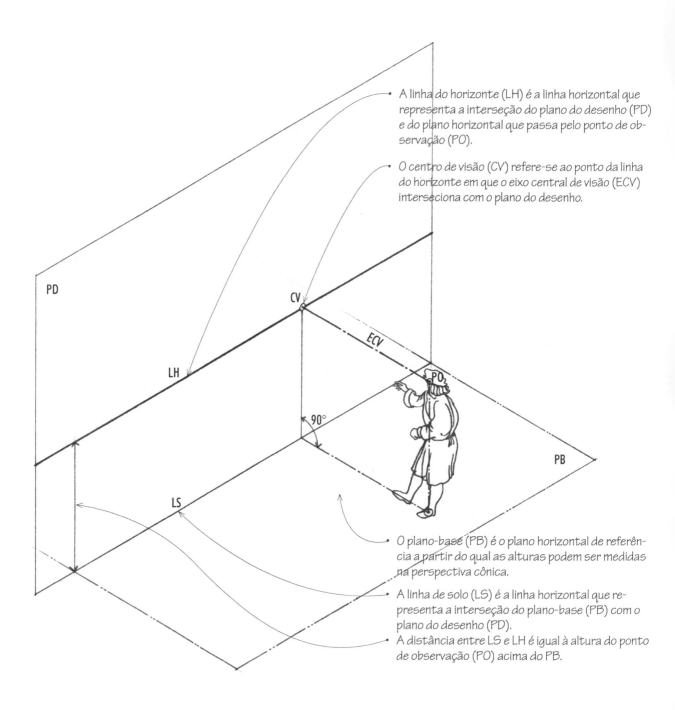

- A linha do horizonte (LH) é a linha horizontal que representa a interseção do plano do desenho (PD) e do plano horizontal que passa pelo ponto de observação (PO).

- O centro de visão (CV) refere-se ao ponto da linha do horizonte em que o eixo central de visão (ECV) interseciona com o plano do desenho.

- O plano-base (PB) é o plano horizontal de referência a partir do qual as alturas podem ser medidas na perspectiva cônica.

- A linha de solo (LS) é a linha horizontal que representa a interseção do plano-base (PB) com o plano do desenho (PD).

- A distância entre LS e LH é igual à altura do ponto de observação (PO) acima do PB.

ELEMENTOS DE PERSPECTIVA   111

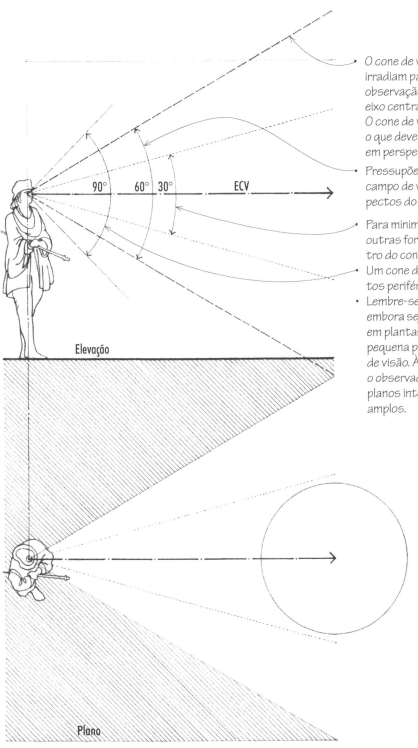

- O cone de visão descreve as linhas de visão que irradiam para o exterior, a partir de um ponto de observação, que forma um ângulo de 30° com o eixo central de visão (ECV), na perspectiva cônica. O cone de visão serve como guia para determinar o que deve ser incluído nos limites de um desenho em perspectiva.
- Pressupõe-se que um cone de visão de 60° é o campo de visão normal, no qual os principais aspectos do tema devem ser posicionados.
- Para minimizar a distorção de circunferências e outras formas circulares, eles devem recair dentro do cone de visão de 30°.
- Um cone de visão de 90° é aceitável para elementos periféricos.
- Lembre-se de que o cone de visão é tridimensional, embora seja visto como um formato triangular em plantas e elevações ortogonais. Somente uma pequena parte do primeiro plano é incluída no cone de visão. À medida que o cone de visão capta o que o observador vê, ele amplia sua abrangência, e os planos intermediário e de fundo tornam-se mais amplos.

112 EFEITOS PICTÓRICOS

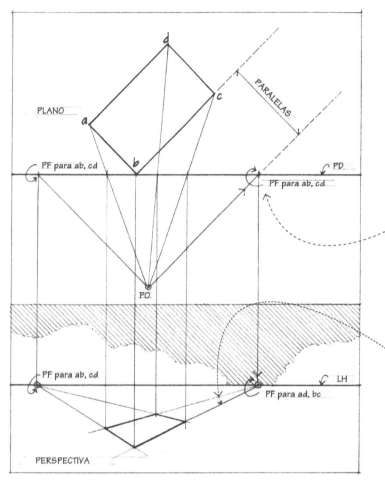

A natureza convergente das linhas de visão na perspectiva cônica produz certos efeitos pictóricos. Estar familiarizado com estes efeitos ajuda-nos a entender como retas, planos e volumes devem aparecer na perspectiva cônica e como posicionar corretamente objetos no espaço de uma perspectiva.

Convergência

A convergência em perspectiva cônica consiste no movimento aparente de retas paralelas em direção a um ponto de fuga comum, à medida que se afastam do observador.

- O ponto de fuga (PF) de qualquer conjunto de retas paralelas é o ponto onde uma reta desenhada desde o ponto de observação (PO), paralelamente ao conjunto, intercepta o plano do desenho (PD).

- Conforme duas linhas retas paralelas afastam-se na distância, o espaço entre elas parece diminuir. Se as retas se estenderem ao infinito, elas parecerão encontrar-se em um ponto no plano do desenho (PD). Tal ponto é o ponto de fuga (PF) para este par específico de retas e para todas as outras paralelas a estas.

A primeira regra de convergência é que cada conjunto de retas paralelas tem seu próprio ponto de fuga. Um conjunto de retas paralelas consiste, apenas, naquelas que são paralelas entre si. Se observarmos um cubo, por exemplo, percebemos que suas arestas compreendem três conjuntos principais de retas paralelas: um conjunto de retas verticais paralelas ao eixo X e dois conjuntos de retas horizontais perpendiculares entre si e paralelas aos eixos Y e Z.

Com a finalidade de desenhar uma perspectiva, devemos identificar quantos conjuntos de retas paralelas existem naquilo que vemos ou imaginamos e para onde cada conjunto parece convergir. As seguintes instruções para a convergência de linhas paralelas baseiam-se apenas nas relações entre o eixo central de visão (ECV) do observador e o objeto.

EFEITOS PICTÓRICOS 113

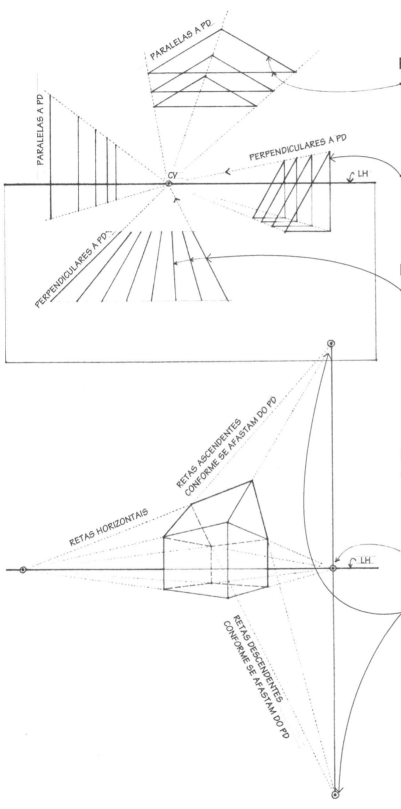

Retas paralelas ao plano do desenho

- Se forem paralelas ao plano do desenho (PD), as retas paralelas manterão sua orientação horizontal e não convergirão para o ponto de fuga. Cada reta, entretanto, diminuirá de tamanho quanto maior for sua distância com relação ao observador. De maneira similar, formatos paralelos ao plano do desenho (PD) manterão seus formatos, apesar da redução em tamanho segundo sua distância com relação ao observador.

Retas perpendiculares ao plano do desenho

- Se for perpendicular ao plano do desenho (PD), um conjunto de retas paralelas parecerá convergir para a linha do horizonte (LH) no centro de visão (CV).

Retas oblíquas ao plano do desenho

- Se for oblíquo ao plano do desenho (PD), um conjunto de retas paralelas entre si parecerá convergir em direção ao ponto de fuga comum, à medida que as retas retrocedem.
- Se um conjunto de retas horizontais paralelas for oblíquo ao PD, seu ponto de fuga estará situado em algum lugar da linha do horizonte (LH).
- Se um conjunto de retas paralelas dirigir-se a um ponto comum elevado conforme retrocede, seu ponto de fuga estará acima da linha do horizonte (LH). Se ele se dirigir para baixo conforme retrocede, seu ponto de fuga estará abaixo da LH.

114 EFEITOS PICTÓRICOS

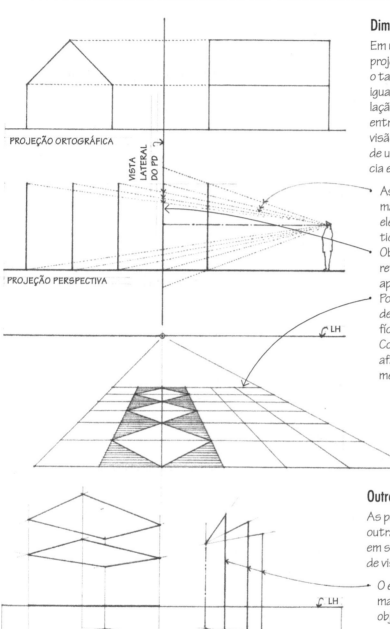

Diminuição de tamanho

Em uma projeção ortogonal e oblíqua, as linhas de projeção mantêm-se paralelas entre si. Assim, o tamanho projetado de um elemento continua igual, independentemente de sua distância em relação ao plano do desenho. Na perspectiva cônica, entretanto, as linhas de projeção ou as linhas de visão convergentes alteram o tamanho aparente de uma reta ou plano, de acordo com sua distância em relação ao plano do desenho.

- As linhas de visão convergentes reduzem o tamanho de objetos distantes, fazendo com que eles pareçam menores que outros objetos idênticos mais próximos do plano do desenho (PD).
- Observe também que, à proporção que um objeto retrocede, cada vez mais as linhas de visão se aproximarão da linha do horizonte (LH).
- Por exemplo, olhando para baixo, para um padrão de piso quadriculado, podemos ver uma superfície maior das peças do piso no primeiro plano. Conforme os quadrados de mesmo tamanho se afastam e aproximam-se do horizonte, parecem menores e mais achatados.

Outros efeitos pictóricos

As perspectivas cônicas também apresentam outras características pictóricas encontradas em sistemas de desenhos de vistas múltiplas e de vistas de linhas paralelas.

- O escorço refere-se à aparente mudança de tamanho ou comprimento quando a faceta de um objeto gira e se afasta do plano do desenho (PD).
- Na perspectiva cônica, o escorço também ocorre quando uma faceta de um objeto perpendicular ou oblíquo a PD se movimenta lateralmente ou verticalmente em relação ao eixo central de visão (ECV).
- Em todos os sistemas de desenho, a sobreposição de figuras e formas é um recurso visual essencial para conferir a sensação de profundidade espacial.

O ponto de vista do observador determina o efeito pictórico de um desenho em perspectiva. À medida que este ponto de vista muda – conforme o observador se movimenta para cima ou para baixo, para a direita ou para a esquerda, para frente ou para trás – a extensão e a ênfase daquilo que ele vê também mudam. A fim de obter a vista em perspectiva desejada, devemos compreender como ajustar as seguintes variáveis.

Altura do ponto de observação

A altura do ponto de observação (PO) em relação a um objeto determina se esse objeto é visto de cima, de baixo ou na altura normal de observação.

- Para uma perspectiva no nível normal do observador, o PO está na altura de visão de uma pessoa ereta.
- Conforme o PO se move para baixo ou para cima, a linha do horizonte (LH) acompanha-o.

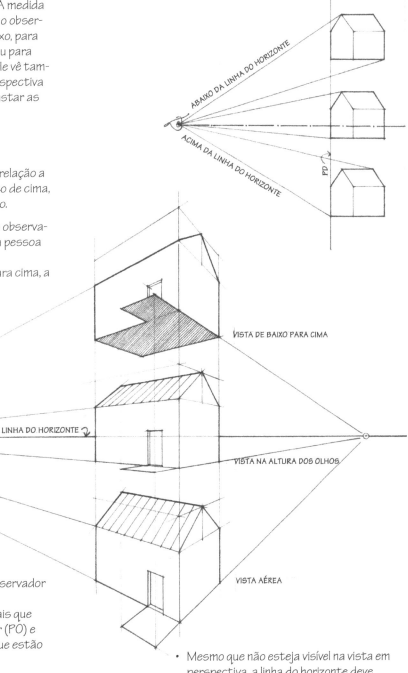

- Qualquer plano horizontal no nível do observador (PO) aparece como uma reta.
- Vemos o topo das superfícies horizontais que se situam abaixo do nível do observador (PO) e a face inferior dos planos horizontais que estão acima.

- Mesmo que não esteja visível na vista em perspectiva, a linha do horizonte deve sempre ser levemente traçada sobre a superfície de desenho para servir como uma linha de referência de nível para toda a composição.

116 VARIÁVEIS DAS PERSPECTIVAS

Distância do ponto de observação ao objeto

A distância do ponto de observação (PO) ao objeto influencia o grau de deformação que ocorre no desenho em perspectiva.

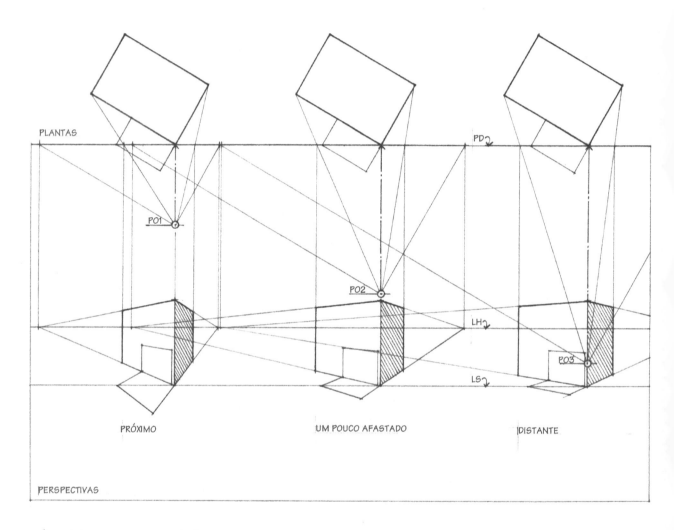

- À medida que o observador (PO) se afasta, os pontos de fuga distanciam-se, as linhas horizontais achatam-se e a profundidade da perspectiva comprime-se.

- Quando o observador se aproxima, os pontos de fuga movem-se para perto, os ângulos horizontais ficam mais agudos e a profundidade da perspectiva torna-se exagerada.

- Na teoria, um desenho em perspectiva constitui a imagem real de um objeto apenas quando o olho do observador está posicionado no ponto de observação (PO) pressuposto da perspectiva.

Ângulo de visão

A orientação do eixo central de visão (ECV) relativo ao objeto determina que faces do objeto são visíveis e o seu grau de deformação (escorço) na perspectiva.

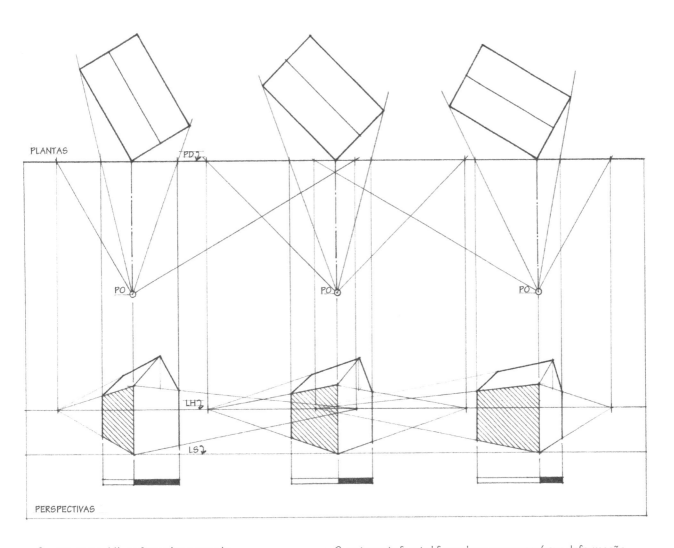

- Quanto mais oblíquo for o plano em relação ao plano do desenho (PD), mais deformado e reduzido será na perspectiva.
- Quanto mais frontal for o plano, menor será sua deformação.
- Quando um plano se torna paralelo ao plano do desenho, seu formato real é revelado.

118 VARIÁVEIS DAS PERSPECTIVAS

Pontos de vista em imagens digitais

Ao construir uma perspectiva à mão, devemos ter experiência na escolha do ponto de observação e do ângulo de visão para prever e obter um resultado satisfatório. Uma vantagem única no uso do CAD tridimensional e dos programas de maquete eletrônica é que, uma vez que os dados necessários são inseridos para uma construção tridimensional, o software permite-nos manipular as variáveis das perspectivas e produzir rapidamente várias vistas em perspectiva para avaliação. O CAD tridimensional e os programas de maquete eletrônica, por seguirem os princípios matemáticos da perspectiva, podem facilmente criar vistas em perspectiva distorcidas. O julgamento do que a perspectiva mostra, seja produzida à mão ou com o auxílio do computador, ainda é responsabilidade do seu autor.

Os exemplos (ilustrados nesta e na página ao lado) de perspectivas geradas por computador mostram como as diversas variáveis das perspectivas influenciam nas imagens resultantes. As diferenças nas vistas em perspectiva podem ser sutis, mas realmente influenciam nossa percepção da escala dos espaços e nosso julgamento das relações espaciais que a imagem mostra.

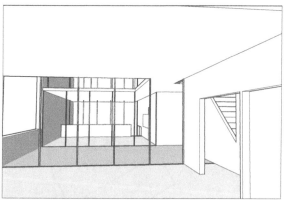

Observação logo abaixo da LH

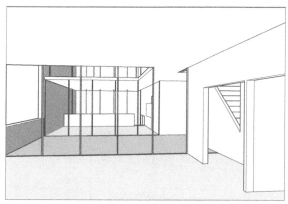

Observação na LH

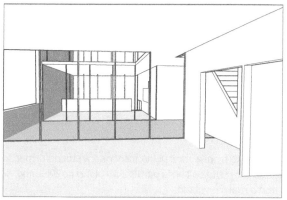

Observação logo acima da LH

- Tanto a perspectiva com um ou com dois pontos de fuga pressupõe uma linha de visão convencional, a qual resulta em linhas verticais permanecendo verticais. À medida que a linha de visão sobe ou desce, mesmo que apenas alguns graus, o resultado é, tecnicamente, uma perspectiva com três pontos de fuga.

VARIÁVEIS DAS PERSPECTIVAS

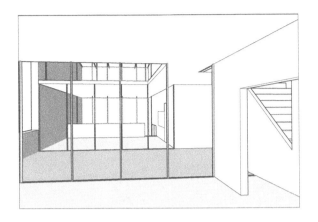
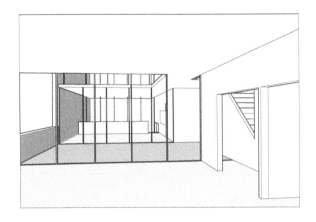
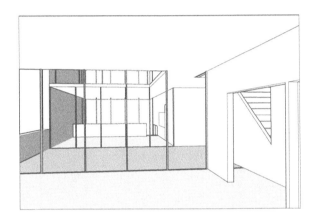
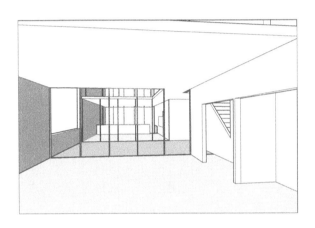
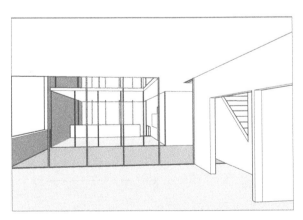
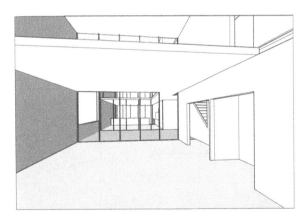

- O desejo de visualizar melhor um espaço em uma única vista em perspectiva muitas vezes leva a afastar o ponto de observação do observador o máximo possível. No entanto, deve-se sempre tentar manter uma posição razoável para o observador dentro do espaço representado.

- Manter a parte central de um objeto ou cena dentro de um cone de visão razoável é crucial para evitar a distorção na vista em perspectiva. Alargar o ângulo de visão para inserir mais informações de um espaço dentro de uma perspectiva pode facilmente levar à distorção de formas e ao exagero da profundidade do espaço.

Posição do plano do desenho

A posição do plano do desenho (PD) só afeta o tamanho da imagem em perspectiva. Quanto mais perto o plano do desenho estiver do ponto de observação (PO), menor será a imagem em perspectiva; quanto mais afastado estiver o plano do desenho, maior será a imagem. Supondo que as demais variáveis se mantêm constantes, as imagens em perspectiva são idênticas em todos os aspectos, exceto no tamanho.

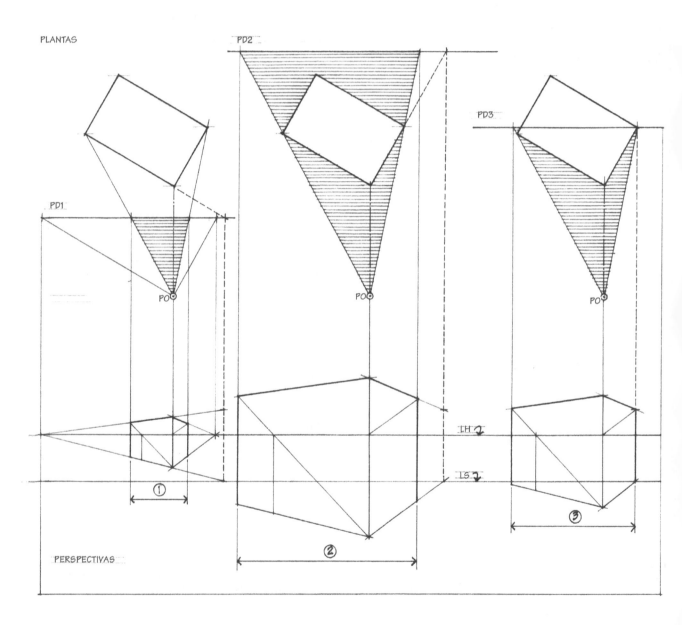

Em qualquer objeto retilíneo, como um cubo, cada um dos três principais conjuntos de retas paralelas tem o próprio ponto de fuga. Com base nestes conjuntos de retas principais, existem três tipos de perspectivas cônicas: com um, dois ou três pontos de fuga. O que distingue cada tipo é simplesmente o ângulo de visão do observador em relação ao objeto. O objeto não muda, apenas nossa visão a respeito dele e a maneira como os conjuntos de retas paralelas parecerão convergir na perspectiva cônica.

Perspectiva com um ponto de fuga

Quando visualizamos um cubo com nosso eixo central de visão (ECV) perpendicular a uma das faces, suas retas verticais são paralelas ao plano do desenho (PD) e permanecem verticais. As retas horizontais paralelas ao plano do desenho e perpendiculares ao eixo central de visão também se mantêm horizontais. As retas paralelas ao eixo central de visão, entretanto, parecem convergir ao centro de visão (CV). Este ponto da perspectiva é chamado de ponto de fuga.

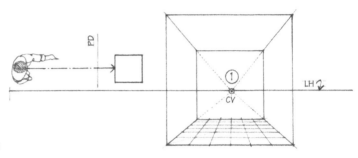

Perspectiva com dois pontos de fuga

Se mudamos nossa visão de modo que o mesmo cubo seja visualizado obliquamente, mas mantemos nosso eixo central de visão (ECV) horizontal, então as retas verticais continuam verticais. Os dois conjuntos de retas horizontais, entretanto, agora são oblíquos ao plano do desenho (PD) e parecem convergir: o primeiro, para a esquerda, e o segundo, para a direita. Estes são os dois pontos da perspectiva chamados de pontos de fuga.

Perspectivas com três pontos de fuga

Se suspendermos uma extremidade do cubo em relação ao plano-base (PB), ou se deslocarmos o nosso eixo central de visão (ECV) para cima ou para baixo do cubo, então os três conjuntos de retas paralelas serão oblíquos ao plano do desenho (PD) e parecerão convergir em três pontos de fuga diferentes. Estes são os três pontos de fuga da perspectiva.

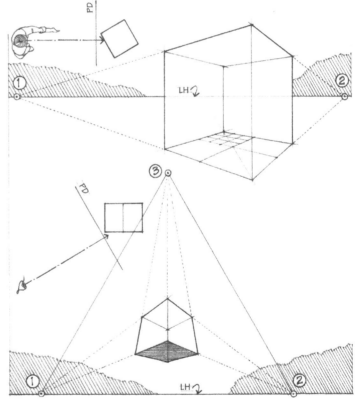

Observe que nenhuma perspectiva implica na existência de apenas um, dois ou três pontos de fuga na perspectiva. O número verdadeiro de pontos de fuga dependerá do nosso ponto de vista e de quantos conjuntos de retas paralelas existirem no tema visualizado. Por exemplo, se olharmos para uma cobertura simples com duas águas, podemos ver que há potencialmente cinco pontos de fuga, já que temos um conjunto de retas verticais, dois conjuntos de retas horizontais e dois conjuntos de retas inclinadas.

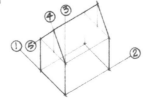

122 PERSPECTIVA COM UM PONTO DE FUGA

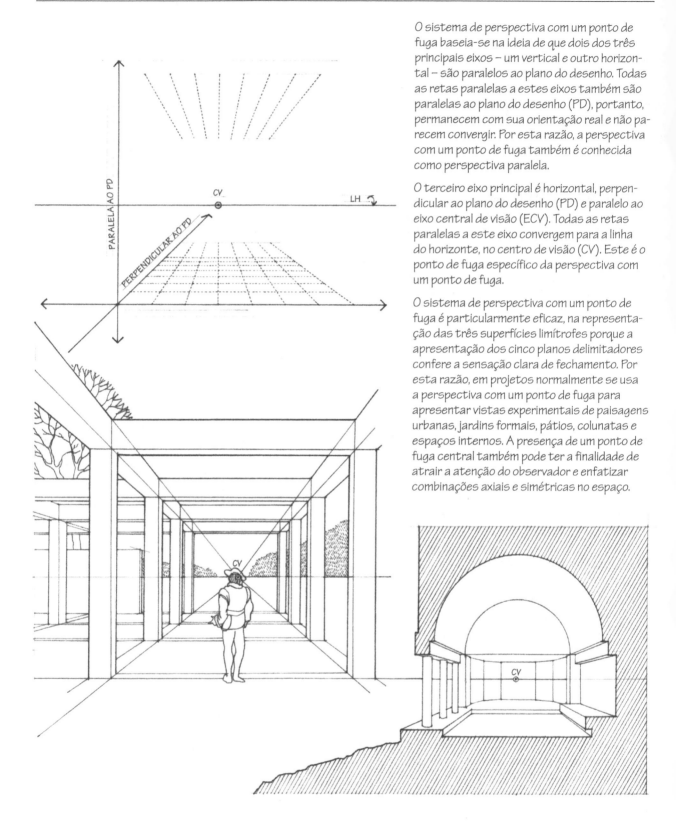

O sistema de perspectiva com um ponto de fuga baseia-se na ideia de que dois dos três principais eixos – um vertical e outro horizontal – são paralelos ao plano do desenho. Todas as retas paralelas a estes eixos também são paralelas ao plano do desenho (PD), portanto, permanecem com sua orientação real e não parecem convergir. Por esta razão, a perspectiva com um ponto de fuga também é conhecida como perspectiva paralela.

O terceiro eixo principal é horizontal, perpendicular ao plano do desenho (PD) e paralelo ao eixo central de visão (ECV). Todas as retas paralelas a este eixo convergem para a linha do horizonte, no centro de visão (CV). Este é o ponto de fuga específico da perspectiva com um ponto de fuga.

O sistema de perspectiva com um ponto de fuga é particularmente eficaz, na representação das três superfícies limítrofes porque a apresentação dos cinco planos delimitadores confere a sensação clara de fechamento. Por esta razão, em projetos normalmente se usa a perspectiva com um ponto de fuga para apresentar vistas experimentais de paisagens urbanas, jardins formais, pátios, colunatas e espaços internos. A presença de um ponto de fuga central também pode ter a finalidade de atrair a atenção do observador e enfatizar combinações axiais e simétricas no espaço.

MÉTODO DO PONTO DIAGONAL   123

O método do ponto diagonal baseia-se na geometria do esquadro de 45° e nos princípios de convergência para realizar medições de profundidade na perspectiva.

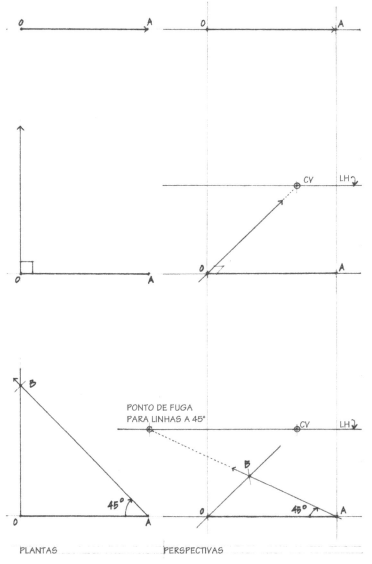

- A técnica resume-se em estabelecer um cateto do esquadro de 45° no plano do desenho (PD) ou paralelo a ele, de forma a poder usá-lo como linha de medição (LM). Sobre este lado (OA), medimos um comprimento igual à profundidade da perspectiva desejada.

- A partir de uma extremidade O deste comprimento, desenhamos um cateto convergente ao centro de visão (CV).

- A partir da outra extremidade A, traçamos a hipotenusa convergente ao ponto de fuga das retas que formam um ângulo de 45° com o plano do desenho (PD).
- Esta diagonal marca a profundidade (OB) da perspectiva sobre o cateto perpendicular equivalente ao comprimento OA.

Malha perspectiva com um ponto de fuga

Podemos utilizar o método do ponto diagonal para construir facilmente uma malha perspectiva com um ponto de fuga. Uma malha perspectiva é uma vista em perspectiva de um sistema de coordenadas tridimensionais. A rede tridimensional de pontos e retas espaçados de maneira uniforme permite-nos estabelecer corretamente a forma e as dimensões de um espaço interno ou externo, assim como regular a posição e o tamanho de objetos dentro do espaço.

124 MÉTODO DO PONTO DIAGONAL

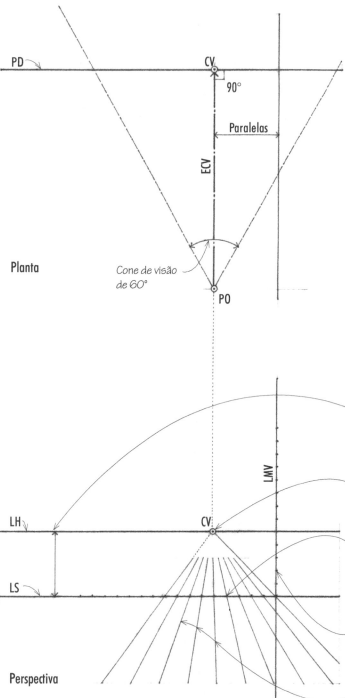

Planta

Perspectiva

Esquema em planta

- Antes de começar a construir qualquer perspectiva, devemos determinar o ponto de vista desejado: O que desejamos ilustrar em uma vista em perspectiva e por quê?
- Depois de determinarmos o espaço que vamos ilustrar, definimos o ponto de observação (PO) e o eixo central de visão (ECV) na planta.
- Por ser uma perspectiva com um ponto de fuga, o eixo central de visão (ECV) deve ser paralelo a um eixo principal do espaço e perpendicular a outro.
- Posicionamos o ponto de observação (PO) dentro do espaço, mas suficientemente afastado para que a maior parte do espaço fique dentro do cone de visão de 60°.
- O ponto de observação (PO) e o eixo central de visão (ECV) devem estar descentralizados para evitar a construção de uma imagem em perspectiva simétrica e estática.
- Para a facilidade de construção da perspectiva, podemos conciliar a posição do plano do desenho (PD) com um plano principal perpendicular ao eixo central de visão (ECV).

Construindo a malha perspectiva

- Começamos escolhendo uma escala para o plano do desenho (PD), levando em consideração ambas as dimensões do espaço e o tamanho desejado do desenho em perspectiva. Não é necessário que o plano do desenho (PD) seja desenhado na mesma escala que o esquema em planta.
- Na escala do plano do desenho (PD), colocamos a linha de solo (LS) e a linha do horizonte (LH) na altura dos olhos do observador, isto é, no ponto de observação (PO) acima do plano-base (PB).
- Posicionamos o centro de visão (CV) na linha do horizonte (LH). A posição do centro de visão (CV) pode ser determinada tirando partido do esquema em planta.
- Ao longo da linha de solo (LS), esboçamos em escala incrementos de medida iguais. A unidade de medida em geral é um metro; entretanto, podemos utilizar incrementos menores ou maiores, dependendo da escala do desenho e da quantidade de detalhes desejada na vista em perspectiva.
- Fazemos o mesmo ao longo da linha de medição vertical (LMV) desenhada passando por um dos pontos medidos em uma das extremidades da linha de solo (LS).
- Passando por cada um dos pontos medidos da linha de solo (LS), desenhamos linhas de recuo que sejam perpendiculares ao plano do desenho (PD) e, portanto, convergentes ao centro de visão (CV).

MÉTODO DO PONTO DIAGONAL   125

Estabelecendo pontos diagonais

- Se desenharmos uma reta a 45° desde o ponto de observação (PO) em uma vista em planta que integra a configuração da perspectiva, ela interceptará o plano do desenho (PD) no ponto de fuga, como todas as diagonais a 45°. Denominamos esse ponto de ponto diagonal ou ponto de distância.
- Existe um ponto diagonal para retas horizontais que retrocedem à esquerda (PDE), definindo, como o plano do desenho, um ângulo de 45°, e outro para retas horizontais que retrocedem à direita (PDD), em um ângulo de 45° em relação ao plano do desenho.
- Ambos os pontos diagonais situam-se na linha do horizonte, equidistantes do centro de visão (CV). A partir do triângulo retângulo (de 45°), também podemos saber que a distância de cada ponto diagonal ao centro de visão (CV) é igual à distância do ponto de observação (PO) do observador ao plano do desenho.
- Observe que se movermos os pontos diagonais em direção ao centro de visão (CV), isto será equivalente ao movimento do observador que se aproxima do plano do desenho, aumentando a distância das zonas visualizadas das superfícies em retrocesso.

- Ao longo da linha do horizonte (LH), estabelecemos o ponto diagonal esquerdo. Lembre-se que a distância do ponto diagonal esquerdo ao centro de visão (CV) é igual à distância do ponto de observação (PO) ao centro de visão (CV) no esquema em planta. Observe que tanto o ponto diagonal direito quando o esquerdo teriam a mesma função.
- Do ponto diagonal esquerdo, desenhamos uma linha até o ponto extremo à esquerda das medidas ao longo da linha de solo (LS).
- Onde esta diagonal cruzar as linhas no piso ou no plano-base (PB) convergente ao centro de visão (CV), desenhamos linhas horizontais. O resultado é uma malha perspectiva de quadrados de um metro de lado no piso ou plano-base (PB).
- Para profundidades além do plano do desenho (PD), desenhamos outra diagonal até a outra extremidade da linha do solo (LS) e seguimos um procedimento semelhante.
- Podemos transferir essas medidas de profundidade e estabelecer uma malha perspectiva similar ao longo de uma ou das duas paredes laterais que recuam, assim como no teto ou plano de cobertura.
- Um ponto de fuga fracionado pode ser usado se a superfície de desenho é muito pequena para acomodar um ponto diagonal normal. Um ponto diagonal à meia distância irá cortar 2 metros de profundidade para cada metro de largura: ½ ponto diagonal = ½ (ponto de observação – centro de visão) em planta.

126 MÉTODO DO PONTO DIAGONAL

Podemos sobrepor uma folha de papel manteiga a esta malha perspectiva e desenhar os principais elementos de arquitetura do espaço. Com a mesma malha, também podemos definir o posicionamento e os tamanhos relativos de outros elementos dentro do espaço, como móveis e luminárias.

- Transferimos medidas somente ao longo de linhas axiais.
- Para círculos em perspectiva, veja a página 143.
- É interessante incluir calungas em nossa perspectiva para indicar a função e a escala do espaço.

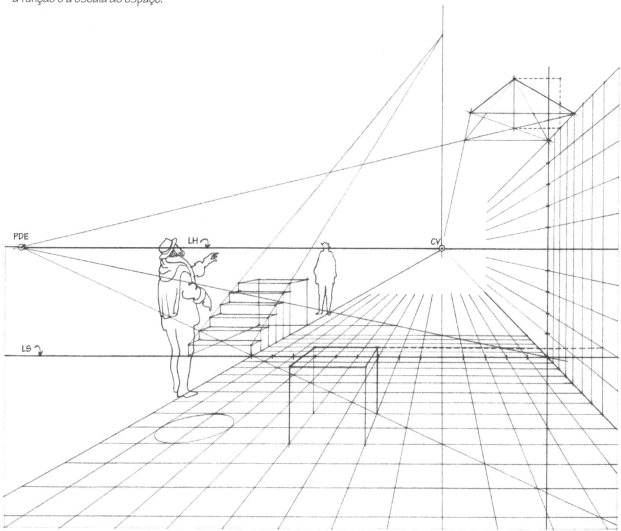

MÉTODO DO PONTO DIAGONAL 127

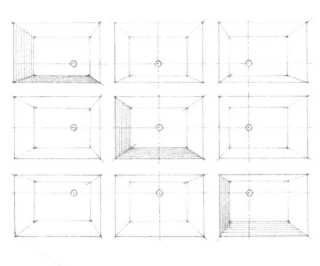

- Ao desenhar um espaço em perspectiva com um ponto de fuga, note que a altura do observador (a altura da linha do horizonte, LH, acima do plano-base, PB) e a localização do centro de visão (CV) determinarão a quais planos que definem o espaço será dada a ênfase.
- Este desenho em perspectiva usa a malha perspectiva apresentada na página ao lado. Observe que, particularmente em vistas de interiores, elementos do primeiro plano, cortados de modo adequado, podem aumentar a sensação de que estamos dentro da edificação em vez de estarmos de fora olhando para dentro. O centro de visão (CV) está mais próximo da parede esquerda, de modo que possamos visualizar a curvatura em L para a direita do espaço representado. A mudança de escala entre as prateleiras à esquerda e as portas para o pátio e uma mudança semelhante entre a mesa no primeiro plano e os assentos sob a janela enfatizam a profundidade da perspectiva.

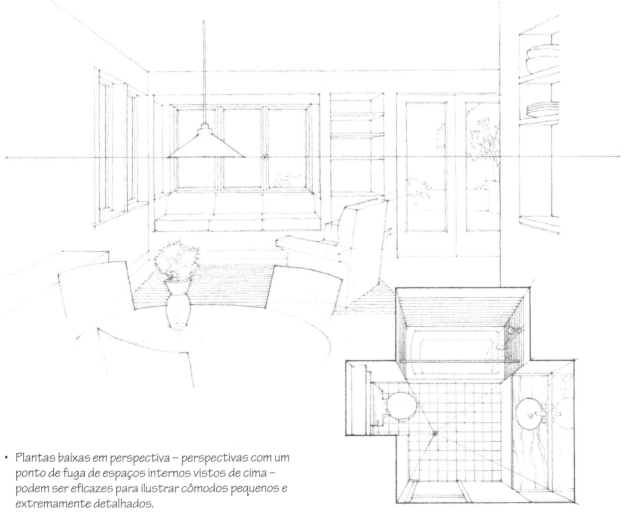

- Plantas baixas em perspectiva – perspectivas com um ponto de fuga de espaços internos vistos de cima – podem ser eficazes para ilustrar cômodos pequenos e extremamente detalhados.

CORTES EM PERSPECTIVA

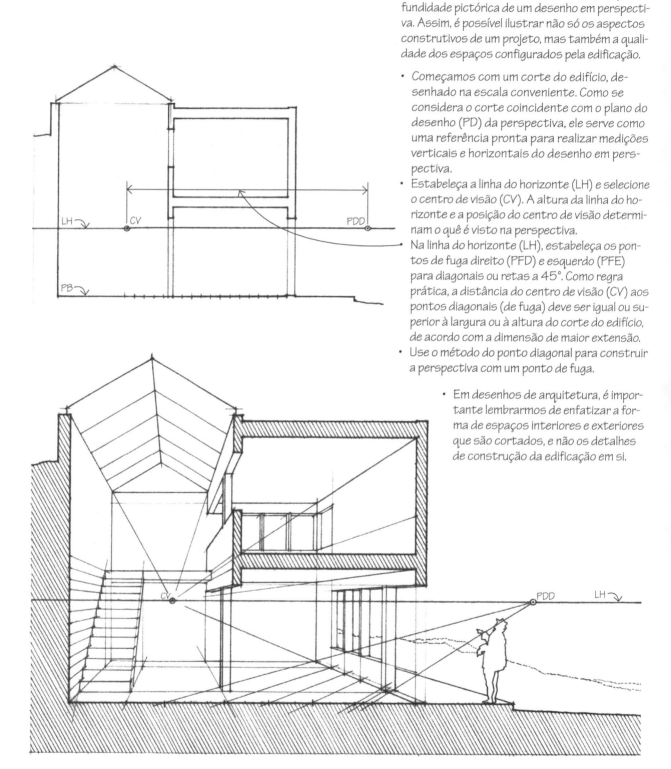

Os cortes em perspectiva combinam os atributos em escala de um desenho em corte e a profundidade pictórica de um desenho em perspectiva. Assim, é possível ilustrar não só os aspectos construtivos de um projeto, mas também a qualidade dos espaços configurados pela edificação.

- Começamos com um corte do edifício, desenhado na escala conveniente. Como se considera o corte coincidente com o plano do desenho (PD) da perspectiva, ele serve como uma referência pronta para realizar medições verticais e horizontais do desenho em perspectiva.
- Estabeleça a linha do horizonte (LH) e selecione o centro de visão (CV). A altura da linha do horizonte e a posição do centro de visão determinam o quê é visto na perspectiva.
- Na linha do horizonte (LH), estabeleça os pontos de fuga direito (PFD) e esquerdo (PFE) para diagonais ou retas a 45°. Como regra prática, a distância do centro de visão (CV) aos pontos diagonais (de fuga) deve ser igual ou superior à largura ou à altura do corte do edifício, de acordo com a dimensão de maior extensão.
- Use o método do ponto diagonal para construir a perspectiva com um ponto de fuga.
  - Em desenhos de arquitetura, é importante lembrarmos de enfatizar a forma de espaços interiores e exteriores que são cortados, e não os detalhes de construção da edificação em si.

PERSPECTIVA COM DOIS PONTOS DE FUGA

O sistema de perspectiva com dois pontos de fuga parte do pressuposto de que o eixo central de visão do observador é horizontal e o plano do desenho (PD) é vertical. O principal eixo vertical é paralelo ao plano do desenho, e todas as retas paralelas a ele permanecem verticais e paralelas no desenho em perspectiva. Contudo, os dois eixos horizontais principais passam a ser oblíquos ao plano do desenho. Todas as retas paralelas a estes eixos parecem, assim, convergir para dois pontos de fuga na linha do horizonte (LH), sendo um conjunto à esquerda e outro à direita. Estes são os dois pontos da perspectiva denominados de pontos de fuga.

A perspectiva com dois pontos de fuga é provavelmente a mais amplamente utilizada dentre os três tipos de perspectivas cônicas. Diferentemente da perspectiva com um ponto de fuga, a perspectiva com dois pontos de fuga não tende a ser simétrica nem estática. Uma perspectiva com dois pontos de fuga é particularmente eficaz para ilustrar a forma tridimensional de objetos no espaço, com escalas variadas, desde uma cadeira até um edifício.

- O efeito pictórico de uma perspectiva com dois pontos de fuga varia de acordo com o ângulo de visão do observador. A orientação dos dois eixos horizontais em relação ao plano do desenho (PD) determina o quanto veremos dos dois principais conjuntos de planos verticais e o grau em que são deformados e reduzidos na perspectiva.
- Ao representar um volume do espaço, como o interior de um cômodo ou um pátio externo ou uma rua, a perspectiva com dois pontos de fuga é mais eficaz quando o ângulo de visão se aproxima daquele da perspectiva com um ponto de fuga.

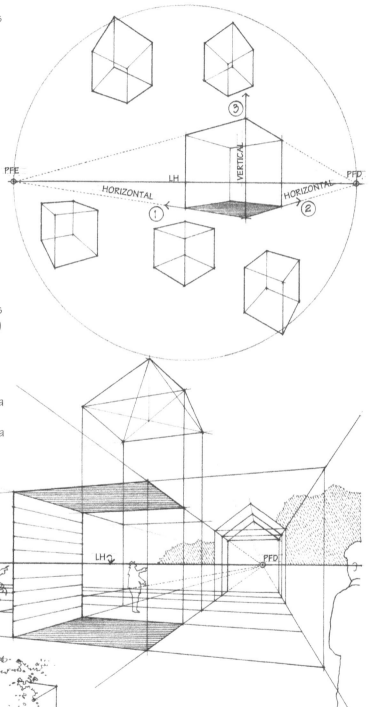

130 MÉTODO DO PONTO DE MEDIÇÃO

O método a seguir é destinado para a construção de uma malha perspectiva com dois pontos de fuga utilizando pontos de medição. Assim como na construção de uma perspectiva com um ponto de fuga, deve-se primeiramente estabelecer o ponto de vista do observador. Determine o que deseja ilustrar. Olhe para as áreas mais significativas e tente visualizar a partir da sua planta baixa o que será visto no primeiro plano, segundo plano e fundo. Revise as variáveis da perspectiva nas páginas 115 – 120.

Esquema em planta

- Em uma escala conveniente, construa um diagrama em planta da configuração da perspectiva para determinar o ângulo de visão desejado.
- Trace as linhas de solo principais do espaço.

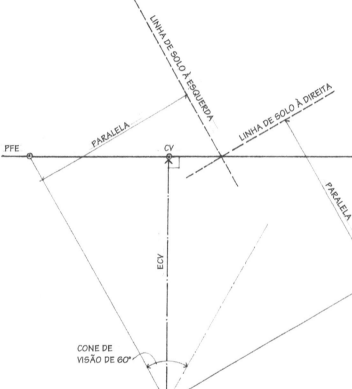

- Estabeleça o ponto de observação (PO) e o eixo central de visão (ECV) do observador, tomando cuidado para que a maior parte do que se deseja ilustrar esteja dentro de um cone de visão de 60°.
- Posicione o plano do desenho (PD) perpendicular ao eixo central de visão (ECV). Geralmente, é conveniente que o plano do desenho intercepte um elemento principal vertical do espaço, para que ele possa ser usado como linha de medição vertical (LMV).
- Posicione os pontos de fuga direito e esquerdo (PFD e PFE). Lembre-se de que o ponto de fuga de qualquer conjunto de retas paralelas é o ponto no qual uma linha traçada do ponto de observação (PO), paralela ao conjunto, intercepta o plano do desenho (PD).

MÉTODO DO PONTO DE MEDIÇÃO

Pontos de medição

Um ponto de medição (PM) é um ponto de fuga para um conjunto de retas paralelas usado para transferir dimensões reais de uma linha de medição (LM) no plano do desenho (PD) a uma linha em perspectiva. O ponto diagonal na perspectiva com um ponto de fuga é um exemplo deste ponto de medição.

Na perspectiva com dois pontos de fuga podemos determinar dois pontos de medição (PME e PMD), que servem para transferir dimensões de uma linha de medição horizontal na linha de solo (LS) para a perspectiva de uma reta horizontal do objeto.

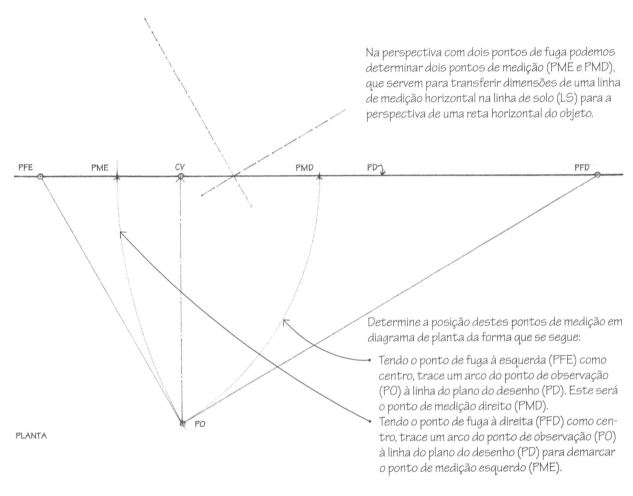

Determine a posição destes pontos de medição em diagrama de planta da forma que se segue:

- Tendo o ponto de fuga à esquerda (PFE) como centro, trace um arco do ponto de observação (PO) à linha do plano do desenho (PD). Este será o ponto de medição direito (PMD).
- Tendo o ponto de fuga à direita (PFD) como centro, trace um arco do ponto de observação (PO) à linha do plano do desenho (PD) para demarcar o ponto de medição esquerdo (PME).

- Inclua pontos de fuga para linhas secundárias que possam ser úteis para a construção da sua perspectiva. Por exemplo, se há uma série de diagonais paralelas no seu projeto, também estabeleça os pontos de fuga dessas retas.

132 MÉTODO DO PONTO DE MEDIÇÃO

Construindo a malha perspectiva

- Trace a linha do horizonte (LH) e linha de solo (LS) em qualquer escala conveniente. Essa escala não precisa ser a mesma utilizada no esquema em planta.
- Na mesma escala, transfira as posições dos principais pontos de fuga esquerdo e direito (PFE e PFD) e dos pontos de medição esquerdo e direito (PME e PMD) do esquema em planta.

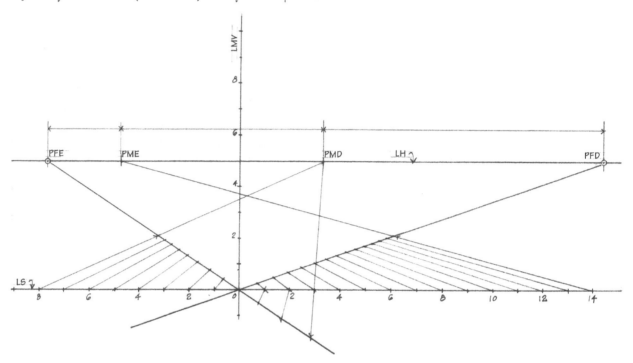

- Sobre a linha de solo, marque incrementos de medida em escala e iguais. A unidade de medida em geral é um metro; podemos usar incrementos maiores ou menores, dependendo, porém, da escala do desenho e da quantidade de detalhes desejada na vista em perspectiva.
- Estabeleça a posição de uma linha de medição vertical (LMV) do esquema em planta e marque os mesmos incrementos de medida iguais.
- Do ponto de fuga esquerdo (PFE) e do ponto de fuga direito (PFD), trace linhas de solo passando pela interseção da linha de medição vertical (LMV) e da linha de solo (LS).

- Transfira as unidades de medida na linha de solo (LS) para a linha de solo esquerda em perspectiva, traçando linhas até o ponto de medição direito (PMD). Transfira as medidas em escala na linha de solo (LS) para a linha de solo direita, traçando linhas até o ponto de medição esquerdo (PME). Essas são as linhas de construção utilizadas apenas para transferir medidas em escala na linha de solo (LS) para as principais linhas de solo horizontais em perspectiva.
- Um ponto de medição fracionado pode ser usado para reduzir o comprimento de medidas na linha de solo (LS). Por exemplo, pode-se usar ½ ponto de medição direito (PMD) para transferir uma medida de 1 metro para um ponto 2 metros após o plano do desenho na linha de solo esquerda.

MÉTODO DO PONTO DE MEDIÇÃO

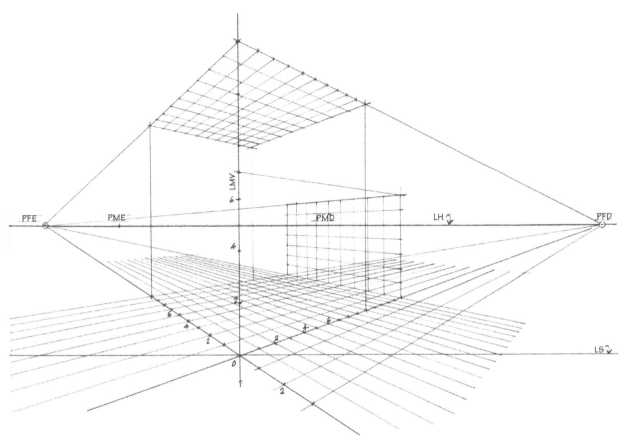

- A partir dos principais pontos de fuga esquerdo e direito (PFE e PFD), desenhe retas que passam pelas medidas em perspectiva das linhas de solo esquerda e direita.
- O resultado é uma malha perspectiva de quadrados com um metro de lado no piso ou no plano-base. Quando quadrados de um metro se tornarem muito pequenos para desenhar com precisão, prefira quadrados de dois ou cinco metros.
- A partir do ponto de fuga direito e esquerdo (PFE e PFD), desenhe linhas retas que passam pelas medidas em escala na linha de medição vertical (LMV) para estabelecer uma malha vertical semelhante.

- Sobre esta malha em perspectiva, podemos sobrepor uma folha de papel vegetal e, à mão livre, esboçar a vista em perspectiva. É importante ver a malha em perspectiva como uma trama de pontos e retas definindo planos transparentes no espaço, em vez de paredes sólidas e opacas, limitando espaços.
A malha de quadrados não apenas nos permite posicionar pontos no espaço tridimensional, mas também regula a largura, a altura e a profundidade da perspectiva de objetos, e guia o desenho de retas na perspectiva adequada.

MÉTODO DO PONTO DE MEDIÇÃO

Uma vez construída, a malha em perspectiva deve ser guardada e utilizada para desenhar vistas em perspectiva de espaços internos e externos de tamanho e escala semelhantes. Cada unidade de medida pode representar um metro, cinco metros, cem metros ou mesmo um quilômetro. Girando e rebatendo a malha podemos também variar o ponto de vista. Podemos, assim, usar a mesma malha para desenhar a perspectiva interna de um cômodo, a perspectiva externa de um pátio, assim como a vista aérea de uma quadra de um bairro.

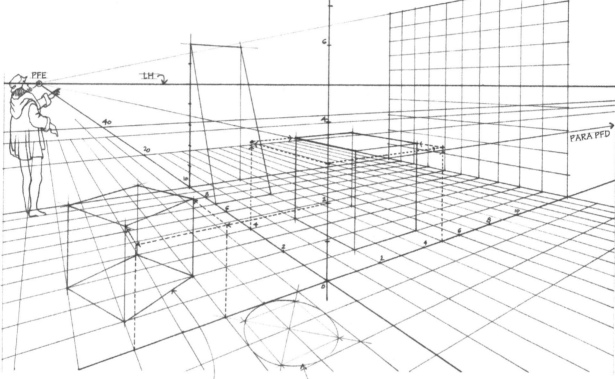

- Para desenhar um objeto dentro de um espaço, comece por sobrepor sua planta ou seu traçado de base na malha do plano-base ou do piso.
- Depois, levantam-se, a partir de cada uma das arestas, suas alturas em perspectiva, usando tanto a malha vertical quanto a altura conhecida da linha do horizonte (LH), acima da linha de solo (LS).
- Complete o objeto desenhando suas arestas superiores, usando os princípios de convergência e as linhas da malha para guiar sua direção.
- Lembre-se de transferir todas as medidas apenas ao longo de linhas axiais.

- Também é possível usar a malha para criar linhas inclinadas e curvas.

- Para círculos em perspectiva, veja a página 143.
- Para linhas inclinadas em perspectiva, veja as páginas 140–41.

DESENHOS EM PERSPECTIVA COM DOIS PONTOS DE FUGA   **135**

Estas três perspectivas utilizam a malha perspectiva apresentada na página anterior. Em cada caso, entretanto, a altura do observador foi escolhida para mostrar um ponto de vista específico, e a escala da malha foi alterada para se adequar à escala da edificação.

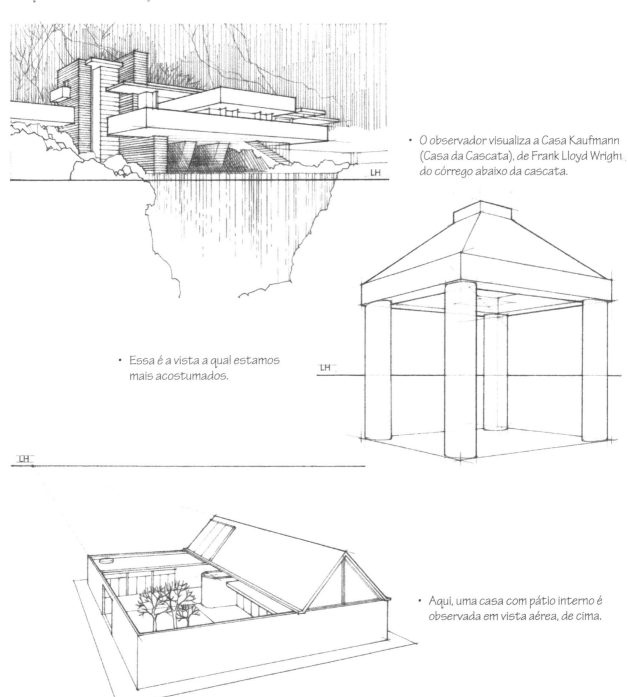

- O observador visualiza a Casa Kaufmann (Casa da Cascata), de Frank Lloyd Wright, do córrego abaixo da cascata.

- Essa é a vista a qual estamos mais acostumados.

- Aqui, uma casa com pátio interno é observada em vista aérea, de cima.

136 DESENHOS EM PERSPECTIVA COM DOIS PONTOS DE FUGA

Esta perspectiva interna também usa a malha mostrada na página 134. Observe que o ponto de fuga esquerdo (PFE) situa-se dentro do desenho: é possível mostrar três lados do espaço e ter uma maior sensação de estar-se dentro do mesmo. Uma vez que o ponto de fuga esquerdo (PFE) está dentro do desenho, a maior ênfase é posta sob o lado direito do espaço. Se desejar enfatizar o lado esquerdo do espaço, use uma imagem rebatida da malha.

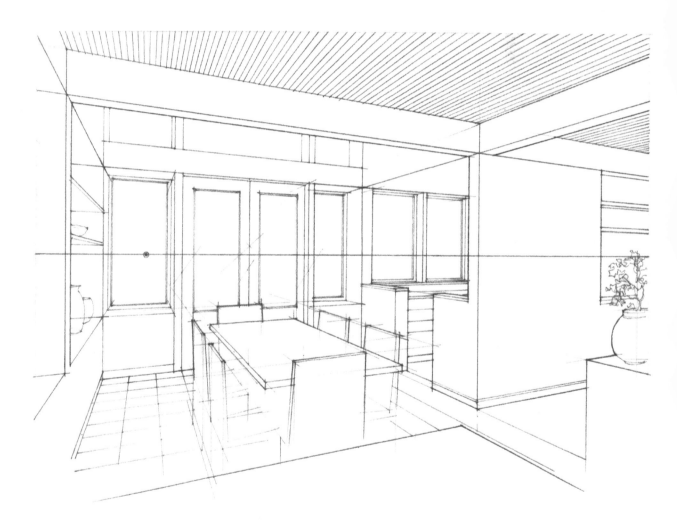

MEDIDAS EM PERSPECTIVAS

Os efeitos combinados da convergência e a redução do tamanho tornam mais difícil estabelecer e desenhar medidas na perspectiva cônica do que nos outros dois sistemas de desenho. Porém, há técnicas que podemos usar para determinar as alturas, larguras e perspectivas relativas de objetos no espaço pictórico de um desenho em perspectiva.

Medindo altura e largura

Em perspectivas cônicas, qualquer linha do plano do desenho (PD) representa sua direção real e comprimento real na escala do plano do desenho. Assim, podemos usar qualquer linha como linha de medição (LM) para a escala de dimensões em desenhos em perspectiva. Embora a linha de medição possa ter qualquer orientação no plano do desenho, ela geralmente é vertical ou horizontal e usada para medir alturas ou larguras. A linha de solo (LS) é um exemplo de uma linha de medição horizontal.

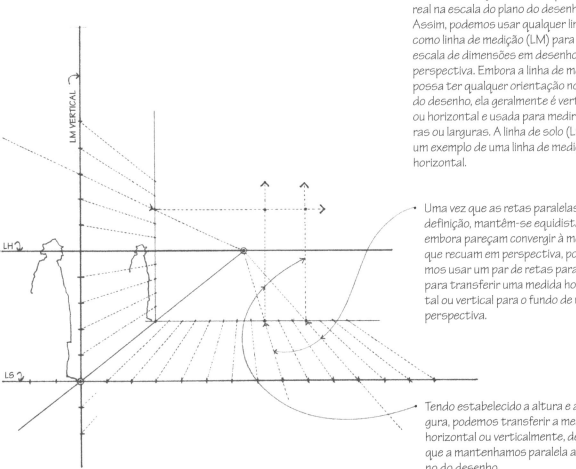

Uma vez que as retas paralelas, por definição, mantêm-se equidistantes, embora pareçam convergir à medida que recuam em perspectiva, podemos usar um par de retas paralelas para transferir uma medida horizontal ou vertical para o fundo de uma perspectiva.

Tendo estabelecido a altura e a largura, podemos transferir a medida horizontal ou verticalmente, desde que a mantenhamos paralela ao plano do desenho.

Medidas digitais

Medidas em perspectiva não são um grande problema para programas de maquete eletrônica, pois o software utiliza fórmulas matemáticas para processar os dados de três dimensões que já inserimos.

Medindo a profundidade

Medir a profundidade em perspectiva é mais difícil do que identificar alturas e larguras em perspectivas cônicas. Diversos métodos de construção em perspectiva estabelecem a profundidade de maneiras diferentes. Uma vez que identificamos uma unidade de profundidade inicial, entretanto, podemos medir sucessivamente profundidades proporcionais à primeira.

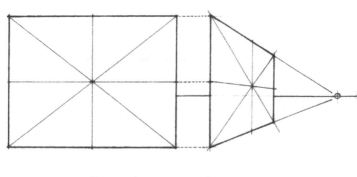

Subdividindo medidas de profundidade

Existem dois métodos para subdividir medidas de profundidade em perspectiva cônica: o método das diagonais e o método dos triângulos.

Método das diagonais

Em qualquer sistema de projeção, podemos subdividir um retângulo em quatro partes iguais com o traçado de duas diagonais.

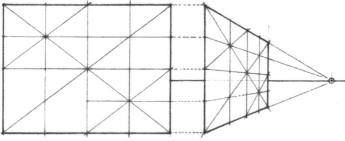

- Por exemplo, se traçarmos duas diagonais unindo as arestas não contíguas de um plano retangular em perspectiva, elas se interceptarão no centro exato do plano. Retas traçadas através deste ponto central, paralelas às bordas do plano, subdividirão o retângulo e seus lados em perspectiva em partes iguais. Podemos repetir este procedimento para subdividir um retângulo em qualquer número par de divisões.

Para subdividir um retângulo em um número ímpar de partes iguais ou para subdividir seus lados em perspectiva em uma série de segmentos desiguais, seu lado no primeiro plano deve estar paralelo ao plano do desenho, de modo que possa ser usado como uma linha de medição.

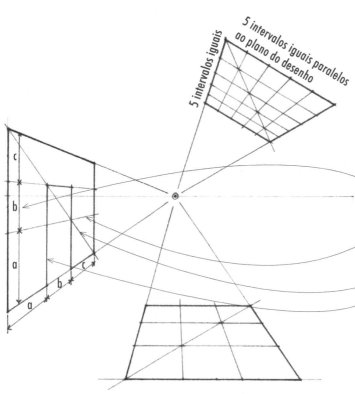

- No lado do retângulo em primeiro plano, marcamos proporcionalmente as mesmas subdivisões para serem realizadas na profundidade da perspectiva.
- A partir de cada um dos pontos marcados, traçamos retas paralelas que convergem no mesmo ponto dos lados em perspectiva do plano.
- Então, traçamos uma única diagonal.
- Em cada ponto que essa diagonal cortar a série de linhas em perspectiva, trace retas paralelas ao lado frontal. Este procedimento define os intervalos desejados, os quais diminuem conforme retrocedem em perspectiva.
- Se a figura for um quadrado, as subdivisões serão iguais; caso contrário, os segmentos serão proporcionais, mas desiguais.

Método dos triângulos

Como qualquer reta paralela ao plano do desenho (PD) pode ser subdividida proporcionalmente em escala, podemos usá-la como uma linha de medição (LM) para subdividir qualquer linha de interseção em partes iguais ou diferentes.

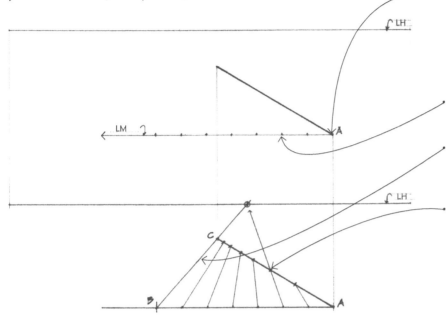

- De uma extremidade (A) da linha de recuo a ser subdividida, traçamos uma linha de medição (LM) paralela ao PD. Se a linha de recuo for horizontal no espaço, a LM será uma linha horizontal no desenho.
- Em uma escala adequada, marcamos as subdivisões desejadas na linha de medição (LM).
- Definimos um triângulo unindo a extremidade B da linha de medição e a extremidade C da linha de recuo.
- Partindo de cada uma das subdivisões em escala, traçamos linhas que sejam paralelas a BC e que, portanto, convergem no mesmo ponto de fuga. Essas linhas subdividem a linha de recuo em segmentos na mesma proporção.

Estendendo uma medida em profundidade

Se o lado em primeiro plano de um plano retangular é paralelo ao plano do desenho (PD), podemos estender e duplicar sua profundidade em perspectiva.

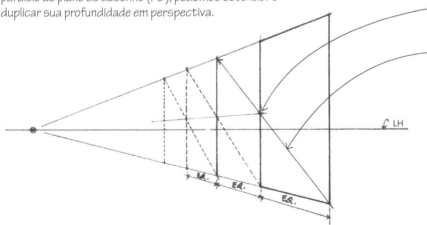

- Primeiro, estabeleça o ponto médio do lado posterior, oposto ao lado anterior da figura.
- Depois, estenda uma diagonal a partir do vértice do retângulo que estiver mais à frente, passando pelo ponto médio, até encontrar um dos lados estendidos do retângulo.
- Deste ponto, trace uma reta paralela ao lado posterior. A distância do primeiro ao segundo lado é idêntica à distância do segundo ao terceiro lado, mas os espaços iguais são reduzidos na perspectiva.
- Este procedimento pode ser repetido tantas vezes forem necessárias para produzir o número desejado de espaços iguais na profundidade do desenho em perspectiva.

- Observe que em geral é melhor subdividir uma medida maior em partes iguais do que multiplicar uma medida menor para chegar a um todo maior. O motivo disso é que, no segundo procedimento, mesmo erros mínimos podem se acumular e tornarem-se visíveis na medida total.

140 RETAS INCLINADAS

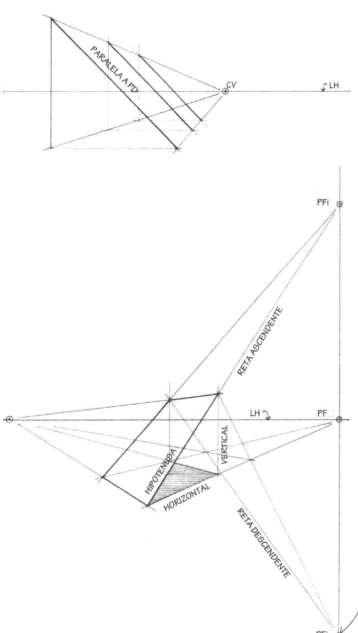

Estando familiarizados acerca de como as retas paralelas aos três eixos principais de um objeto convergem nas perspectivas cônicas, podemos aplicar esta geometria retilínea como base para desenhar vistas em perspectiva de retas inclinadas, círculos e formas irregulares.

- As retas inclinadas paralelas ao plano do desenho (PD) mantêm sua orientação, mas diminuem de tamanho de acordo com a distância do observador. Tanto perpendicular quanto oblíquo ao plano do desenho, entretanto, um conjunto de retas inclinadas parecerá ir ao encontro de um ponto de fuga (PF) acima ou abaixo da linha do horizonte (LH).

- Podemos traçar qualquer reta inclinada em perspectiva, primeiramente encontrando as projeções em perspectiva e suas extremidades e, depois, conectando-as. A maneira mais fácil de fazer isso é visualizar a reta inclinada como a hipotenusa de um triângulo retângulo. Se for possível desenhar os lados do triângulo na perspectiva adequada, poderemos conectar suas extremidades para estabelecer a reta inclinada.

- Para traçar algumas retas paralelas inclinadas, como no caso de um telhado em vertente, uma rampa ou uma escada, é útil saber onde o conjunto inclinado parece convergir em perspectiva. Um conjunto de retas inclinadas não é horizontal, portanto, não pode convergir para a linha do horizonte (LH). Se o conjunto se eleva conforme retrocede, seu ponto de fuga será acima da linha do horizonte; se ele descende à medida que retrocede, parecerá convergir abaixo da linha do horizonte.

- Um método prático para determinar o ponto de fuga de um conjunto de retas inclinadas (PFi) é estender uma das retas inclinadas até que intercepte uma reta vertical traçada sobre o ponto de fuga (PF) de uma reta horizontal que esteja no mesmo plano vertical. Essa interseção é o ponto de fuga (PFi) da reta inclinada e todas as outras linhas paralelas a esta.

RETAS INCLINADAS 141

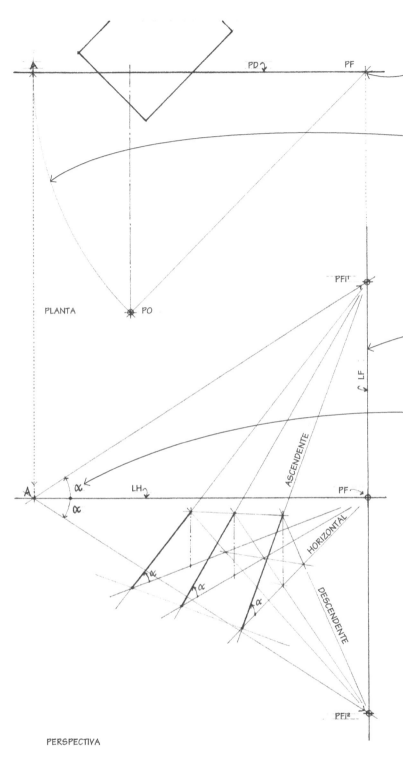

Um método mais preciso para determinar o ponto de fuga de um conjunto inclinado de retas paralelas é o seguinte:

- Na vista em planta do esquema em perspectiva, determinamos o ponto de fuga (PF) para a linha horizontal no mesmo plano vertical que uma das retas inclinadas.
- Tendo o ponto de fuga como centro, traçamos um arco do ponto de observação (PO) até o plano do desenho (PD). Marque este como ponto A.
- Na vista em perspectiva, marcamos o ponto A sobre a linha do horizonte (LH).
- Uma linha de fuga (LF) é uma linha na qual todos os conjuntos de retas paralelas do plano parecerão convergir na perspectiva cônica. A linha do horizonte, por exemplo, é a linha de fuga para a qual todos os conjuntos de retas paralelas horizontais convergem.
- Estabelecemos uma linha de fuga (LF) vertical passando no ponto de fuga (PF). Esta é a linha de fuga para o plano vertical que contém o conjunto de retas paralelas inclinadas.
- Do ponto A, traçamos uma linha na inclinação real (α) do conjunto de retas paralelas inclinadas.
- O ponto em que essa reta intercepta a linha de fuga é o ponto de fuga (PFi) do conjunto de retas paralelas inclinadas.

- Quanto maior for o ângulo do conjunto de retas paralelas inclinadas, mais alto ou mais baixo será seu ponto de fuga (PFi) na sua linha de fuga (LF).
- Observe que, se um conjunto de retas paralelas inclinadas ascender e outro conjunto no mesmo plano vertical descender no mesmo ângulo, porém oposto ao plano horizontal, as distâncias de seus respectivos pontos de fuga (PF¹ e PF²) acima ou abaixo da linha do horizonte serão iguais.

142 ESCADAS

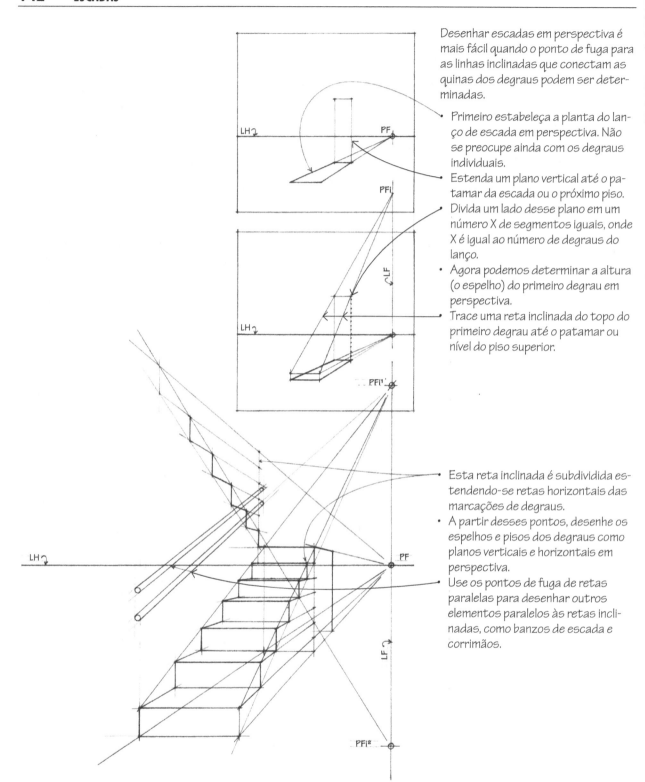

Desenhar escadas em perspectiva é mais fácil quando o ponto de fuga para as linhas inclinadas que conectam as quinas dos degraus podem ser determinadas.

- Primeiro estabeleça a planta do lanço de escada em perspectiva. Não se preocupe ainda com os degraus individuais.
- Estenda um plano vertical até o patamar da escada ou o próximo piso.
- Divida um lado desse plano em um número X de segmentos iguais, onde X é igual ao número de degraus do lanço.
- Agora podemos determinar a altura (o espelho) do primeiro degrau em perspectiva.
- Trace uma reta inclinada do topo do primeiro degrau até o patamar ou nível do piso superior.

- Esta reta inclinada é subdividida estendendo-se retas horizontais das marcações de degraus.
- A partir desses pontos, desenhe os espelhos e pisos dos degraus como planos verticais e horizontais em perspectiva.
- Use os pontos de fuga de retas paralelas para desenhar outros elementos paralelos às retas inclinadas, como banzos de escada e corrimãos.

CÍRCULOS 143

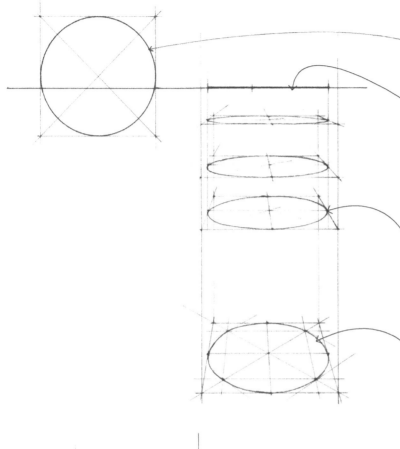

O círculo é a base essencial para o desenho de objetos cilíndricos, arcos e outras formas circulares.

- A vista em perspectiva de um círculo mantém suas propriedades sem distorção quando é paralela ao plano do desenho (PD).
- A vista em perspectiva de um círculo é uma reta quando as linhas de projeção que irradiam do ponto de observação (PO) são paralelas ao plano do círculo. Isso ocorre geralmente quando o plano de um círculo é horizontal e situado na altura da linha do horizonte (LH), ou quando o plano do círculo é vertical e alinhado com o eixo central de visão (ECV).
- Nos demais casos, os círculos aparecem em perspectiva como formatos elípticos.
- Para desenhar um círculo em perspectiva, primeiro desenhe a vista em perspectiva de um quadrado que circunscreva o círculo.
- Depois construa as diagonais do quadrado e indique onde o círculo cruza as diagonais com linhas adicionais paralelas aos lados do quadrado ou tangentes à linha de circunferência do círculo. Quanto maior é o círculo, mais subdivisões são necessárias para garantir o bom traçado do formato elíptico.

- Observe que o eixo principal da elipse que representa o círculo em perspectiva não coincide com o diâmetro geométrico do círculo.
- Tendemos a ver objetos como acreditamos que são. Então, embora um círculo em perspectiva pareça ser uma elipse, tendemos a vê-lo como um círculo e a exagerar o comprimento de seu eixo menor.
- O eixo menor deve parecer perpendicular ao plano do círculo. Conferir as relações entre o eixo maior e o menor das elipses ajuda-nos a garantir a deformação correta dos círculos em perspectiva.

144 REFLEXOS

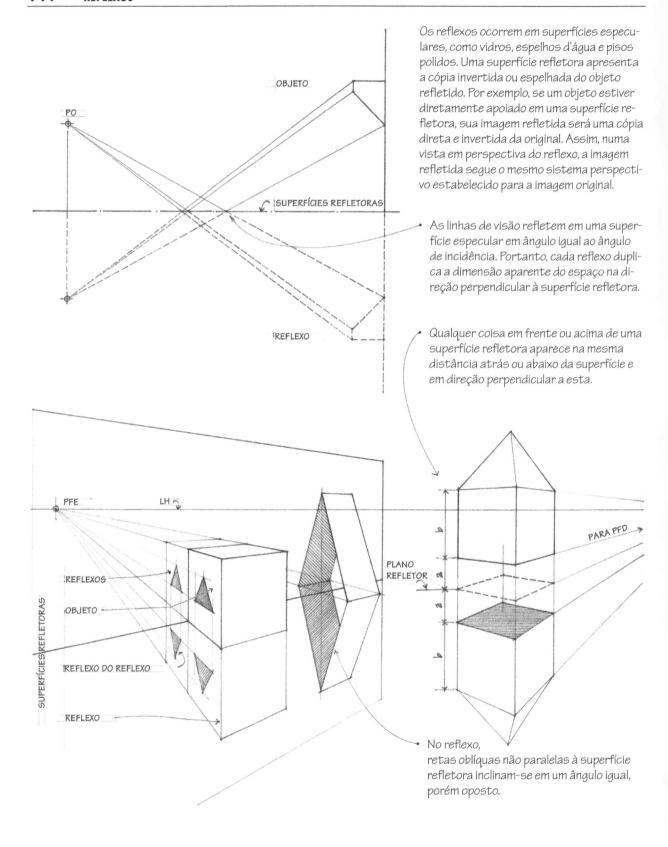

Os reflexos ocorrem em superfícies especulares, como vidros, espelhos d'água e pisos polidos. Uma superfície refletora apresenta a cópia invertida ou espelhada do objeto refletido. Por exemplo, se um objeto estiver diretamente apoiado em uma superfície refletora, sua imagem refletida será uma cópia direta e invertida da original. Assim, numa vista em perspectiva do reflexo, a imagem refletida segue o mesmo sistema perspectivo estabelecido para a imagem original.

As linhas de visão refletem em uma superfície especular em ângulo igual ao ângulo de incidência. Portanto, cada reflexo duplica a dimensão aparente do espaço na direção perpendicular à superfície refletora.

Qualquer coisa em frente ou acima de uma superfície refletora aparece na mesma distância atrás ou abaixo da superfície e em direção perpendicular a esta.

No reflexo, retas oblíquas não paralelas à superfície refletora inclinam-se em um ângulo igual, porém oposto.

REFLEXOS

Qualquer superfície plana refletora paralela a um dos três principais conjuntos de linhas paralelas (eixos x, y e z) prolonga o sistema de perspectiva do objeto. Portanto, os três principais conjuntos de linhas na reflexão convergem para os mesmos pontos de fuga que os conjuntos de retas do objeto.

- Se o objeto está em frente ou acima da superfície refletora, primeiro reproduza a distância do objeto à superfície refletora, depois desenhe a imagem espelhada do objeto. O plano da superfície refletora deve parecer estar na metade da distância entre o objeto e sua imagem refletida. Por exemplo, a linha d'água estabelece o plano refletor horizontal. O ponto o encontra-se nesse plano. Portanto, oa = oa' e ab = a'b'.

- Reflexos de linhas perpendiculares à superfície refletora prolongam as linhas originais.

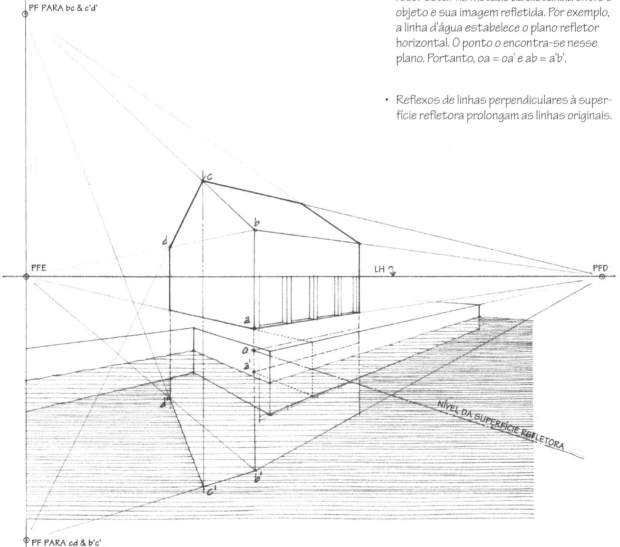

146 REFLEXOS

Ao desenhar a perspectiva de um espaço interno, havendo uma superfície especular em um ou mais de seus planos principais, estendemos o sistema de perspectiva da maneira descrita na página anterior.

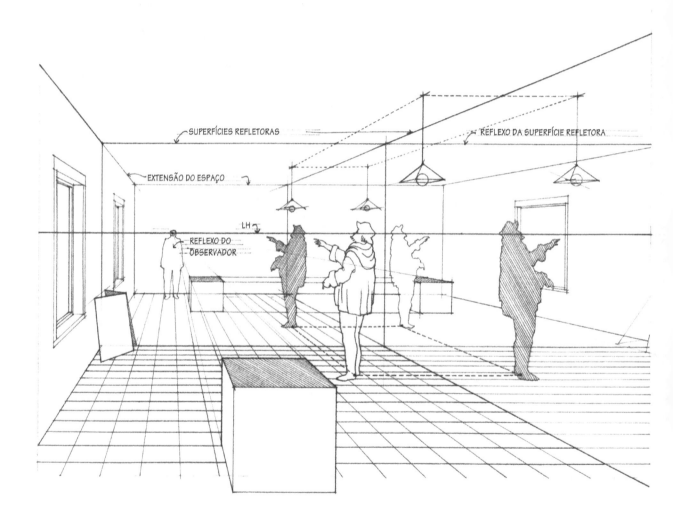

7
Representando Tonalidades e Texturas

Este capítulo tem como foco os princípios que regem como uma composição de formas e linhas transmite a ilusão de uma construção tridimensional ou um ambiente espacial em uma superfície bidimensional, seja uma folha de papel ou papelão ou um monitor de computador. Embora as linhas sejam essenciais para delinear contornos e formatos, também há características de luz, textura, volume e espaço que não podem ser descritas em sua totalidade apenas com linhas. Para modelar as superfícies de formas e transmitir uma noção de luz, dependemos da representação de tonalidades e texturas.

148 VALORES TONAIS

A visão resulta do estímulo das células nervosas na retina do olho, assinalando padrões de intensidade de luz e cor. Nosso sistema visual processa esses padrões de claro e escuro e extrai características específicas do ambiente – arestas, contornos, tamanho, movimento e cor. Assim como ver padrões de claros e escuros é essencial para nossa percepção dos objetos, a criação de contrastes em um desenho é essencial para a representação de luz, forma e espaço.

Utilizando tonalidades e texturas, podemos:

- Descrever como a luz revela a forma dos objetos.

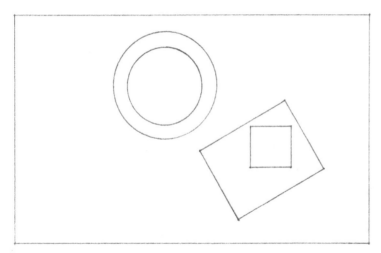

- Evidenciar os arranjos de formas no espaço.

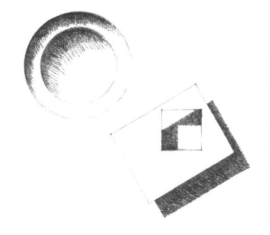

- Representar a cor e textura das superfícies.

CRIANDO VALORES TONAIS   149

Usando meios tradicionais como lápis ou caneta nanquim para sombrear uma superfície clara, existem várias técnicas básicas para criar tonalidades e texturas.

- Hachuras paralelas
- Hachuras cruzadas
- Hachuras com movimentos circulares
- Pontilhados

Todas essas técnicas de sombreamento exigem uma gradação crescente ou camadas sobrepostas de riscos ou pontos. O efeito visual de cada técnica varia de acordo com a natureza do traço, o meio e a textura da superfície de desenho. Seja qual for a técnica de sombreamento empregada, devemos estar atentos ao tom que desejamos representar.

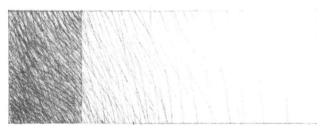

- Como um tom é expresso principalmente pela proporção relativa de áreas iluminadas e sombreadas na superfície de desenho, a característica mais importante das técnicas é o espaçamento e a densidade dos riscos ou pontos.

- A lei dos contrastes simultâneos afirma que o estímulo de um valor tonal se projeta instantaneamente em um valor justaposto. Por exemplo, um valor tonal sobreposto a um tom mais escuro parecerá mais claro do que o mesmo valor contra um tom mais claro.

- Características secundárias incluem a textura visual, a granulação e a direção dos riscos.
- Ao fazer as tonalidades mais escuras, devemos ser cuidadosos para não perder o branco do papel. Cobrir inteiramente a superfície do papel pode causar perda de profundidade e de vitalidade ao desenho.

150 CRIANDO VALORES TONAIS

Hachuras paralelas

Hachuras paralelas consistem em uma série de traços relativamente paralelos. Os riscos podem ser longos ou curtos, feitos a régua ou desenhados à mão livre e executados com lápis ou caneta em papel macio ou áspero. Quando pouco espaçados, os traços perdem sua individualidade e mesclam-se para formar um tom. Portanto, utilizamos principalmente o espaçamento e a densidade dos traços para controlar a luminosidade ou a opacidade do tom. Engrossar os traços acentua os tons mais escuros; usar uma espessura de linha muito grossa pode resultar em aspereza e peso não intencionais da textura.

- A técnica à mão livre mais flexível para hachurar utiliza traços relativamente curtos, rápidos e diagonais.
- Para definir um limite com exatidão, fixe o início de cada traço com uma pequena pressão.
- Suavize o final dos traços para descrever superfícies curvas, um gradiente de textura ou detalhes de luz e sombra.
- Ao estender o valor tonal a uma área maior, evite o efeito de agrupamento e a sobreposição de traços de maneira aleatória, suavizando a definição das bordas.
- Aplicando camadas adicionais de traços diagonais, com pequena variação de ângulos, podemos gerar densidade e, portanto, o valor tonal da área. Manter a direção diagonal dos traços desta maneira evita a confusão com o desenho subjacente e unifica as várias áreas tonais da composição.

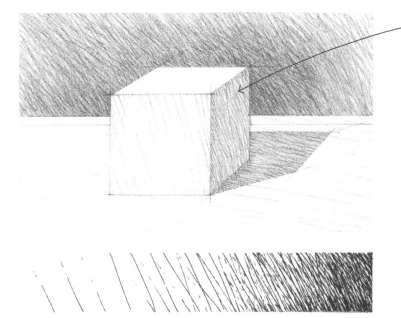

- A direção da hachura também pode seguir os contornos da forma e enfatizar a orientação de suas superfícies. Entretanto, lembre-se de que a direção, sozinha, não produz impacto sobre o tom. Com textura e contorno, os traços também comunicam características dos materiais, como os veios da madeira e do mármore ou a trama de tecidos.

- Não tente produzir uma diversidade de valores variando a dureza da mina de grafite. Tenha cuidado para não usar uma mina dura demais ou pressionar demais a ponta do lápis ou da lapiseira e marcar a superfície do papel.
- Diferentemente de uma linha a lápis, o valor tonal de uma linha à tinta permanece constante. Pode-se apenas controlar o espaçamento e a densidade da hachura.

CRIANDO VALORES TONAIS 151

Hachuras cruzadas

As hachuras cruzadas utilizam duas ou mais séries de traços em direções diferentes para criar valores tonais. Assim como nas hachuras paralelas, os traços podem ser longos ou curtos, feitos a régua ou desenhados à mão livre, e executados com lápis ou caneta em papel macio ou áspero.

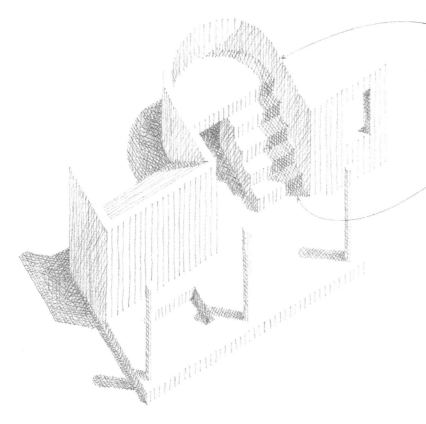

- A hachura cruzada mais simples consiste em dois conjuntos perpendiculares de linhas paralelas.
- Assim como a trama resultante deve ser apropriada para descrever as texturas e os materiais, o padrão também pode produzir uma sensação dura, mecânica, estéril, especialmente quando as linhas são retas e muito espaçadas.
- Usar três ou mais conjuntos ou camadas de hachuras produz mais flexibilidade, gerando maior gama de valores tonais e texturas de superfícies. A natureza multidirecional da hachura também torna mais fácil descrever a orientação e a curvatura das superfícies.

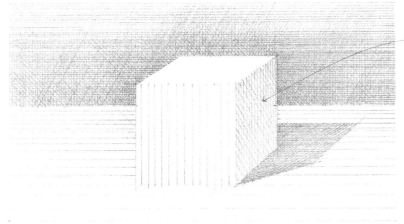

- Na prática, frequentemente combinamos hachuras paralelas e cruzadas na mesma técnica. Se, por um lado, hachuras paralelas criam gamas mais claras de tons em um desenho, por outro, hachuras cruzadas produzem variações mais escuras.

152 CRIANDO VALORES TONAIS

Hachuras com movimentos circulares

Hachuras com movimentos circulares constituem a técnica de sombreamento feita com uma rede de traços multidirecionais e aleatórios. A natureza do desenho à mão livre dessas hachuras proporciona grande flexibilidade para descrever valores tonais e texturas. Podemos variar a forma, a densidade e a direção dos traços para atingir gamas mais amplas de valores tonais, texturas e expressividade visual.

- Os traços podem ser interrompidos ou contínuos, relativamente retos ou curvilíneos, irregulares ou suavemente ondulados.

- Ao entrelaçar os traços, criamos estruturas de valor tonal mais coesas.

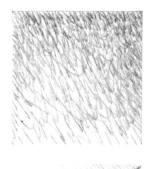

- Mantendo uma direção dominante, produzimos veios que unem as distintas áreas e sombras do tom.

- Da mesma forma que nas hachuras paralelas, devemos prestar atenção à escala e à densidade dos traços, além das qualidades da textura da superfície, do padrão e do material representado.

CRIANDO VALORES TONAIS 153

Pontilhados

O pontilhado é a técnica de sombreamento que utiliza pontos muito pequenos. Aplicar hachuras por meio de pontilhados é um procedimento lento, que consome tempo e requer muita paciência e cuidado no controle do tamanho e do espaçamento dos pontos. Os melhores resultados ocorrem quando usamos uma caneta nanquim de ponta fina em uma superfície de desenho macia.

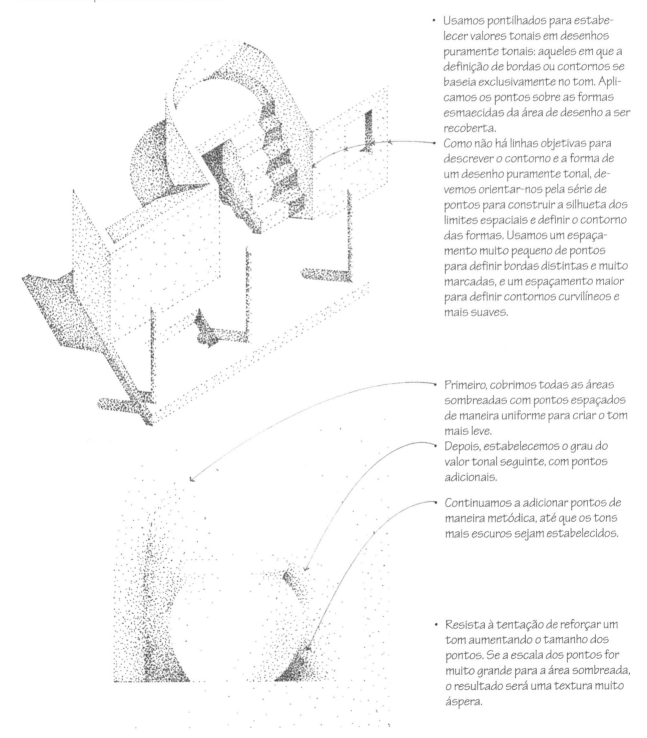

- Usamos pontilhados para estabelecer valores tonais em desenhos puramente tonais: aqueles em que a definição de bordas ou contornos se baseia exclusivamente no tom. Aplicamos os pontos sobre as formas esmaecidas da área de desenho a ser recoberta.
- Como não há linhas objetivas para descrever o contorno e a forma de um desenho puramente tonal, devemos orientar-nos pela série de pontos para construir a silhueta dos limites espaciais e definir o contorno das formas. Usamos um espaçamento muito pequeno de pontos para definir bordas distintas e muito marcadas, e um espaçamento maior para definir contornos curvilíneos e mais suaves.

- Primeiro, cobrimos todas as áreas sombreadas com pontos espaçados de maneira uniforme para criar o tom mais leve.
- Depois, estabelecemos o grau do valor tonal seguinte, com pontos adicionais.
- Continuamos a adicionar pontos de maneira metódica, até que os tons mais escuros sejam estabelecidos.

- Resista à tentação de reforçar um tom aumentando o tamanho dos pontos. Se a escala dos pontos for muito grande para a área sombreada, o resultado será uma textura muito áspera.

154 CRIANDO VALORES TONAIS

Valores tonais em desenhos de computador

Desenhos bidimensionais e programas de desenhos tridimensionais geralmente permitem que cores e valores tonais sejam selecionados de um menu ou de uma palheta e atribuídos às superfícies das formas. Programas de processamento de imagem também permitem a criação e aplicação de texturas visuais, algumas das quais imitam as técnicas tradicionais apresentadas nas páginas anteriores.

Os dois exemplos gerados por computador mostrados nesta e na página ao lado usam tons e gradientes de cinza simples. O primeiro ilustra uma técnica de linhas e tons para modelar as formas.

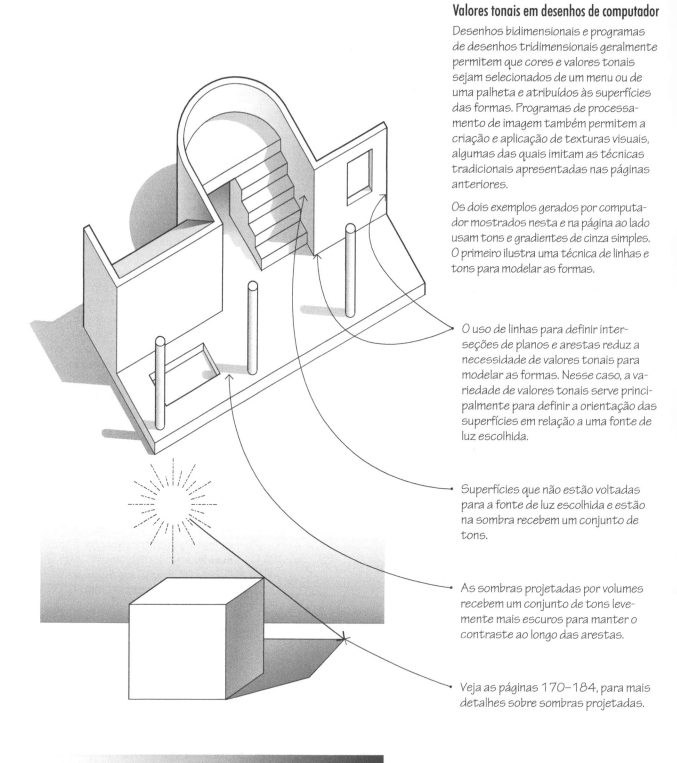

O uso de linhas para definir interseções de planos e arestas reduz a necessidade de valores tonais para modelar as formas. Nesse caso, a variedade de valores tonais serve principalmente para definir a orientação das superfícies em relação a uma fonte de luz escolhida.

Superfícies que não estão voltadas para a fonte de luz escolhida e estão na sombra recebem um conjunto de tons.

As sombras projetadas por volumes recebem um conjunto de tons levemente mais escuros para manter o contraste ao longo das arestas.

Veja as páginas 170–184, para mais detalhes sobre sombras projetadas.

CRIANDO VALORES TONAIS 155

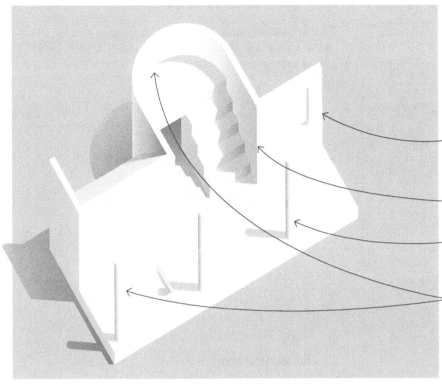

Este exemplo de um desenho com tom puro baseia-se, principalmente, na seleção e no arranjo de valores tonais para modelar a tridimensionalidade das formas.

- Como não há linhas no desenho, devemos fazer uso de contrastes discerníveis em valores tonais para definir as interseções de planos e arestas das formas.

- Tons muito contrastantes devem ocorrer nas arestas, para separar a forma de seu fundo, e nas interseções de planos, para definir onde ocorre uma interrupção no plano.

- Superfícies curvilíneas exigem transições suaves, de tons mais escuros para outros mais claros.

- Mesmo onde a aresta de uma forma estiver incompleta, nosso sistema visual geralmente consegue completar o contorno em sua busca por continuidade, regularidade e estabilidade.

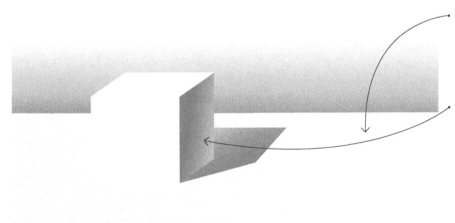

- Por causa da maneira como a luz é refletida e refratada dentro de um espaço, poucas superfícies têm valores tonais consistentes.

- Uma área mais clara geralmente ocorre dentro de uma área de sombra própria ou projetada em virtude da iluminação indireta e refletida de superfícies adjacentes ou próximas.

156 ESCALA DE TONS

O branco representa o tom mais claro possível, e o preto, o mais escuro. Entre eles, existe uma gama intermediária de cinzas. Uma forma familiar de representar esta gama é a escala de tons ou a escala de cinzas, tendo dez gradações uniformes entre o branco e o preto. Vale a pena praticar a produção tanto de uma série escalonada como de uma escala suavemente graduada de valores tonais, usando diferentes meios e técnicas.

Hachuras paralelas

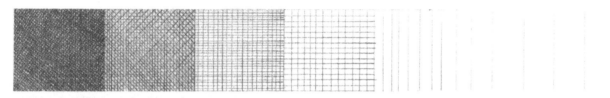

Hachuras cruzadas

Hachuras com movimento circulares

Pontilhados

- Observe que uma série de pontos, e não uma linha, define o limite do campo.

- Também é possível criar uma escala de cinzas sobre superfícies coloridas ou tingidas, usando um lápis preto para definir valores tonais mais escuros que o tom da superfície e um lápis branco para estabelecer valores tonais mais claros.

VALORES TONAIS E TEXTURAS 157

Usamos o termo textura, em geral, para descrever a relativa suavidade ou rugosidade de uma superfície. O termo também pode descrever a qualidade característica da superfície de materiais familiares, como a aparência da pedra desbastada, da fibra da madeira e da trama dos tecidos. Esta é uma textura tátil, que pode ser percebida pelo toque.

Nossos sentidos da visão e do tato estão intimamente interligados. À medida que nossos olhos leem a textura visual da superfície, normalmente respondemos a sua qualidade tátil aparente, sem, de fato, tocá-la. Baseamos nossas reações físicas nas qualidades de textura dos materiais semelhantes que já conhecemos no passado.

- Sempre que usamos hachuras paralelas ou o pontilhado para criar certo tom, simultaneamente criamos textura.

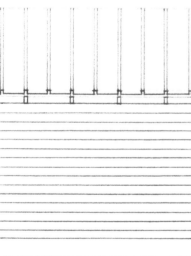

- Do mesmo modo, assim que começamos a representar a natureza dos materiais com linhas, também criamos tons.

- Devemos estar sempre atentos à relação entre valor tonal e textura, seja esta lisa ou rugosa, seja pronunciada ou suave, polida ou fosca. Na maior parte dos casos, o valor tonal é mais importante que a textura na representação de luz e sombras e na maneira como modela as formas no espaço.

158   MODELANDO FORMAS

"Modelar" refere-se à técnica de dar ilusão de volume, solidez e profundidade a dada superfície bidimensional por meio de sombreamento. Sombrear com valores tonais leva um simples desenho de contornos ao domínio tridimensional das formas inseridas no espaço.

Uma vez que a definição das arestas nos ajuda a reconhecer formatos, olhamos para elas a fim de descobrir a configuração das superfícies de formas tridimensionais. Devemos ser cuidadosos sobre como definimos a natureza da aresta ou do limite onde duas formas de tons contrastantes se encontram. A manipulação habilidosa de limites tonais é crucial para a definição da natureza e da solidez da superfície ou do objeto.

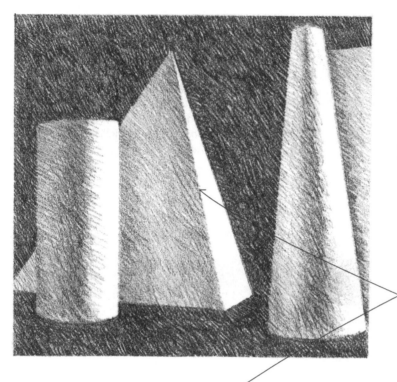

Arestas pronunciadas delineiam interrupções agudas na forma ou descrevem contornos separados do fundo por algum espaço intermediário. Definimos arestas pronunciadas com a variação abrupta e incisiva dos tons.

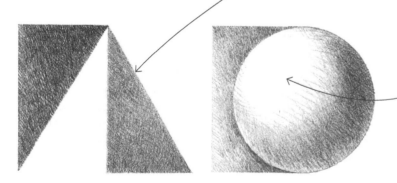

Arestas suaves descrevem formas de fundo vagas ou sem distinção, superfícies curvilíneas e formas arredondadas, além de áreas de pouco contraste. Criamos arestas suaves com a mudança gradual de valor tonal ou com contrastes tonais difusos.

REPRESENTAÇÃO DA ILUMINAÇÃO   159

Enquanto valores tonais são usados para representar profundidade em uma superfície de desenho plana, recorremos à luz para descrever com vigor as qualidades características das formas e dos espaços em nosso entorno. A luz é a energia radiante que ilumina nosso mundo e nos permite ver formas tridimensionais no espaço. Na verdade, não vemos a luz, mas os efeitos da luz. O modo como a luz toca a superfície e é refletida por ela cria áreas de luz, de penumbra e de sombra, dando-nos pistas sensoriais sobre suas características tridimensionais.

Os padrões de luz e sombra que vemos advêm da interação da luz com os objetos ao nosso redor.

Neste padrão de claros e escuros, podemos reconhecer os seguintes elementos:

- Tons luminosos ocorrem em qualquer superfície voltada para a fonte de luz.

- Os valores tonais variam conforme a superfície gira em relação à fonte de luz, e os tons intermediários ocorrem nas superfícies tangentes à direção dos raios de luz.

- Destaques de luz aparecem como áreas iluminadas em superfícies suaves que refletem ou estão diretamente voltadas à fonte de luz.
- Sombras próprias referem-se àqueles valores tonais relativamente escuros aplicados sobre as superfícies do objeto que não estão voltadas para a fonte de luz.
- Sombras projetadas são os valores tonais escuros projetados por um objeto ou parte dele sobre uma superfície que, caso contrário, estaria iluminada pela fonte de luz.
- Zonas de luz refletida (luz projetada por uma superfície próxima) clareiam os tons de uma parte da superfície sombreada ou em sombra.

- Valores tonais são os equivalentes de sombras próprias e projetadas na representação gráfica, e podem apenas indicar luz descrevendo sua ausência.

160 MODELAGEM E ILUMINAÇÃO

Iluminação com programas de computador

Existe uma variedade de técnicas de computação para modelar e simular a iluminação de formas e espaços tridimensionais. A abordagem mais simples é o ray casting.

Ray casting

Ray casting (ou projeção de raios) é uma técnica que analisa a geometria tridimensional das formas e determina a iluminação e o sombreamento das superfícies com base em sua própria orientação de uma fonte de luz determinada. A principal vantagem do ray casting é a velocidade com que uma imagem ou cena tridimensional iluminada é gerada, muitas vezes instantânea. Isso o faz uma ferramenta útil no partido geral, para estudar as consequências solares da volumetria e composição das formas de edificações e as sombras que elas projetam. Veja as páginas 172–173 para alguns exemplos.

Entretanto, o ray casting não leva em consideração o modo como a luz viaja depois de interceptar uma superfície e, portanto, não pode representar com precisão os reflexos, as refrações ou a criação natural de sombras.

Modelo de sombreamento simples, sem iluminação.   Ray casting com iluminação direta.

MODELAGEM E ILUMINAÇÃO   161

Ray tracing

À medida que um raio de luz viaja de uma fonte para uma superfície que interrompe seu progresso, ele pode ser absorvido, refletido ou refratado em uma ou mais direções, dependendo do material, da cor e da textura da superfície. Ray tracing é uma técnica digital para traçar esses caminhos e simular os efeitos ópticos da iluminação.

A iluminação local é um nível básico de ray tracing, limitado à iluminação direta e às reflexões especulares dos raios de luz. Embora a iluminação local não leve em consideração a inter-reflexão difusa de luz entre as superfícies em um espaço ou uma cena tridimensional, alguns programas de ray tracing podem reproduzir essa iluminação geral em seus algoritmos de iluminação.

Iluminação local: ray tracing (ou traçado de raios) com iluminação geral direta e aproximada.

Um indicador melhor de como um espaço seria iluminado por qualquer número de fontes de luz é a iluminação geral. Técnicas de iluminação geral usam algoritmos sofisticados para simular com precisão a iluminação de um espaço ou uma cena. Esses algoritmos levam em consideração não apenas os raios de luz que são emitidos diretamente de uma ou mais fontes. Eles também acompanham os raios de luz à medida que são refletidos ou refratados de uma superfície à outra, especialmente as inter-reflexões difusas que ocorrem entre as superfícies em um espaço ou uma cena. No entanto, esse nível mais avançado de simulação tem seu custo. O processo é lento e exige mais do computador, e, por isso, deve ser usado apenas quando for adequado para a tarefa de projeto em questão.

Iluminação geral: ray tracing com iluminação geral e direta.

162 VALORES TONAIS EM DESENHOS DE ARQUITETURA

Os desenhos desta e das próximas dez páginas ilustram como podemos usar valor tonais para dar mais profundidade espacial e foco a vários tipos de desenhos de arquitetura.

- Usamos valores tonais em plantas de situação e localização para definir a relação entre a forma da edificação e seu contexto espacial. Estes dois desenhos da Praça de São Marcos, em Veneza, mostram como o contraste de tons pode ser obtido representando a edificação como uma figura escura contra um fundo claro ou invertendo as relações entre figura e fundo e representando os valores tonais do terreno.
- Veja as plantas de situação ilustradas nas páginas 67–68.

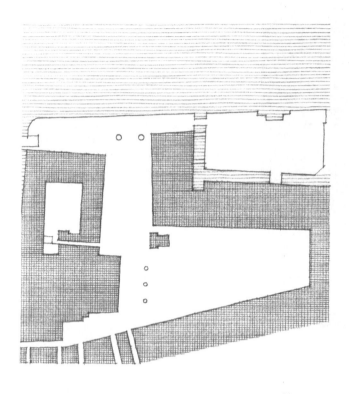

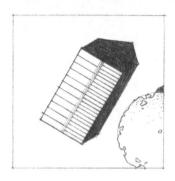

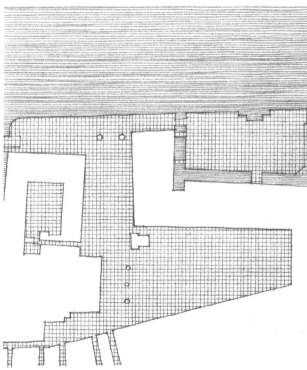

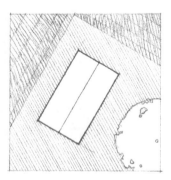

VALORES TONAIS EM DESENHOS DE ARQUITETURA   **163**

O principal uso de valores tonais em plantas baixas é enfatizar a forma e o arranjo dos elementos cortados.

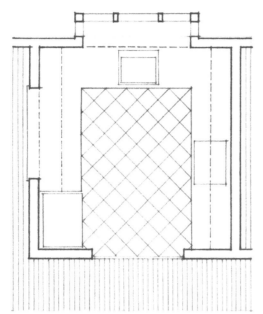

- Representar a superfície do piso em um desenho em planta baixa com o padrão de um material de acabamento dará textura e valor tonal àquele plano. Esses tons podem efetivamente isolar e criar uma base para elementos que estão posicionados acima do plano do piso.

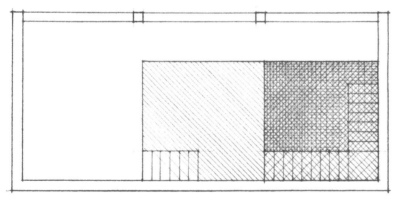

- Quando um desenho em planta tem vários níveis de piso dentro de seu campo, variar a intensidade dos valores tonais pode ajudar a expressar a profundidade relativa dos planos dos pisos abaixo do corte em planta. Quanto mais baixo o plano do piso, maior seu tom.

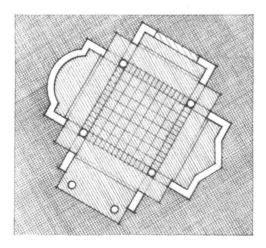

- Se ao espaço definido em uma planta são dados os valores tonais ao longo do campo em volta, os elementos cortados podem ser deixados em branco ou com um valor muito leve. Certifique-se, porém, de que há contraste suficiente para distinguir os elementos cortados. Se necessário, delineie os elementos do corte com uma linha pesada.

- Para mais exemplos de como os valores tonais podem ser usados em plantas baixas, veja as páginas 55–57.

164 VALORES TONAIS EM DESENHOS DE ARQUITETURA

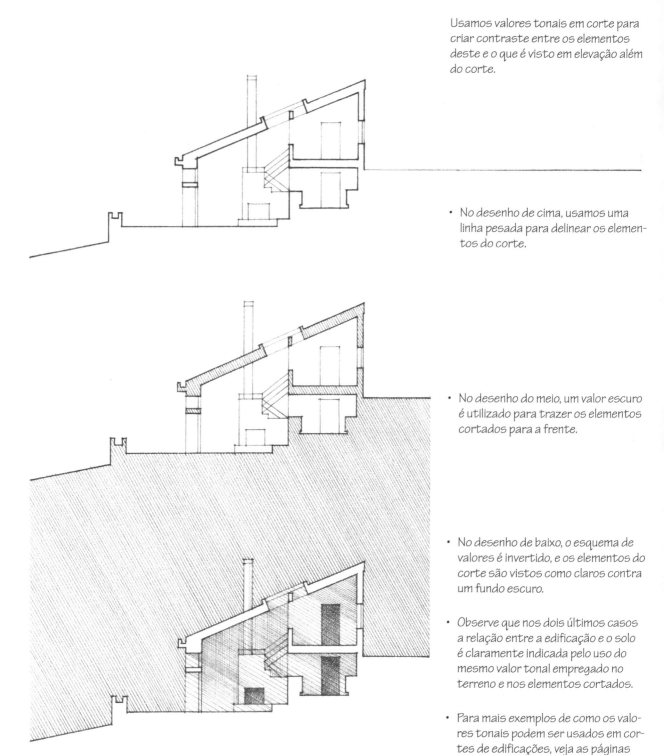

Usamos valores tonais em corte para criar contraste entre os elementos deste e o que é visto em elevação além do corte.

- No desenho de cima, usamos uma linha pesada para delinear os elementos do corte.

- No desenho do meio, um valor escuro é utilizado para trazer os elementos cortados para a frente.

- No desenho de baixo, o esquema de valores é invertido, e os elementos do corte são vistos como claros contra um fundo escuro.

- Observe que nos dois últimos casos a relação entre a edificação e o solo é claramente indicada pelo uso do mesmo valor tonal empregado no terreno e nos elementos cortados.

- Para mais exemplos de como os valores tonais podem ser usados em cortes de edificações, veja as páginas 73–75.

VALORES TONAIS EM DESENHOS DE ARQUITETURA 165

Em elevações, usamos o contraste de valores tonais para definir as camadas da profundidade espacial. As distinções mais importantes a serem feitas estão entre o corte pelo plano-base em frente à elevação da edificação e a edificação em si e entre a elevação da edificação e seu fundo.

- Primeiro, estabelecemos contrastes de valores para o primeiro plano e o fundo.

- Os elementos são trazidos para a frente ao receber seus contrastes de tom mais nitidamente definidos e ter seus materiais, texturas e detalhes desenhados de maneira distinta.

- Outras áreas retrocedem com a diminuição de contraste e detalhe.

- Veja as páginas 170–176, sobre como usar sombras próprias e projetadas e assim deixar mais clara a profundidade relativa de projeções e os recuos na volumetria de uma edificação.

166 VALORES TONAIS EM DESENHOS DE ARQUITETURA

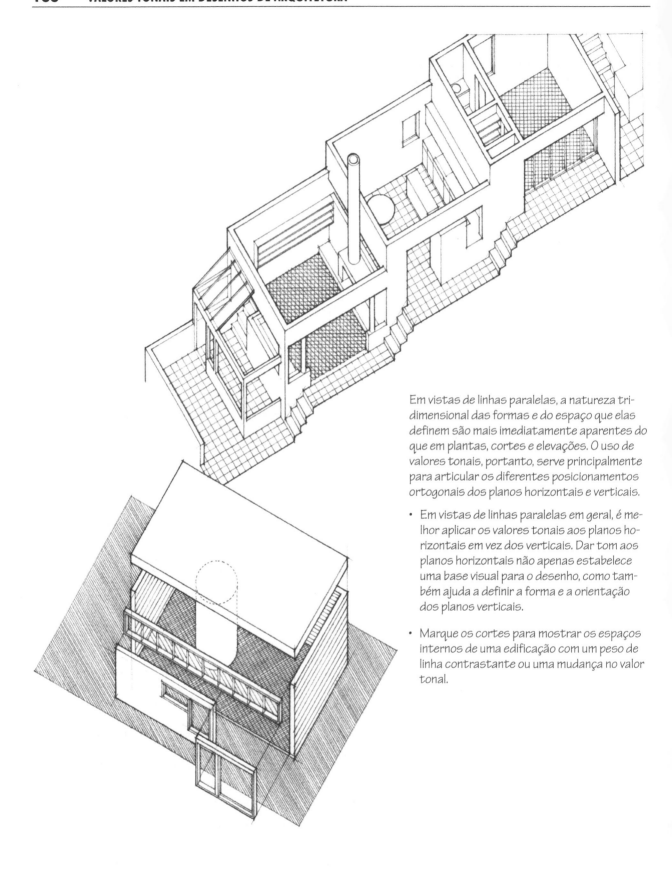

Em vistas de linhas paralelas, a natureza tridimensional das formas e do espaço que elas definem são mais imediatamente aparentes do que em plantas, cortes e elevações. O uso de valores tonais, portanto, serve principalmente para articular os diferentes posicionamentos ortogonais dos planos horizontais e verticais.

- Em vistas de linhas paralelas em geral, é melhor aplicar os valores tonais aos planos horizontais em vez dos verticais. Dar tom aos planos horizontais não apenas estabelece uma base visual para o desenho, como também ajuda a definir a forma e a orientação dos planos verticais.

- Marque os cortes para mostrar os espaços internos de uma edificação com um peso de linha contrastante ou uma mudança no valor tonal.

VALORES TONAIS EM DESENHOS DE ARQUITETURA   167

Em desenhos em perspectiva, usamos valores tonais para melhorar a sensação de profundidade espacial, definir o campo de desenho e criar focos.

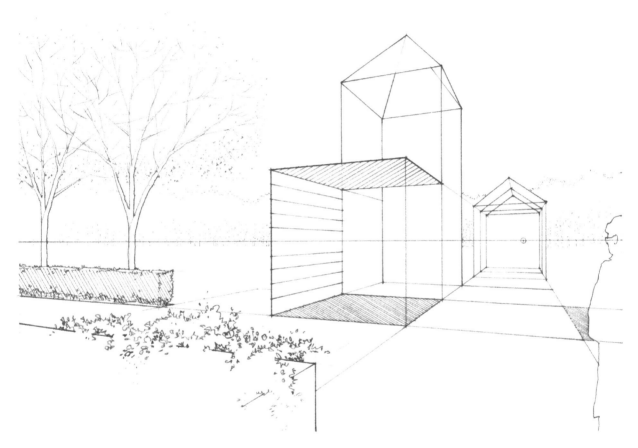

Desenhos em perspectiva devem utilizar os princípios da perspectiva aérea para aumentar a sensação de profundidade espacial.

- Os valores são reduzidos e os contrastes tonais são suavizados para retroceder os elementos.
- Os valores são aumentados e os contrastes tonais são reforçados para trazer os elementos para a frente.

168 VALORES TONAIS EM DESENHOS DE ARQUITETURA

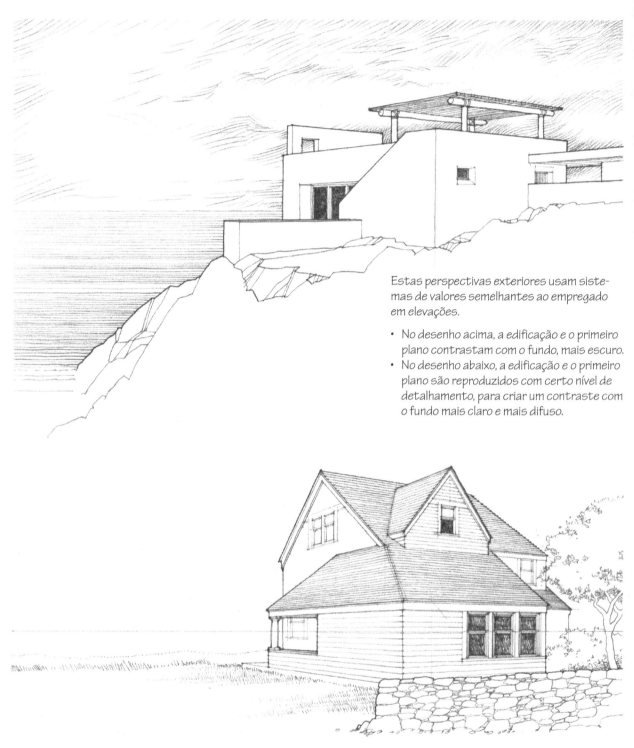

Estas perspectivas exteriores usam sistemas de valores semelhantes ao empregado em elevações.

- No desenho acima, a edificação e o primeiro plano contrastam com o fundo, mais escuro.
- No desenho abaixo, a edificação e o primeiro plano são reproduzidos com certo nível de detalhamento, para criar um contraste com o fundo mais claro e mais difuso.

- Veja a página 128 como o contraste de elementos cortados de um corte em perspectiva ajuda a isolar e enquadrar o espaço visto além, em perspectiva.

VALORES TONAIS EM DESENHOS DE ARQUITETURA   169

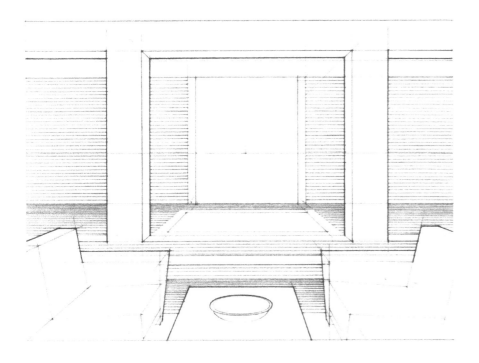

- A profundidade da perspectiva do espaço interno acima é realçada contrastando-se os elementos claros do primeiro plano contra uma parede contínua mais escura do fundo.

- No desenho à direita, os elementos escuros no primeiro plano ajudam a enquadrar o que é visto além.

Renderização digital

Apesar das constantes melhorias, a renderização de perspectivas aéreas e de texturas ainda é problemática em vários programas de representação gráfica. Programas de processamento de imagens, entretanto, nos permitem modificar desenhos em computador e simular os efeitos pictóricos da perspectiva aérea e de textura.

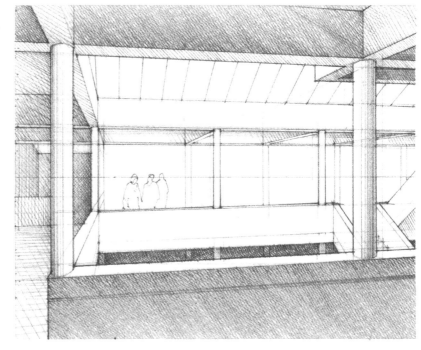

170 SOMBRAS PRÓPRIAS E PROJETADAS

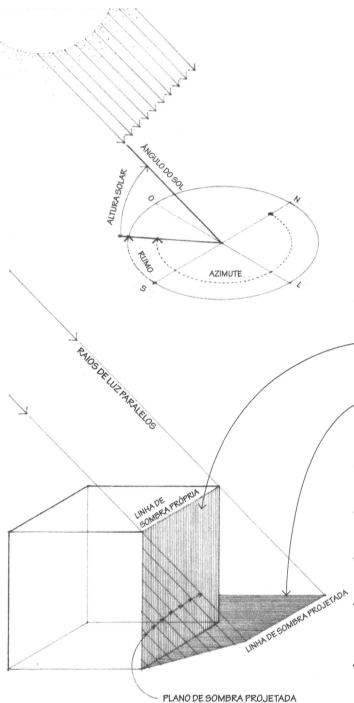

"Sombras próprias e projetadas" referem-se à técnica de determinação de áreas sombreadas e que projetam sombras em superfícies por meio de desenhos em projeção. A representação de luz, sombras próprias e projetadas pode modelar as superfícies de um projeto, descrever a disposição de seus volumes e articular a profundidade e o caráter de seus detalhes.

- O sol é considerado a fonte de luz das sombras próprias e projetadas de arquitetura. O sol é uma fonte tão grande e distante que seus raios de luz são considerados paralelos.
- O ângulo do sol é o ângulo de seus raios, medido em termos de rumo ou ângulo de direção ou de azimute e altura solar.
- O rumo ou ângulo de direção é uma direção angular horizontal expressada em graus a leste ou oeste de uma orientação norte ou sul padrão.
- O azimute é uma distância angular horizontal, medida em sentido horário de um rumo em relação ao norte.
- A altura solar é a elevação angular do sol acima do horizonte.

- Sombras próprias referem-se às áreas relativamente escuras nas partes de um volume que são tangentes ou opostas a uma fonte de luz teórica.
- Sombras projetadas são figuras relativamente escuras criadas sobre uma superfície por um corpo opaco ou parte de um corpo interceptando os raios de uma fonte de luz teórica.
- Uma linha de sombra própria ou aresta sombreada separa uma superfície iluminada de outra sombreada.
- Uma linha de sombra projetada é uma sombra gerada por uma linha de sombra própria em uma superfície receptora.
- Um plano de sombra projetada é um plano de raios de luz que passam pelos pontos adjacentes de uma reta.
- Todas as partes de um objeto na luz devem projetar uma sombra. O corolário disso é que qualquer ponto que não esteja iluminado não pode projetar uma sombra, pois a luz não o alcança.
- Uma sombra é visível apenas quando há uma superfície iluminada para recebê-la. Uma sombra nunca pode ser projetada em uma superfície com sombra própria, nem existir dentro de outra sombra.

SOMBRAS PRÓPRIAS E PROJETADAS

Desenhos de vistas múltiplas

A representação de sombras próprias e projetadas é especialmente útil para que desenhos de vistas múltiplas não fiquem achatados e para melhorar a ilusão de profundidade. Ela geralmente exige duas vistas relacionadas entre si – seja um plano e uma elevação ou duas elevações relacionadas – e a transferência de informações de uma vista a outra e vice-versa.

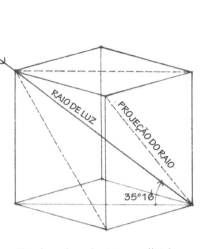

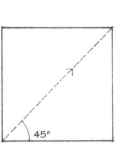

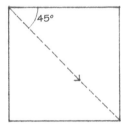

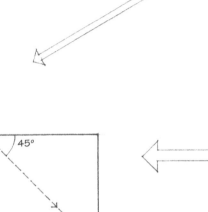

- Em desenhos de vistas múltiplas, consideramos que a direção convencional da luz solar é paralela à diagonal de um cubo, a qual vai desde o vértice superior esquerdo anterior até o vértice inferior direito posterior.
- Considerando que a altitude verdadeira desta diagonal é 35°16', em vistas em planta ou elevação, esta direção torna-se a diagonal a 45° de um quadrado. Esta convenção gera sombras de largura e profundidade iguais à largura e à profundidade das projeções.

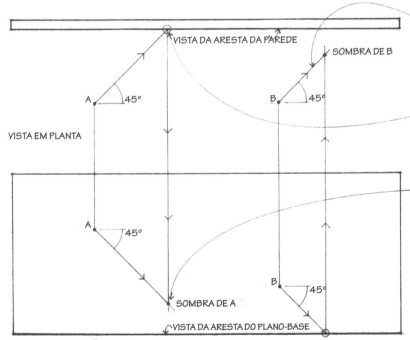

- O processo de geração de uma sombra projetada começa com o desenho de um raio de luz a 45° que atravessa um ponto ao longo de uma aresta de projeção em ambas as vistas.
- Na vista que mostra a projeção da aresta da superfície receptora, estenda o raio até que ele intercepte a superfície receptora.
- Projete esta interseção na vista relacionada. A interseção desta linha transferida com o raio na vista adjacente marca a sombra do ponto.

Sombras próprias e projetadas geradas por computador

Enquanto o desenho de sombras próprias e projetadas em desenhos de vistas múltiplas pressupõe a direção convencional da luz solar como sendo a diagonal de um cubo, programas de maquetes eletrônicas geralmente incluem a possibilidade de especificar a direção da luz solar conforme a hora do dia e o período do ano para o traçado das sombras próprias e projetadas automaticamente. Esse recurso pode ser especialmente útil na fase de definição do partido, para estudar a forma de uma edificação ou a volumetria de uma edificação complexa em um terreno e para avaliar o impacto das sombras que elas projetam em edificações adjacentes e áreas externas.

• Final de uma manhã de primavera

• Início de uma manhã de primavera

SOMBRAS PRÓPRIAS E PROJETADAS   173

A técnica de computador para determinar quais superfícies estão sombreadas e os formatos das sombras projetadas em uma imagem ou cena tridimensional é chamada de ray casting. Embora seja eficiente e útil para estudos preliminares, o ray casting não leva em consideração a maneira que os raios de luz de uma fonte iluminada são absorvidos, refletidos ou refratados pelas superfícies de volumes e espaços. Para uma comparação visual dos métodos de iluminação gerada por computadores, veja as páginas 160–161.

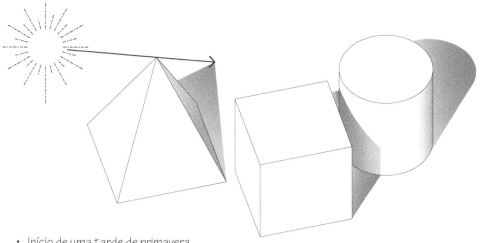

- Início de uma tarde de primavera

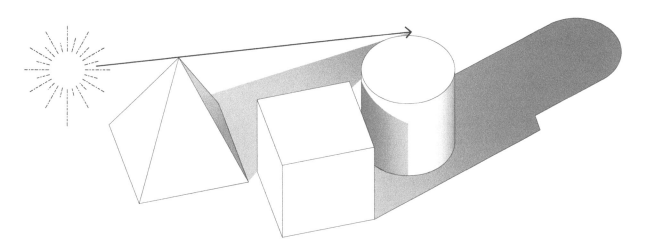

- Final de uma tarde de primavera

174 SOMBRAS PRÓPRIAS E PROJETADAS

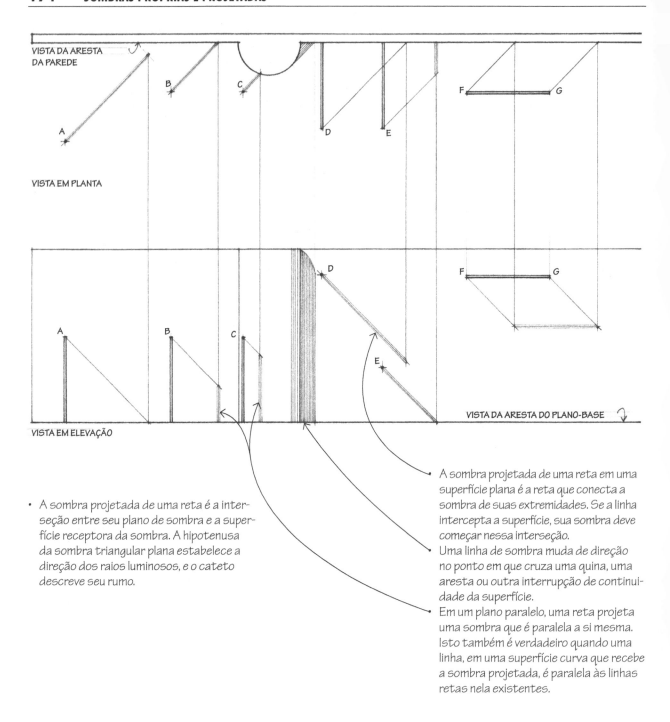

- A sombra projetada de uma reta é a interseção entre seu plano de sombra e a superfície receptora da sombra. A hipotenusa da sombra triangular plana estabelece a direção dos raios luminosos, e o cateto descreve seu rumo.

- A sombra projetada de uma reta em uma superfície plana é a reta que conecta a sombra de suas extremidades. Se a linha intercepta a superfície, sua sombra deve começar nessa interseção.
  Uma linha de sombra muda de direção no ponto em que cruza uma quina, uma aresta ou outra interrupção de continuidade da superfície.
- Em um plano paralelo, uma reta projeta uma sombra que é paralela a si mesma. Isto também é verdadeiro quando uma linha, em uma superfície curva que recebe a sombra projetada, é paralela às linhas retas nela existentes.

SOMBRAS PRÓPRIAS E PROJETADAS 175

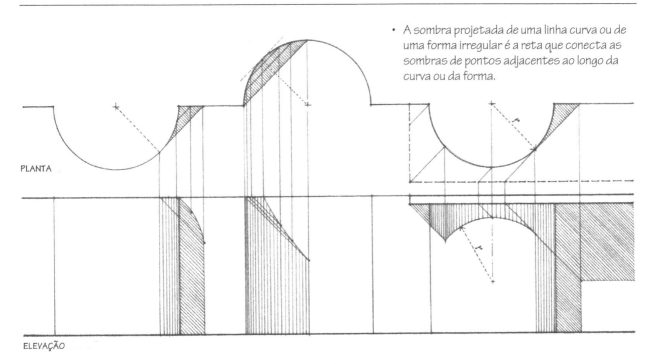

- A sombra projetada de uma linha curva ou de uma forma irregular é a reta que conecta as sombras de pontos adjacentes ao longo da curva ou da forma.

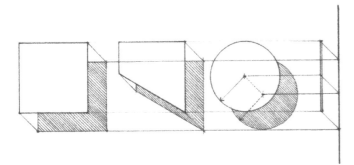

- A sombra projetada de uma figura plana em um plano paralelo é idêntica em tamanho e forma à figura.

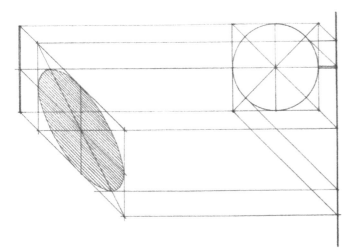

- A sombra projetada de uma figura poligonal em um plano é delimitada pelas sombras de suas linhas de sombra própria.
- A sombra de um círculo é a interseção do cilindro dos raios de luz que passam através de pontos adjacentes do círculo e da superfície receptora da sombra. O formato da sombra projetado é elíptico, já que o corte do cilindro cortado por qualquer plano oblíquo a seu eixo é uma elipse. O método mais conveniente para determinar a sombra de um círculo é definir a sombra do quadrado ou octógono que circunscrevem o círculo dado, e, então, inscrever no interior desta a sombra projetada elíptica do círculo.

176 SOMBRAS PRÓPRIAS E PROJETADAS

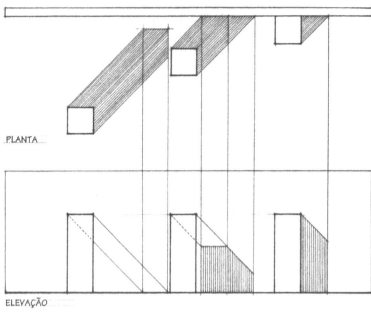

PLANTA

ELEVAÇÃO

- A sombra projetada por um volume é delimitada pelas sombras das linhas de sombra projetadas pelo objeto. Normalmente, é melhor começar pela determinação das sombras dos pontos mais significativos da forma, como os pontos finais das linhas retas e os pontos tangentes de curvas.

- Observe que sombras de retas paralelas são paralelas quando se projetam no mesmo plano ou em planos paralelos.

- A projeção ortográfica de uma linha reta perpendicular ao plano de projeção é um ponto. A sombra projetada da linha aparecerá como uma reta, independentemente da forma da superfície que recebe a sombra.

Para reforçar a profundidade relativa de projeções, beirais e recuos na volumetria de um edifício, sombras próprias e sombras projetadas também podem modelar o relevo e a textura de superfícies.

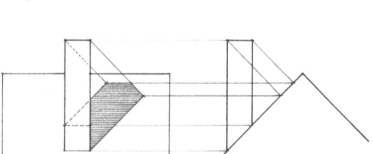

- Em geral, simplesmente use uma área de cor cinza homogênea ou com uma textura leve para indicar sombras próprias e projetadas.
- Um método alternativo é a intensificação da textura ou do padrão de um material, de modo que não se perca a sensação de que o material está sombreado ou recebendo uma sombra projetada.

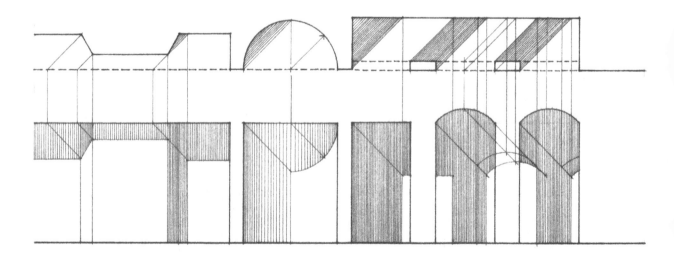

SOMBRAS PRÓPRIAS E PROJETADAS   177

Em plantas de situação e localização, usamos sombras próprias e projetadas para indicar as alturas relativas dos volumes da edificação e para mostrar a natureza topográfica do plano-base no qual as sombras são projetadas.

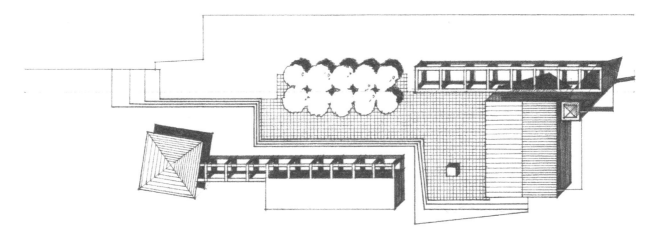

- O objetivo de projetar sombras não é representar a condição real da luz solar em um momento específico. Na verdade, elas simplesmente indicam as alturas relativas das partes da edificação que estão acima do plano-base.
- Uma mudança na profundidade da sombra projetada pode indicar um aumento na altura da edificação ou uma elevação no terreno.

- Sombras próprias e projetadas geralmente não são aplicadas em plantas baixas e cortes de edificações. Entretanto, elas podem ser usadas para enfatizar os elementos cortados e as alturas relativas de objetos dentro do espaço.
- No corte de uma edificação, as sombras reforçam a projeção de elementos cortados além das superfícies vistas em elevação.

178 SOMBRAS PRÓPRIAS E PROJETADAS

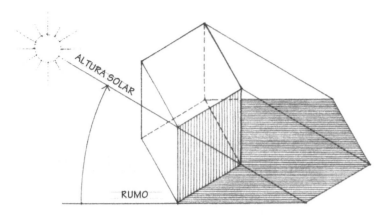

Vistas de linhas paralelas

Sombras próprias e projetadas não são muito utilizadas em desenhos de linhas paralelas. No entanto, elas podem ser usadas de forma eficaz para distinguir elementos verticais e horizontais e a natureza tridimensional de suas formas.

- É relativamente fácil visualizar as relações tridimensionais entre raios de luz, arestas sombreadas e sombras projetadas em vistas de linhas paralelas, pois estas vistas são de natureza pictórica e exibem simultaneamente os três principais eixos espaciais.
- Raios de luz paralelos e seus rumos permanecem paralelos em uma vista de linhas paralelas.

Para construir sombras próprias e projetadas, é necessário definir a fonte e a direção da luz. Definir a direção da luz é um problema de composição, assim como de comunicação. Não se esqueça de que esta sombra projetada deve reforçar, e não confundir, a natureza dos volumes e das relações espaciais.

Ocasionalmente, pode ser desejável determinar as condições reais de luz, sombra própria e sombra projetada. Por exemplo, ao estudar os efeitos da radiação solar e os padrões de sombra em termos de conforto térmico e conservação de energia, é necessário construir as sombras usando os ângulos solares reais para horas e datas específicas do ano.

- Para facilitar a construção, o rumo dos raios luminosos é frequentemente considerado paralelo ao plano do desenho, originando-se à direita ou à esquerda do observador.
- Consequentemente, a altura dos raios luminosos parece real no desenho, e seu rumo permanece horizontal.
- Como a profundidade desejada das sombras deve determinar a altura dos raios de luz, normalmente usamos ângulos de 30°, 45° e 60°, por sua conveniência para desenhar com esquadros.

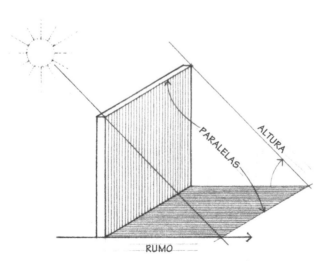

SOMBRAS PRÓPRIAS E PROJETADAS 179

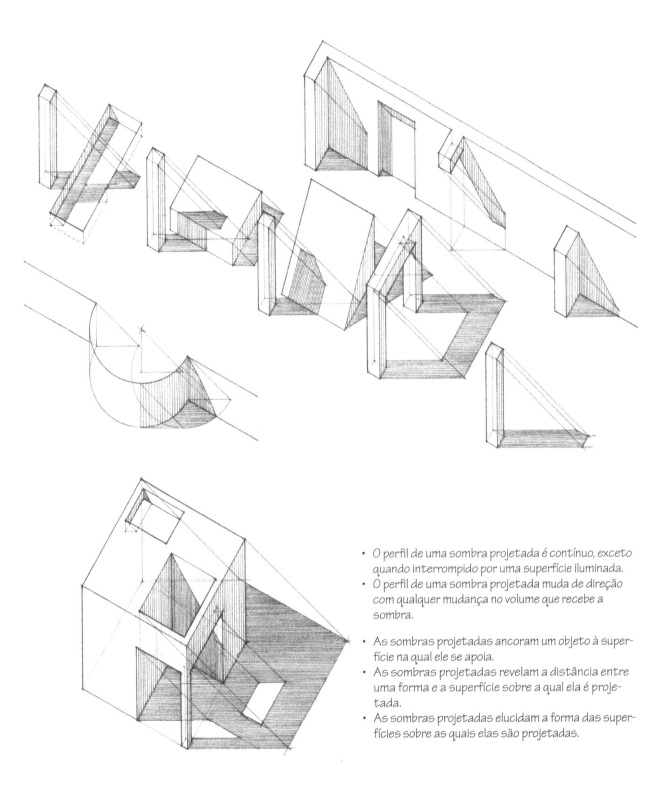

- O perfil de uma sombra projetada é contínuo, exceto quando interrompido por uma superfície iluminada.
- O perfil de uma sombra projetada muda de direção com qualquer mudança no volume que recebe a sombra.

- As sombras projetadas ancoram um objeto à superfície na qual ele se apoia.
- As sombras projetadas revelam a distância entre uma forma e a superfície sobre a qual ela é projetada.
- As sombras projetadas elucidam a forma das superfícies sobre as quais elas são projetadas.

180   SOMBRAS PRÓPRIAS E PROJETADAS

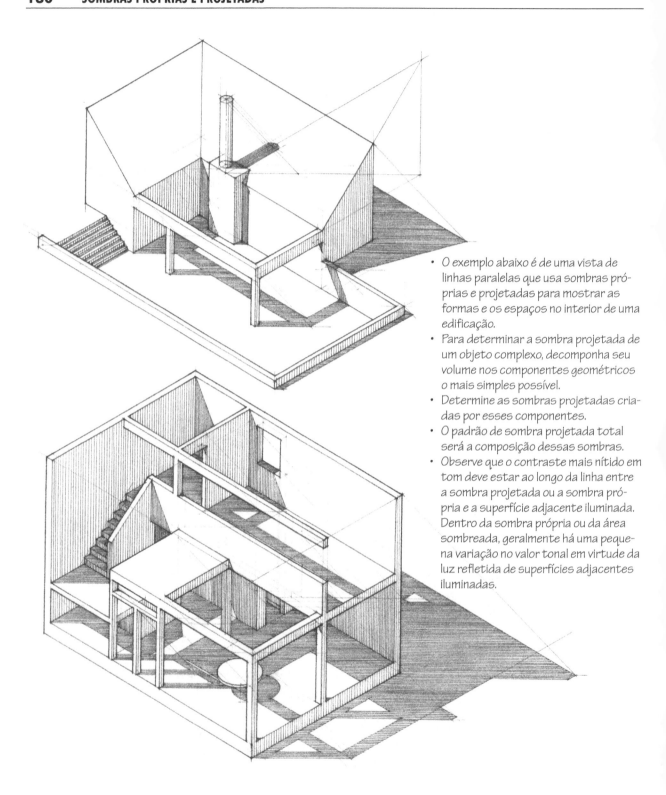

- O exemplo abaixo é de uma vista de linhas paralelas que usa sombras próprias e projetadas para mostrar as formas e os espaços no interior de uma edificação.
- Para determinar a sombra projetada de um objeto complexo, decomponha seu volume nos componentes geométricos o mais simples possível.
- Determine as sombras projetadas criadas por esses componentes.
- O padrão de sombra projetada total será a composição dessas sombras.
- Observe que o contraste mais nítido em tom deve estar ao longo da linha entre a sombra projetada ou a sombra própria e a superfície adjacente iluminada. Dentro da sombra própria ou da área sombreada, geralmente há uma pequena variação no valor tonal em virtude da luz refletida de superfícies adjacentes iluminadas.

SOMBRAS PRÓPRIAS E PROJETADAS   **181**

Perspectivas cônicas

A representação de sombras próprias e projetadas em perspectivas cônicas é semelhante à sua construção em vistas de linhas paralelas, exceto que as linhas inclinadas representando os raios de luz convencionais ou reais parecem convergir quando são oblíquas ao plano do desenho.

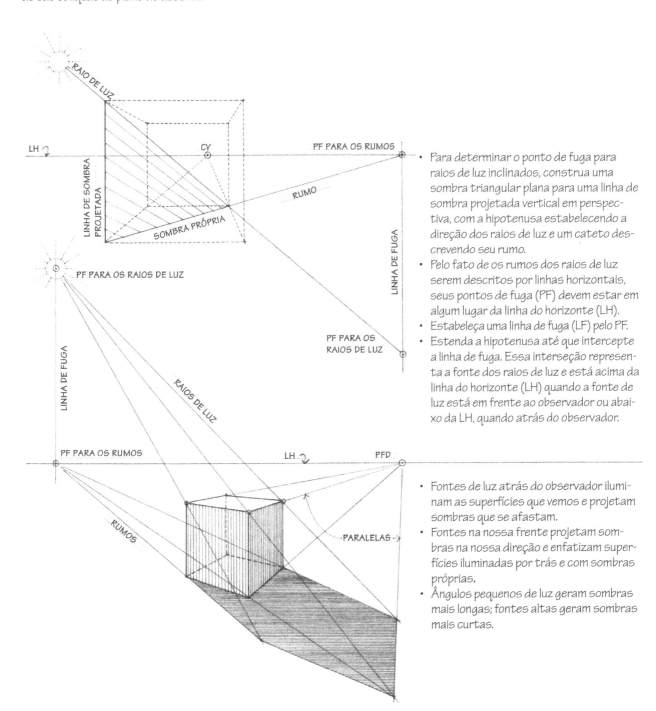

- Para determinar o ponto de fuga para raios de luz inclinados, construa uma sombra triangular plana para uma linha de sombra projetada vertical em perspectiva, com a hipotenusa estabelecendo a direção dos raios de luz e um cateto descrevendo seu rumo.
- Pelo fato de os rumos dos raios de luz serem descritos por linhas horizontais, seus pontos de fuga (PF) devem estar em algum lugar da linha do horizonte (LH).
- Estabeleça uma linha de fuga (LF) pelo PF.
- Estenda a hipotenusa até que intercepte a linha de fuga. Essa interseção representa a fonte dos raios de luz e está acima da linha do horizonte (LH) quando a fonte de luz está em frente ao observador ou abaixo da LH, quando atrás do observador.

- Fontes de luz atrás do observador iluminam as superfícies que vemos e projetam sombras que se afastam.
- Fontes na nossa frente projetam sombras na nossa direção e enfatizam superfícies iluminadas por trás e com sombras próprias.
- Ângulos pequenos de luz geram sombras mais longas; fontes altas geram sombras mais curtas.

182 SOMBRAS PRÓPRIAS E PROJETADAS

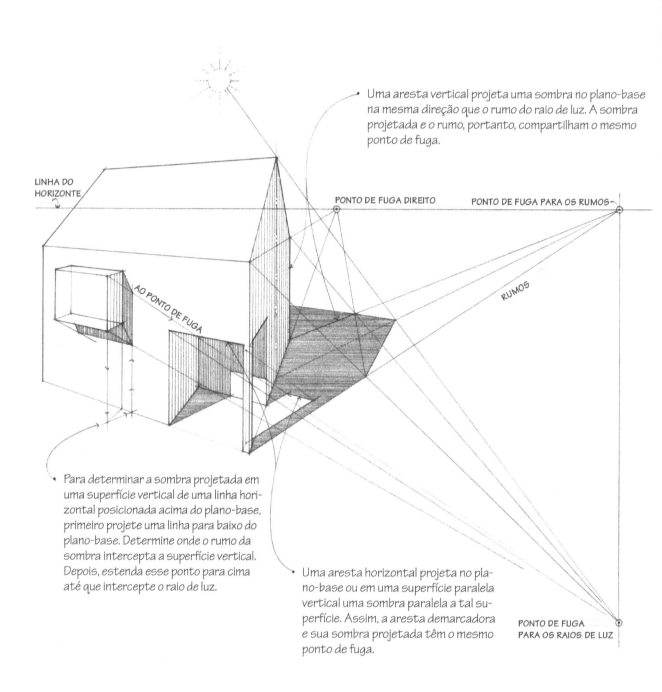

Uma aresta vertical projeta uma sombra no plano-base na mesma direção que o rumo do raio de luz. A sombra projetada e o rumo, portanto, compartilham o mesmo ponto de fuga.

Para determinar a sombra projetada em uma superfície vertical de uma linha horizontal posicionada acima do plano-base, primeiro projete uma linha para baixo do plano-base. Determine onde o rumo da sombra intercepta a superfície vertical. Depois, estenda esse ponto para cima até que intercepte o raio de luz.

Uma aresta horizontal projeta no plano-base ou em uma superfície paralela vertical uma sombra paralela a tal superfície. Assim, a aresta demarcadora e sua sombra projetada têm o mesmo ponto de fuga.

SOMBRAS PRÓPRIAS E PROJETADAS **183**

Em uma perspectiva cônica com dois pontos de fuga, o modo mais simples de gerar sombras projetadas é considerar que o rumo dos raios de luz vem da direita ou da esquerda do observador, além de ser paralelo ao plano do desenho. Podemos então usar esquadros de 45° para determinar os raios de luz e as sombras projetadas pelos elementos verticais em perspectiva.

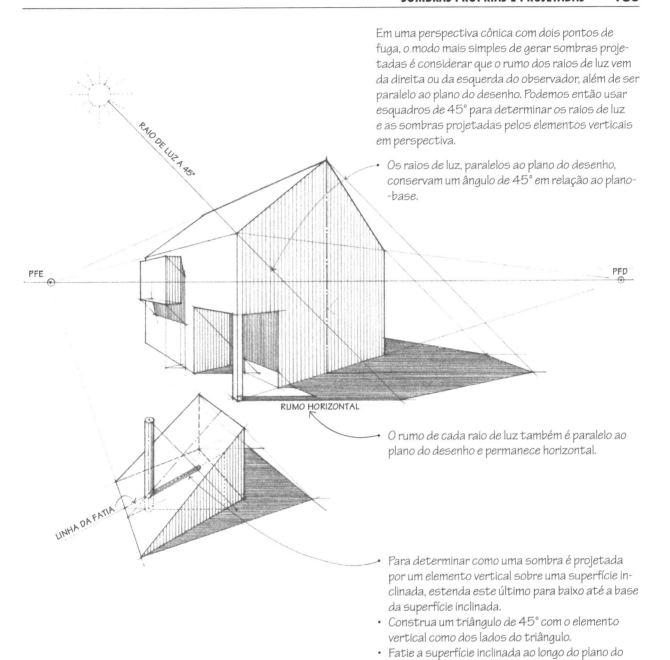

- Os raios de luz, paralelos ao plano do desenho, conservam um ângulo de 45° em relação ao plano-base.

- O rumo de cada raio de luz também é paralelo ao plano do desenho e permanece horizontal.

- Para determinar como uma sombra é projetada por um elemento vertical sobre uma superfície inclinada, estenda este último para baixo até a base da superfície inclinada.
- Construa um triângulo de 45° com o elemento vertical como dos lados do triângulo.
- Fatie a superfície inclinada ao longo do plano do triângulo.
- A sombra é projetada ao longo desta linha da fatia e termina na hipotenusa do esquadro de 45°.

184 SOMBRAS PRÓPRIAS E PROJETADAS

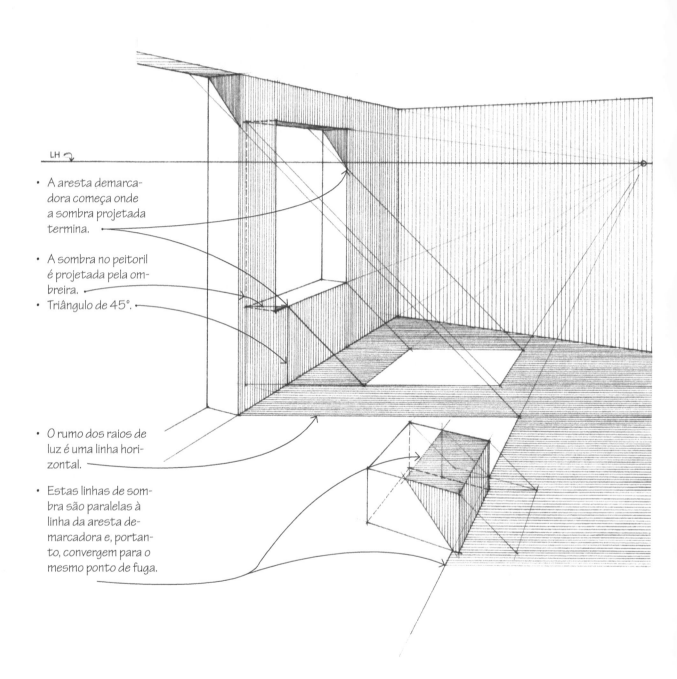

- A aresta demarcadora começa onde a sombra projetada termina.
- A sombra no peitoril é projetada pela ombreira.
- Triângulo de 45°.

- O rumo dos raios de luz é uma linha horizontal.
- Estas linhas de sombra são paralelas à linha da aresta demarcadora e, portanto, convergem para o mesmo ponto de fuga.

8
Representando o Contexto

Uma vez que projetamos e avaliamos a arquitetura em relação ao seu entorno, é importante incorporar o contexto no desenho da proposta de projeto. Em cada um dos principais sistemas de desenho, fazemos isso estendendo a linha de solo e o plano-base de modo a incluir as estruturas adjacentes e características do terreno. Além do contexto físico, devemos indicar a escala e o uso previsto para os espaços, incluindo figuras humanas (calungas) e mobiliário. Também podemos descrever a ambientação de um lugar, representando seu tipo de iluminação, as cores, as texturas dos materiais, a escala e a proporção do espaço ou os efeitos cumulativos dos detalhes.

186 PESSOAS

O observador de um desenho se relaciona com as figuras humanas (calungas) dentro dele e assim se coloca dentro da cena. Portanto, em desenhos de arquitetura e de espaços urbanos, incluímos pessoas a fim de:

- Expressar a escala de um espaço.
- Indicar o uso previsto ou a atividade de um espaço.
- Expressar a profundidade espacial e as mudanças de nível.

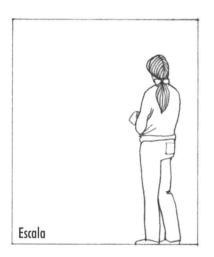
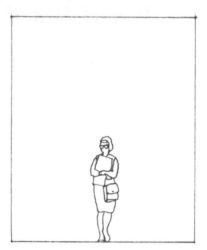
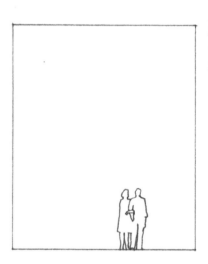

Escala

Aspectos importantes a serem considerados ao desenhar figuras humanas:

- Tamanho
- Proporção
- Atividade

Tamanho

- Em projeções ortográficas, a altura e a largura de elementos mantêm-se constante independentemente da profundidade dos elementos dentro da vista projetada. Podemos simplesmente desenhar em escala a altura normal das pessoas em elevações e cortes.
- Também podemos pôr em escala a altura de figuras humanas em perspectivas paralelas. A vista é tridimensional, mas os calungas devem ter profundidade, para indicar seu volume.

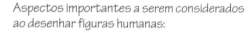
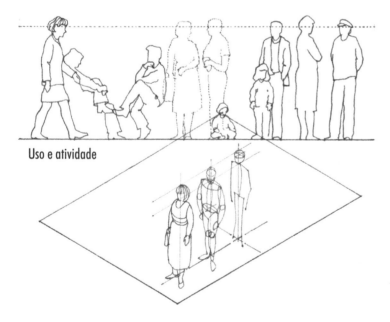

Uso e atividade

PESSOAS **187**

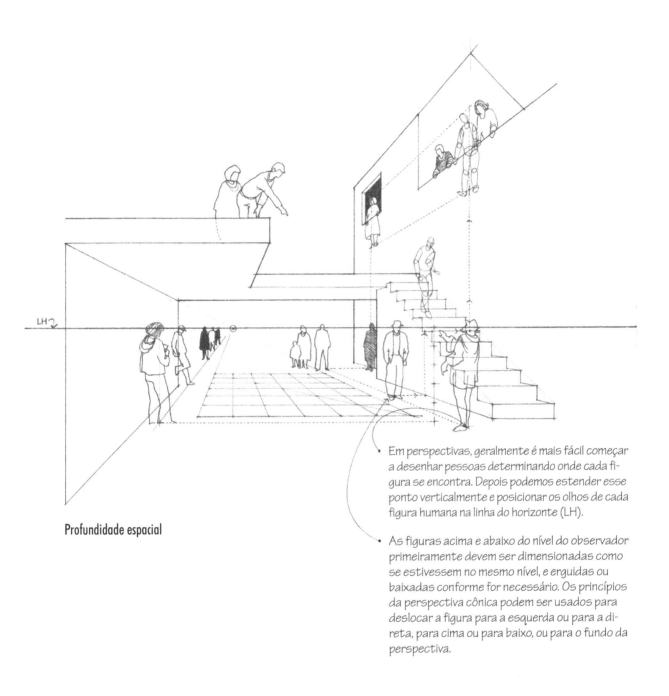

Profundidade espacial

- Em perspectivas, geralmente é mais fácil começar a desenhar pessoas determinando onde cada figura se encontra. Depois podemos estender esse ponto verticalmente e posicionar os olhos de cada figura humana na linha do horizonte (LH).

- As figuras acima e abaixo do nível do observador primeiramente devem ser dimensionadas como se estivessem no mesmo nível, e erguidas ou baixadas conforme for necessário. Os princípios da perspectiva cônica podem ser usados para deslocar a figura para a esquerda ou para a direta, para cima ou para baixo, ou para o fundo da perspectiva.

188 PESSOAS

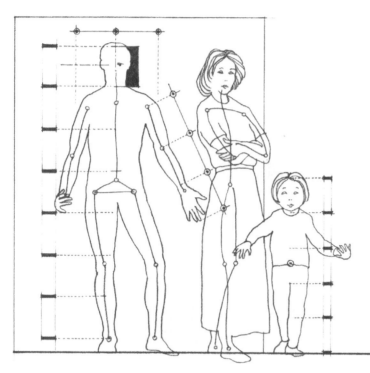

Proporção

As figuras que usamos para povoar um desenho devem estar na escala do ambiente. Dessa forma, é preciso desenhar figuras humanas no tamanho e na proporção adequados.

- Em primeiro lugar, estabeleça a altura de cada figura e as proporções das partes, tendo como elemento mais importante o tamanho da cabeça. Podemos dividir a figura humana ereta em sete ou oito partes iguais, com a cabeça equivalente a 1/7 ou 1/8 da altura total do corpo.

- Evite desenhar vistas frontais de pessoas de modo detalhado, as quais podem parecer recortes achatados de cartolina. Em vez disso, as figuras devem dar a sensação de volume, especialmente em perspectivas cônicas e vistas de linhas paralelas.
- Ao desenhar uma pessoa sentada em um banco ou uma cadeira, geralmente é melhor desenhar primeiro a figura de pé, ao lado da cadeira ou do banco. Depois as proporções estabelecidas são usadas para desenhar a mesma pessoa sentada.
- A postura de cada figura humana pode ser estabelecida dando atenção especial à linha da coluna vertebral e aos pontos de apoio do corpo.

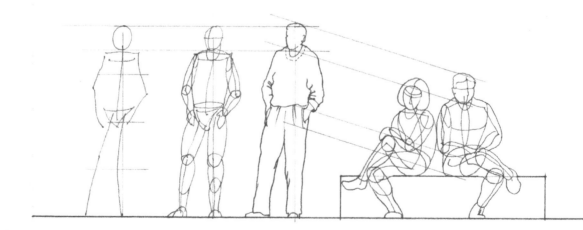

PESSOAS 189

Atividade

As figuras de um desenho devem transmitir a natureza da atividade em um espaço e estar adequadas ao contexto. A maneira como as desenhamos devem responder a uma pergunta fundamental: Qual atividade deve ocorrer neste cômodo ou espaço?

- Grupos e figuras solitárias devem estar adequados à escala e à atividade do espaço.
- Pessoas não devem ser posicionadas onde possam ocultar características importantes do espaço ou onde possam tirar o foco do desenho.
- Use o princípio da sobreposição, entretanto, para dar profundidade espacial.

- Os calungas devem estar vestidos adequadamente, evitando detalhes desnecessários que possam tirar o foco do desenho.
- As pessoas devem ser representadas de maneira coerente com o estilo do resto do desenho.
- Sempre que adequado, as pessoas devem ser mostradas gesticulando com seus braços e mãos.

- É importante ser paciente; cada um inevitavelmente desenvolverá seu próprio estilo de desenho.

Imagens digitais de figuras humanas

Podemos criar imagens digitais de figuras humanas por meio de fotografias, usando programas de computador de processamento de imagens ou obtê-las de fontes da Internet. Os mesmos princípios que regem a escala, a vestimenta, o posicionamento e a gesticulação em desenhos a mão se aplicam ao uso de imagens digitais de pessoas em contextos de arquitetura.

A capacidade de produzir imagens fotorrealistas de pessoas é sedutora. Tenha em mente que o estilo de representação com que povoamos desenhos de arquitetura não deve criar distrações ou contrastes com o tema da arquitetura. As figuras devem ter um nível semelhante de abstração e serem compatíveis com o estilo de representação do contexto do desenho.

MOBILIÁRIO 191

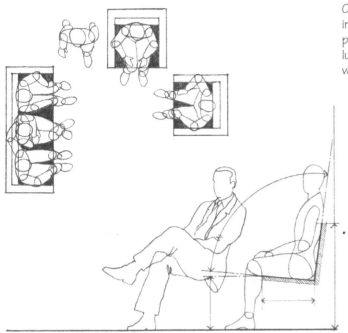

O tipo e a distribuição do mobiliário são indicadores importantes do uso e da atividade de um espaço. Seu posicionamento deve lembrar-nos de que devem haver lugares nos quais sentar, encostar, apoiar seus cotovelos ou pés ou, simplesmente, tocar.

- O desenho de móveis em conjunto com pessoas ajuda a estabelecer sua escala e a manter a proporção adequada das suas partes.

- Quando o mobiliário é o tema da proposta de um projeto, exemplos bem projetados e disponíveis no mercado devem ser usados como modelos.

- Devemos começar a partir da forma geométrica de cada peça.
- Uma vez que a estrutura da forma foi estabelecida, podemos adicionar indicadores de material, espessura e detalhes.

192 MOBILIÁRIO

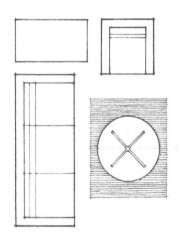

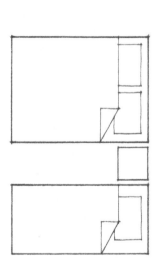

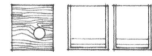

- Os móveis em plantas baixas devem ser desenhados sem detalhes, de modo a não ocultar o padrão essencial de cheios e vazios.

Bibliotecas digitais

Muitos programas de geração de maquetes eletrônicas e CAD incluem bibliotecas ou gabaritos de peças de mobiliário pré--projetados. Eles podem ser facilmente copiados, redimensionados e posicionados diretamente no desenho.

VEÍCULOS 193

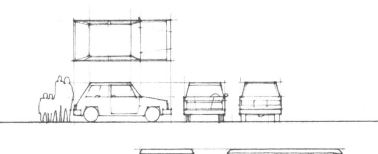

Incluímos uma variedade de veículos – carros, caminhões, ônibus e até bicicletas – para indicar ruas e áreas de estacionamento em cenas externas.

- O posicionamento e a escala de veículos devem ser realistas.
- O desenho de veículos em conjunto com pessoas ajuda a estabelecer sua escala.
- Modelos reais devem ser usados sempre que possível.
- Assim como no desenho de móveis, iniciamos com as bases geométricas das formas de veículos.
- Se desenharmos veículos detalhados demais, eles poderão se tornar distrações indesejáveis e desviar o foco de um desenho.

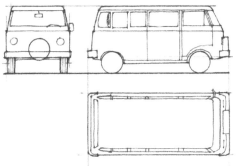

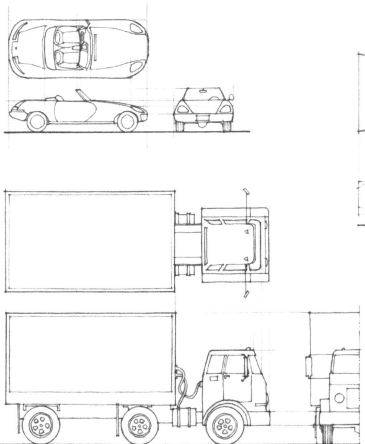

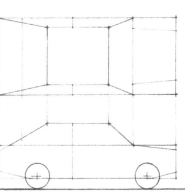

194 PAISAGISMO

Outra oportunidade de transmitir o contexto de um desenho é por meio dos elementos de paisagismo. São eles:

- A vegetação natural, como árvores, arbustos e gramíneas
- Construções externas, como terraços, calçamentos e muros de arrimo

Com esses elementos de paisagismo, podemos:

- Representar o caráter geográfico de um terreno

- Indicar a escala de uma edificação
- Enquadrar vistas

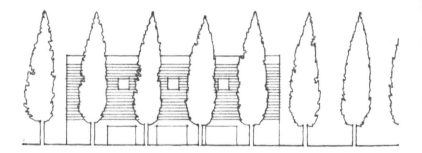

- Definir espaços externos
- Direcionar movimentos

PAISAGISMO 195

O desenho de árvores começa com troncos e galhos adequados. Diferentes tipos de estruturas de árvores são ilustrados abaixo.

- O padrão de crescimento é do solo para cima; troncos e galhos se ramificam à medida que crescem.
- Sobre essa estrutura, a forma geral e o volume da folhagem são esboçados sem carregar esse perfil com muito peso.

- Se adicionarmos textura à folhagem, devemos prestar muita atenção à escala adequada para as folhas e ao grau resultante de valor tonal e transparência.
- Devemos ser econômicos. A quantidade de detalhes empregados deve ser coerente com a escala e o estilo do desenho.

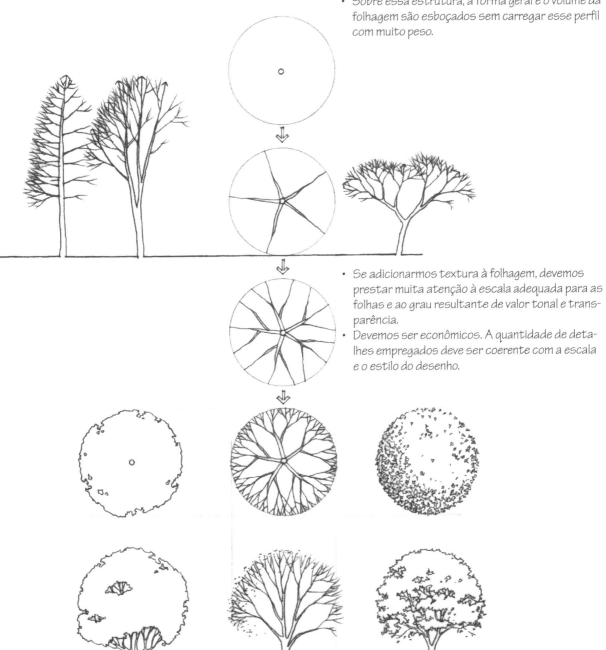

196　PAISAGISMO

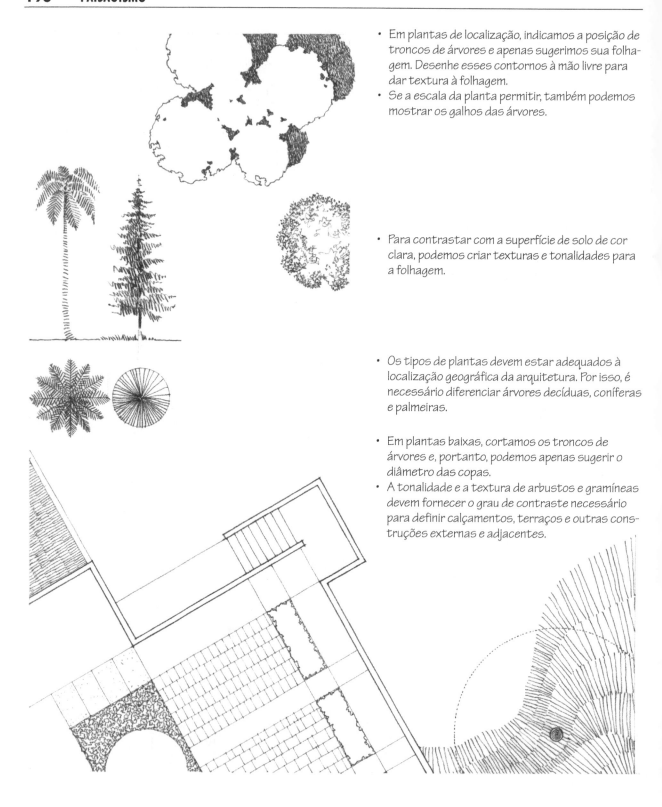

- Em plantas de localização, indicamos a posição de troncos de árvores e apenas sugerimos sua folhagem. Desenhe esses contornos à mão livre para dar textura à folhagem.
- Se a escala da planta permitir, também podemos mostrar os galhos das árvores.

- Para contrastar com a superfície de solo de cor clara, podemos criar texturas e tonalidades para a folhagem.

- Os tipos de plantas devem estar adequados à localização geográfica da arquitetura. Por isso, é necessário diferenciar árvores decíduas, coníferas e palmeiras.

- Em plantas baixas, cortamos os troncos de árvores e, portanto, podemos apenas sugerir o diâmetro das copas.
- A tonalidade e a textura de arbustos e gramíneas devem fornecer o grau de contraste necessário para definir calçamentos, terraços e outras construções externas e adjacentes.

PAISAGISMO

Devemos prestar muita atenção à escala adequada das árvores que desenhamos em elevações e cortes. Como sempre, os tipos de árvores escolhidos devem ser adequados à localização geográfica da arquitetura.

- Em elevações em escalas pequenas, desenhamos a porção de troncos de árvores que é visível e esboçamos a folhagem. Desenhamos esses contornos à mão livre para dar textura à folhagem.
- Para contrastar com os valores leves de formas adjacentes e sobrepostas ou no fundo, podemos dar à folhagem contrastes por meio de texturas e tonalidades.

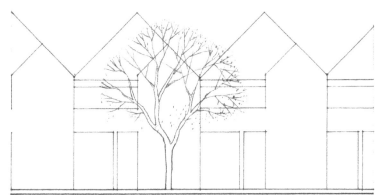

- Se a escala do desenho permitir, e se é desejado um alto grau de transparência, podemos desenhar simplesmente os galhos das árvores. O esboço da folhagem pode ser sugerido com pontilhados e linhas leves desenhadas à mão livre.

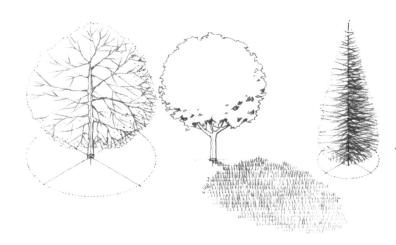

- Em vistas de linhas paralelas, as árvores devem ter volume, para se adequarem aos princípios dessas perspectivas.

198   PAISAGISMO

Em perspectivas cônicas, aplicamos os princípios da perspectiva aérea ao desenho de árvores e elementos de paisagismo. Os elementos no primeiro plano geralmente possuem cores escuras e saturadas, além de contrastes bem definidos em tons. À medida que os elementos se afastam, suas cores tornam-se mais claras e fracas, e seus contrastes tonais tornam-se mais suaves. No fundo, temos principalmente tons em cinza e matizes suaves.

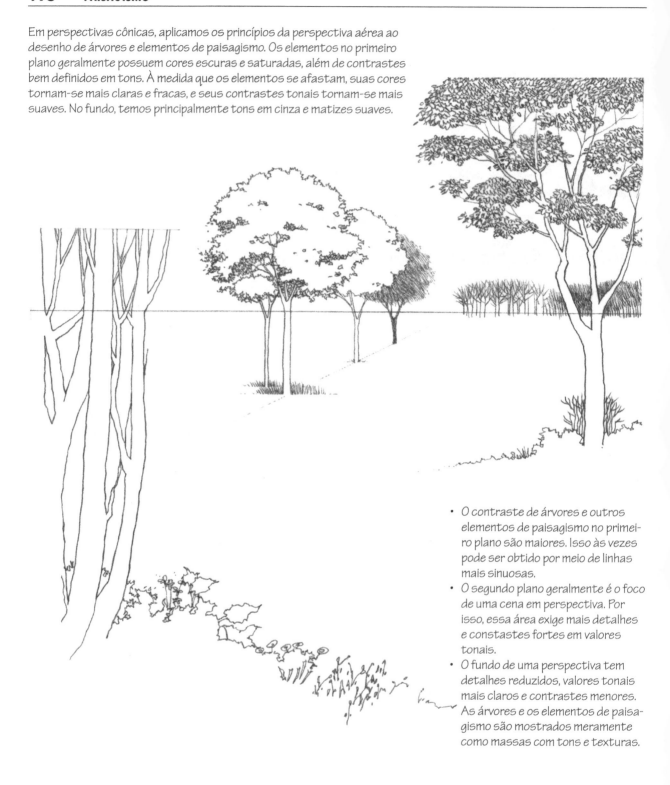

- O contraste de árvores e outros elementos de paisagismo no primeiro plano são maiores. Isso às vezes pode ser obtido por meio de linhas mais sinuosas.
- O segundo plano geralmente é o foco de uma cena em perspectiva. Por isso, essa área exige mais detalhes e constastes fortes em valores tonais.
- O fundo de uma perspectiva tem detalhes reduzidos, valores tonais mais claros e contrastes menores. As árvores e os elementos de paisagismo são mostrados meramente como massas com tons e texturas.

PAISAGISMO 199

Programas de processamento de imagens oferecem meios para manipular imagens fotográficas de um terreno e uma paisagem já existente e adaptá-las para o uso na descrição do contexto de um projeto de arquitetura.

Assim como imagens digitais de pessoas, a possibilidade de produzir imagens fotorrealistas de árvores e outros elementos de paisagismo pode ser sedutora. Tenha em mente que o estilo de representação do terreno e de elementos do contexto não deve nos distrair ou distanciar do tema da arquitetura. Sua descrição de representação deve ter o mesmo nível de abstração e ser compatível com o estilo de representação do contexto desenhado.

200 REFLEXOS

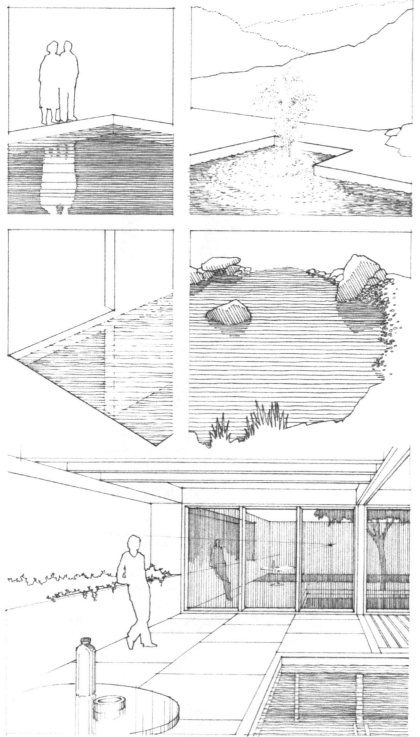

- A água deve ser representada como uma superfície plana horizontal.
- Usamos linhas horizontais: linhas retas para água parada e linhas onduladas feitas à mão para água em movimento.
- As superfícies de valor tonal baixo parecem mais claras do que o valor da água.
- Da mesma maneira, superfícies mais escuras aparecem em reflexos mais escuros do que o valor tonal da superfície da água.
- Os valores usados para a superfície refletora e para os reflexos dentro da área da superfície devem ser determinados em relação aos demais valores do desenho.

9
Desenhos de Apresentação

Os desenhos de apresentação são aqueles em que normalmente pensamos quando o termo "representação gráfica" é usado. Estes desenhos descrevem uma proposta de projeto de modo gráfico, com a intenção de persuadir um público sobre o valor do projeto. O público pode ser um cliente, um comitê ou simplesmente alguém avaliando uma ideia. Seja produzido para ajudar a imaginação de um cliente, seja para obter a contratação como arquiteto, em esfera privada ou em um concurso, os desenhos de apresentação devem comunicar, da maneira mais clara e precisa possível, as qualidades tridimensionais de um projeto. Embora os desenhos que compreendem a apresentação possam ser excelentes representações bidimensionais que mereçam exibição, eles são apenas ferramentas para comunicar uma ideia de projeto, nunca um fim em si mesmo.

202 DESENHOS DE APRESENTAÇÃO

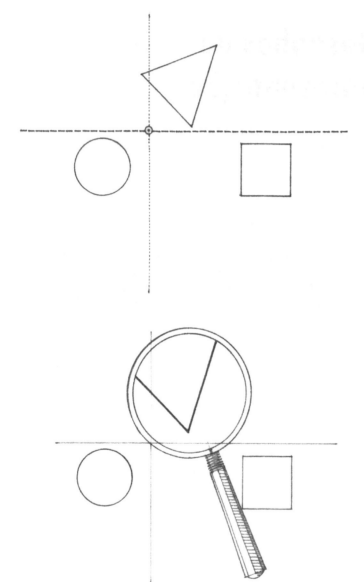

Uma apresentação será fraca e pouco efetiva, a menos que os desenhos de apresentação sejam completos e persuasivos (com convenções compreendidas e conteúdo significativo). Entretanto, uma apresentação efetiva também possui importantes características de conjunto.

Ponto de vista

Seja claro a respeito da intenção do desenho. Uma apresentação deve comunicar a ideia ou o conceito central de um projeto. Diagramas gráficos e textos são meios eficazes de articulação e esclarecimento dos aspectos essenciais de um esquema de projeto, especialmente quando eles estão visualmente relacionados com os tipos mais comuns de representação gráfica.

Eficiência

Seja econômico nos meios, utilizando apenas o necessário para comunicar uma ideia. Se algum elemento gráfico de uma apresentação se tornar excessivo ou um fim em si mesmo, ele ofuscará a intenção e a proposta da apresentação.

Clareza

Seja articulado. Com o mínimo de elementos, os desenhos de apresentação devem explicar um projeto claramente e com detalhes suficientes, de modo que as pessoas não familiarizadas com ele sejam capazes de entender a proposta de projeto. Elimine distrações não intencionais, como as causadas por relações ambíguas de figura e fundo ou agrupamentos de desenhos inadequados. Muitas vezes, não identificamos esses erros, pela dificuldade de ler o próprio trabalho de maneira objetiva, já que sabemos bem o que queremos comunicar.

Precisão

Evite distorcer ou apresentar informações incorretas. Desenhos de apresentação devem simular com precisão a realidade projetada e as consequências de ações futuras, para que as decisões tomadas com base nas informações apresentadas sejam racionais e fundamentadas.

Unidade

Seja organizado. Nenhum segmento deve ser inconsistente ou destoar do conjunto. A noção de unidade, que não deve ser confundida com uniformidade, depende de:

- Distribuição lógica e abrangente de informações gráficas e verbais
- Síntese de formato, escala, meio e técnica adequada ao projeto, ao lugar e ao público para a qual a apresentação é dirigida

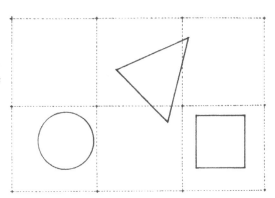

Continuidade

Cada etapa de uma apresentação deve estar relacionada à precedente e à seguinte, reforçando as demais partes da apresentação.

Os princípios de unidade e continuidade estão inter-relacionados: um não pode ser alcançado sem o outro. Os fatores que produzem um invariavelmente reforçam o outro. Ao mesmo tempo, podemos reforçar a ideia central de um projeto por meio da distribuição e do ritmo dos elementos principais e de suporte presentes na apresentação.

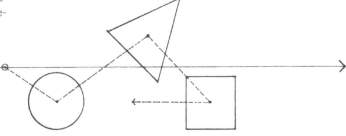

204 ELEMENTOS DE APRESENTAÇÃO

Um desenho isolado não pode explicar totalmente um projeto. O caráter tridimensional e a forma de um projeto podem ser comunicados apenas por meio da apresentação coordenada de desenhos relacionados. De modo a explicar e esclarecer aspectos que escapam às possibilidades do desenho, recorremos a diagramas, símbolos gráficos, títulos e textos. Em qualquer apresentação de projeto, portanto, devemos planejar cuidadosamente a sequência e a distribuição de todos os elementos seguintes:

Imagens gráficas
- Desenhos
- Diagramas

Símbolos gráficos
- Setas de norte
- Escalas gráficas

Fonte
- Títulos
- Legendas
- Texto

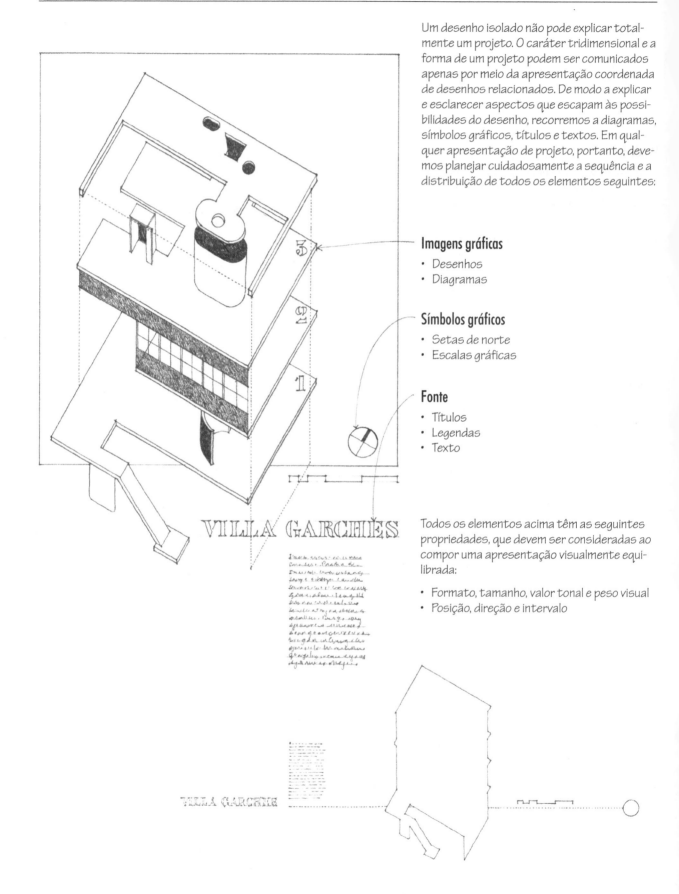

Todos os elementos acima têm as seguintes propriedades, que devem ser consideradas ao compor uma apresentação visualmente equilibrada:

- Formato, tamanho, valor tonal e peso visual
- Posição, direção e intervalo

ELEMENTOS DE APRESENTAÇÃO   205

Geralmente lemos uma apresentação de projeto da esquerda para a direita e de cima para baixo. As apresentações em diapositivos ou em computador, entretanto, envolvem sequências no tempo. Em qualquer caso, a temática apresentada deve progredir em sequência, de uma escala pequena a uma escala grande, das vistas gerais e de contexto para as específicas.

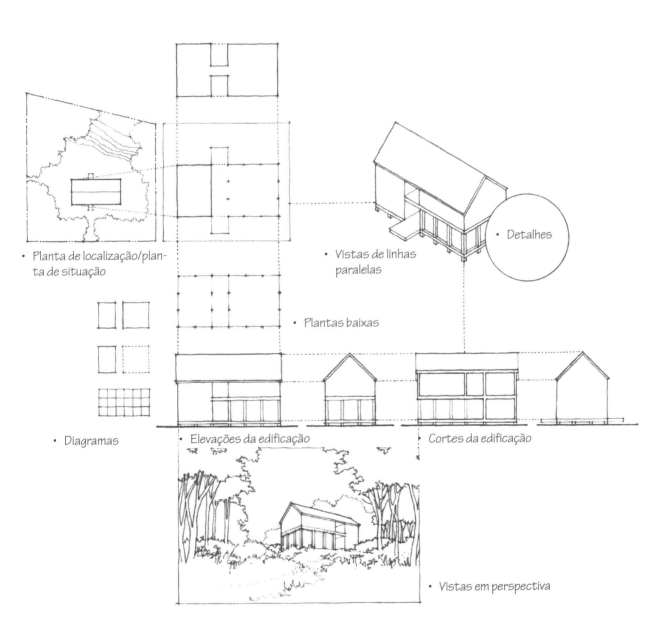

- Planta de localização/planta de situação
- Vistas de linhas paralelas
- Detalhes
- Plantas baixas
- Diagramas
- Elevações da edificação
- Cortes da edificação
- Vistas em perspectiva

206 RELAÇÕES DE DESENHO

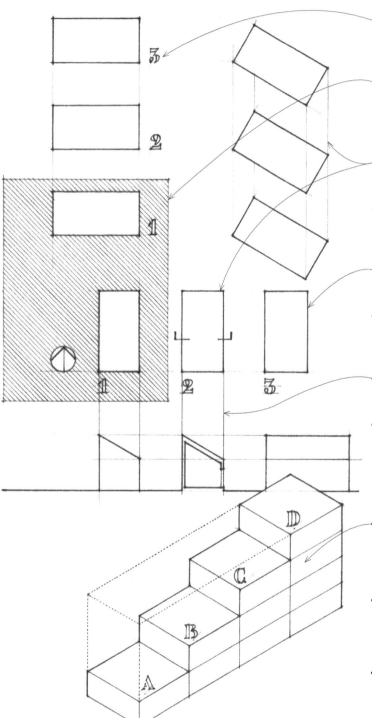

A sequência e o alinhamento dos desenhos devem reforçar suas relações previstas.

- Oriente todas as plantas de maneira similar. Sempre que possível, oriente os desenhos em planta, na folha, com o norte para cima ou para baixo.
- A planta do segundo pavimento ou do pavimento térreo pode estender-se e incluir espaços e características externas, como pátios, obras de paisagismo e jardins.
- Relacione as plantas baixas de edifícios com pavimentos múltiplos, tanto vertical, um sobre o outro, quanto horizontalmente, lado a lado.
- Os arranjos verticais devem começar com os níveis de pavimento mais baixos estando na parte inferior da folha de desenho, subindo para os níveis mais altos.
- Os arranjos horizontais devem começar com os níveis de pavimento mais baixos à esquerda e seguir para os níveis mais altos à direita.
- Sempre que possível, alinhe as plantas baixas por suas dimensões maiores.
- Disponha as elevações dos edifícios, tanto vertical quanto horizontalmente, correlacionando-as, sempre que possível, às plantas baixas.
- De modo semelhante, organize os cortes dos edifícios, tanto vertical quanto horizontalmente, e relacione-os, sempre que possível, às plantas baixas e elevações.
- Desenvolva o leiaute de uma série de vistas de linhas paralelas relacionadas vertical ou horizontalmente. Quando cada desenho se baseia no anterior, trabalhe de baixo para cima ou siga da esquerda para a direita.
- Relacione vistas em perspectiva e de linhas paralelas o mais diretamente possível ao plano do desenho para mostrar de modo mais vantajoso seu contexto ou ponto de vista.
- Inclua pessoas e mobiliário para mostrar a escala e o uso de espaços em todos os desenhos.

FORMANDO CONJUNTOS VISUAIS DE INFORMAÇÕES 207

Frequentemente apresentamos representações gráficas como um conjunto ou grupo de figuras. Exemplos típicos incluem uma série de plantas baixas para um edifício de pavimentos múltiplos ou uma sequência de elevações de uma edificação. O espaçamento e o alinhamento destes desenhos individuais, assim como a semelhança de seu formato e tratamento, são os fatores-chave na leitura desses desenhos como um conjunto de informações relacionadas ou como figuras isoladas.

- Use espaços em branco e alinhamentos para reforçar a organização da informação gráfica e verbal de uma apresentação. Não preencha os espaços em branco, a menos que seja absolutamente necessário.

- Se desejarmos a leitura distinta de dois desenhos, o espaço entre eles deve ser igual ao espaço entre cada desenho e a borda mais próxima do campo.
- Aproximar dois desenhos entre si faz com que sejam lidos como um grupo relacionado.
- Se aproximarmos ainda mais os desenhos, eles parecerão ser mais uma única vista do que duas vistas individuais relacionadas.

- Desenhos relacionados adequadamente, que formam um agrupamento visual, podem definir o limite de um campo para outro desenho ou grupo de imagens.
- As linhas podem servir para separar, assim como para unir, enfatizar ou destacar. Evite usar linhas, entretanto, quando o uso de espaçamento ou alinhamento for suficiente.
- As caixas podem definir um campo dentro de um campo maior ou dentro de limites de uma folha ou de uma prancha. Esteja ciente, contudo, de que usar muitas molduras pode estabelecer relações confusas de figura e fundo.

- Podemos usar tonalidades para definir um campo dentro de um campo maior. Um fundo escuro para uma elevação, por exemplo, pode ser utilizado também para um corte. O fundo de uma perspectiva pode tornar-se o campo para uma vista em planta do edifício.

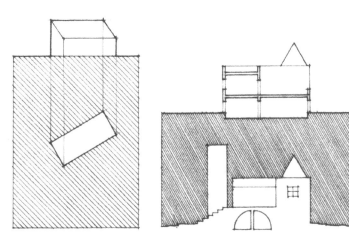

208 SÍMBOLOS GRÁFICOS

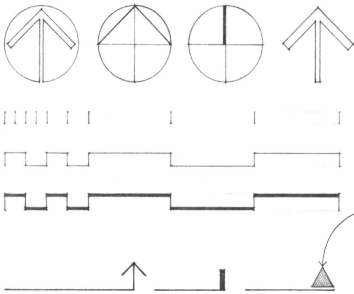

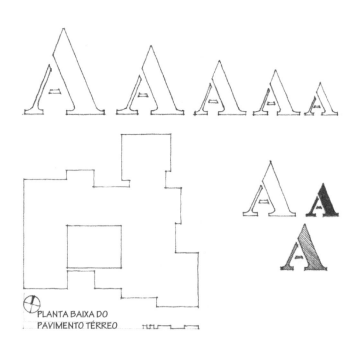

Os símbolos gráficos ajudam o observador a identificar os vários aspectos e as diversas características de um desenho ou uma apresentação.

- Setas de indicação de norte orientam os principais pontos cardeais nas plantas de arquitetura, de modo que o observador seja capaz de entender completamente a orientação do edifício e do terreno.

- As escalas gráficas são linhas graduadas ou barras que representam medidas em proporção. Essas escalas são especialmente úteis porque permanecem proporcionais quando um desenho é aumentado ou reduzido.

- Setas de corte indicam a localização de cortes em plantas.

Os símbolos gráficos baseiam-se em convenções para transmitir informações. Para serem facilmente reconhecíveis e legíveis, mantenha-os simples e claros – sem detalhes irrelevantes e floreios estilísticos. Ao ressaltar a clareza e a legibilidade de uma apresentação, estas ferramentas também se tornam elementos importantes na composição geral do desenho ou da apresentação. O impacto de símbolos gráficos e fontes depende de seu tamanho, peso visual e posicionamento.

Tamanho

O tamanho dos símbolos gráficos deve ser proporcional à escala do desenho e legível a uma distância de visualização previamente definida.

Peso visual

O tamanho e o valor tonal determinam o peso visual dos símbolos gráficos e das legendas. Se símbolos ou tipos gráficos grandes são necessários para melhor legibilidade, mas um tom claro é fundamental para a composição equilibrada, use um estilo de letra ou de símbolo que tenha contorno definido, sem preenchimento interno.

Posicionamento

Posicione os símbolos gráficos o mais perto possível dos desenhos a que se referem. Use predominantemente espaçamentos e alinhamentos, em vez de caixas ou molduras, para compor conjuntos visuais de informações.

FONTES 209

Fontes bem desenhadas e legíveis estão disponíveis em decalques ou *letras-set*, assim como na tipografia digital. Portanto, devemos dedicar tempo à seleção apropriada das fontes e ao uso delas, em lugar de tentar desenhar novos caracteres.

- Este é um exemplo de FONTE COM SERIFA. As serifas melhoram a rapidez de leitura e a legibilidade das formas de letras.

- Este é um exemplo de FONTE SEM SERIFA.

- As FONTES CONDENSADAS podem ser úteis quando o espaço é exíguo.

- Letras em caixa baixa são adequadas se executadas de modo consistente ao longo de uma apresentação.

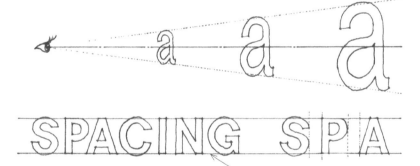

Lorem ipsum é um texto modelo da indústria gráfica e tipográfica. Ele tem sido o padrão de modelo de texto desde o século XVI, quando um tipógrafo desconhecido pegou uma série de tipos e os mesclou para criar um livro de fontes tipográficas.

Esse padrão não somente perdura há mais de cinco séculos como também resistiu à passagem para a tipografia eletrônica, permanecendo praticamente intocado.

Entrelinhas

Espaçamento

- A característica mais importante das fontes é a legibilidade.
- O caráter da fonte que usamos deve ser adequado ao projeto que se está apresentando, sem prejudicar os desenhos.
- Serifas reforçam o reconhecimento e a legibilidade de tipos de letra. Evite misturar fontes com e sem serifa.

- Letras em caixa baixa são adequadas se executadas de modo consistente ao longo de uma apresentação.
- Como as diferenças entre caracteres em caixa baixa são maiores e mais reconhecíveis, as letras em caixa baixa geralmente são mais fáceis de ler do que um texto totalmente constituído por letras maiúsculas.
- Determine a variação de tamanhos de letra com base no julgamento da distância de onde o público visualizará a apresentação. Lembre-se que podemos ler partes diferentes de uma apresentação – descrição geral do projeto, diagramas, detalhes, textos, etc.– de diferentes distâncias.

- Espaçamos as letras a partir da equalização óptica das áreas entre as formas das letras, e não pela medição mecânica da distância entre as extremidades de cada letra.

- Programas de computador de processamento de texto e de diagramação incluem a possibilidade de ajustar a altura e o espaçamento das letras e linhas das fontes, em qualquer corpo de texto.

210 FONTES

ABCDEFGHIJKLMNOPQRSTUVWXYZ & 1234567890
ABCDEFGHIJKLMNOPQRSTUVWXYZ & 1234567890

- O uso de linhas-guia é essencial para controlar a altura e o espaçamento de letras feitas a mão. O tamanho máximo de uma letra feita a mão é meio centímetro. Além deste tamanho, os traços exigem uma espessura maior do que aquela que um traço a caneta ou lápis é capaz de produzir.

- Use um esquadro pequeno para manter o prumo de linhas verticais das letras. O deslocamento visual de uma fonte inclinada pode distrair em um esquema de desenho retilíneo.

PROPORÇÕES GRANDES

PROPORÇÕES NORMAIS

PROPORÇÕES ESTREITAS

- Mantenha proporções semelhantes entre os caracteres de um título ou de uma linha de texto.

- Todos, inevitavelmente, desenvolvem um estilo individual de escrita à mão livre. As características mais importantes de um estilo de letra são a legibilidade e a coerência em estilo e espaçamento.

ABCDEFGHIJKLMNOPQRST
UVWXYZ & 1234567890

FONTES   **211**

As fontes, na apresentação de um projeto, devem ser cuidadosamente integradas na composição de desenhos situados em cada folha ou prancha.

Títulos de desenhos

Organize títulos e símbolos gráficos em conjuntos visuais que identifiquem e expliquem os conteúdos de um desenho específico. Por convenção, sempre posicionamos os textos diretamente abaixo do desenho. Nesta posição, os títulos podem ajudar a estabilizar campos de desenho, especialmente aqueles de formato irregular. Use leiautes simétricos com desenhos e projetos simétricos. Em todos os demais casos, normalmente é mais fácil justificar – alinhar verticalmente – o título de um desenho tanto em relação ao desenho propriamente dito quanto a seu campo.

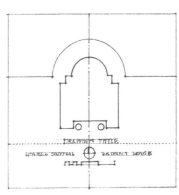

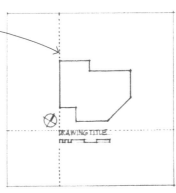

Texto

Organize o texto em conjuntos visuais de informações e relacione estes conjuntos diretamente com a porção do desenho a que se referem. O espaçamento entre as linhas do texto deve ser superior à metade da altura da letra usada, mas não superior à altura da letra. O espaço entre os blocos do texto deve ser igual ou maior do que a altura de duas linhas de texto.

Título do projeto

O título do projeto e qualquer informação associada devem relacionar-se à folha ou à prancha como um todo, não a algum desenho isolado dentro do campo do painel.

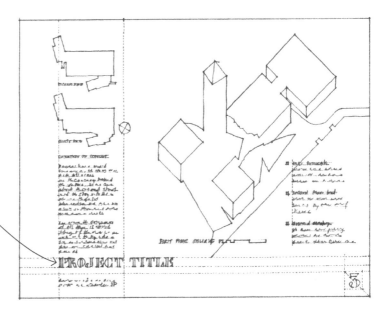

212 FORMATOS DE APRESENTAÇÃO

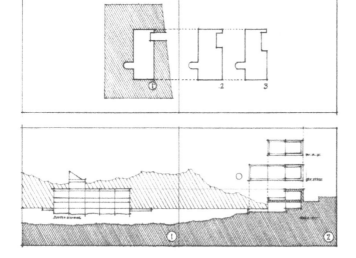

Um conjunto de desenhos relacionados pode ser disposto na posição vertical, na horizontal ou em malha. Ao planejar o leiaute de uma apresentação, primeiramente identificamos as relações essenciais que desejamos estabelecer. Depois, usamos como roteiro uma maquete da sequência da apresentação em pequenos quadros, para explorar combinações alternativas de desenhos, alinhamentos, espaçamentos, para então iniciar os desenhos finais de apresentação.

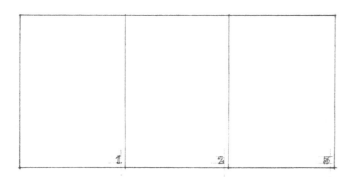

- Lembre-se de explorar as relações potenciais entre folhas ou painéis.
- Mantenha a continuidade horizontal ao longo das folhas com uma linha de solo ou com o alinhamento dos títulos de desenho.

- Não inclua cotas desnecessárias nem empregue bordas ou blocos de títulos; estas são convenções para projetos executivos.

- Quando uma apresentação consistir em mais de uma folha, prancha ou painel, identifique cada prancha de desenho por um número. Esta informação deve constar na mesma posição relativa de cada prancha.

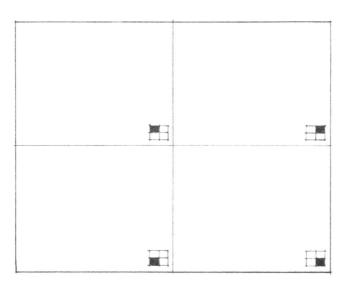

- Se os painéis de uma apresentação forem expostos de maneira específica, podemos usar um número maior de meios gráficos para identificar a posição relativa de cada painel na exposição.

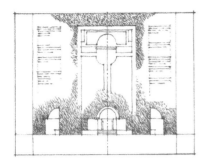 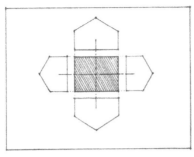

- Um leiaute simétrico funciona melhor para a apresentação de projetos simétricos.

- Composições centralizadas são adequadas para apresentar plantas circundadas por elevações, vistas de linhas paralelas expandidas ou desenhos-chave circundados por detalhes representados em escala maior.

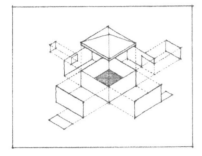 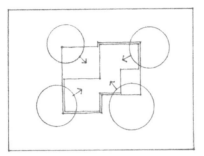

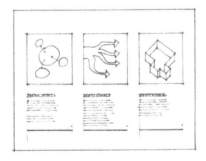 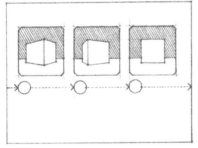

- Se uma série de desenhos relacionados é tratada de maneira diferente ou eles são de diferentes tipos, podemos unificá-los, colocando-os em caixas ou emoldurando-os de modo uniforme.
- Podemos expor desenhos horizontalmente, com texto abaixo de cada um, para construir colunas relacionadas.

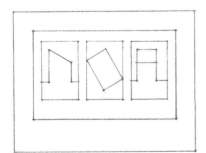 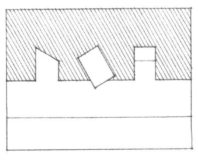

- Evite o uso de molduras duplas ou triplas ao redor do desenho. Isso pode gerar a impressão de uma figura sobre um fundo que já possui seu próprio fundo. A atenção, que deve ser dada à figura, seria desviada para a moldura que a envolve.

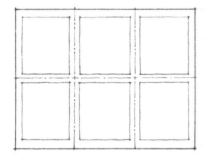 

- Uma malha fornece maior flexibilidade na distribuição de uma série de desenhos e textos informativos, em um painel ou uma série de pranchas. O sentido de ordem criado pela malha permite que grande variedade de informações seja apresentada de maneira uniforme.

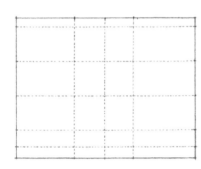 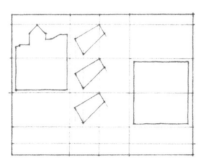

- A malha pode ser quadrada ou retangular, uniforme ou irregular.
- Podemos expor desenhos, diagramas e textos em molduras ou caixas individuais.
- Um desenho importante pode ocupar mais de uma caixa ou moldura.

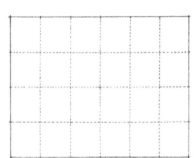 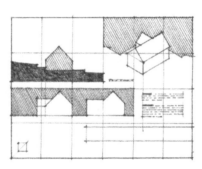

- Representações gráficas e textos podem ser integrados de maneira orgânica.

Formatação digital

Programas de computador de desenho e diagramação nos oferecem a possibilidade de experimentar diferentes meios de distribuir os elementos de uma apresentação. Contudo, como o que vemos em um monitor de computador talvez não corresponda necessariamente ao resultado de uma impressora ou um plotador, um teste de leiaute deve ser sempre impresso para garantir que os resultados sejam satisfatórios.

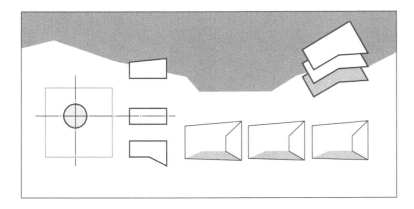

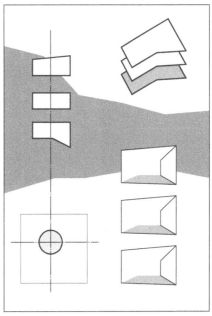

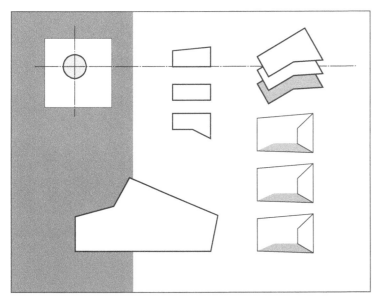

216   FORMATOS DE APRESENTAÇÃO

Apresentações criadas por computador

A tecnologia computacional introduziu elementos de tempo e movimento em apresentações de arquitetura. Programas de apresentação nos permitem planejar e fazer apresentações de dispositivos de imagens gráficas estáticas e animações. Enquanto a exposição de desenhos nas paredes de uma sala nos permite sequencias de leitura aleatórias, a exibição de uma apresentação criada por computador é sequencial e controlada pelo apresentador.

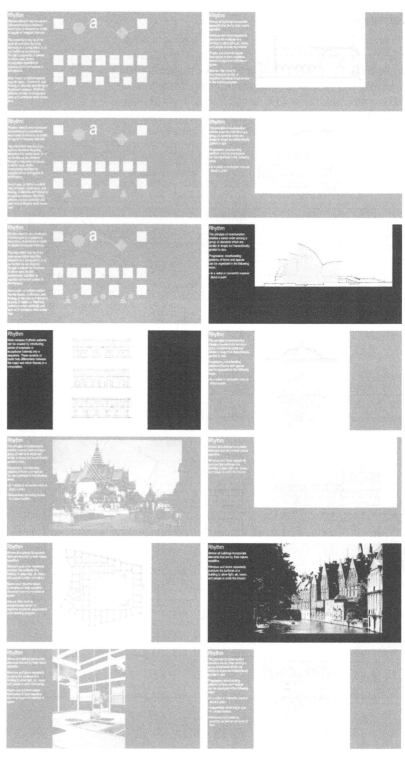

10
Desenho à Mão Livre

Apesar dos avanços acelerados e constantes da tecnologia de representação gráfica por computador, desenhar à mão livre segurando um lápis ou uma caneta ainda é o meio mais intuitivo para registrar graficamente observações, ideias e experiências. A natureza tátil e cinestésica do desenho à mão livre, como resposta direta aos sentidos, aguça nossa percepção no presente e nos permite coletar memórias visuais do passado. O desenho à mão livre também nos dá o poder de iniciar e trabalhar livremente em ideias de um possível futuro que temos em mente. Durante o processo de criação do desenho em si, o desenho à mão livre de diagramas nos permite explorar ainda mais essas ideias e desenvolvê-las em conceitos que possam ser trabalhados.

218 DESENHO A PARTIR DA OBSERVAÇÃO

O desenho a partir da observação aguça nossa consciência do contexto, melhora nossa capacidade de reter, ver e entender os elementos da arquitetura e suas relações e aprimora nossa habilidade de construir e reter memórias visuais. É por meio do desenho que conseguimos perceber nosso ambiente de maneira inovadora e apreciar a singularidade de um lugar.

Desenhamos com base na observação para notar, entender e lembrar.

Notar

Muitas vezes caminhamos, andamos de bicicleta e dirigimos pelos lugares sem efetivamente observá-los. Desenhar a partir da observação, *in loco*, nos torna mais cientes dos espaços em que vivemos, trabalhamos e descansamos — da paisagem arquitetônica, ou seja, dos espaços urbanos criados pela arquitetura e da vida que esses locais promovem e sustentam.

DESENHO A PARTIR DA OBSERVAÇÃO 219

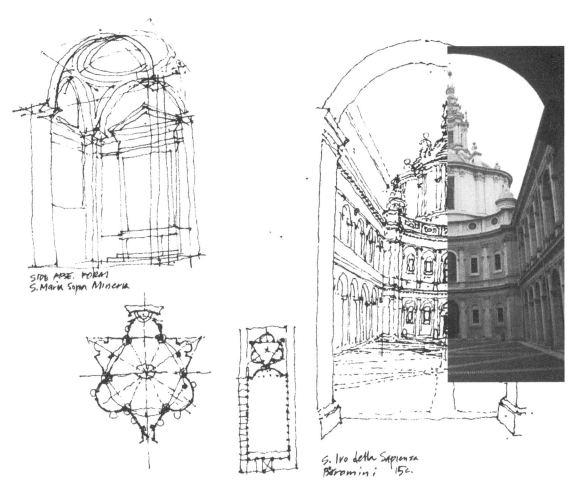

Entender

O desenho a partir da observação favorece o olhar não somente dos detalhes que chamam nossa atenção, mas também de como eles se inserem em um sistema maior de estrutura, padrões e formatos. Além da interpretação das imagens óticas percebidas pelo nosso sistema visual, o processo de desenho também envolve o pensamento visual, que pode estimular a imaginação e nos ajudar a considerar os padrões bidimensionais e as relações tridimensionais que compõem o ambiente construído.

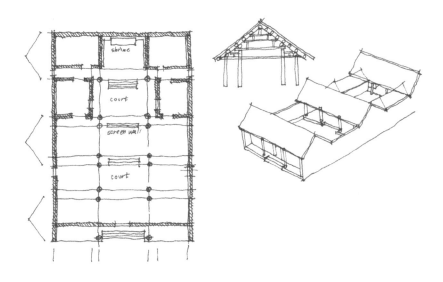

220   DESENHO A PARTIR DA OBSERVAÇÃO

Lembrar

O ato de desenhar não apenas estimula nosso olhar: esse processo também cria um registro gráfico dos lugares e eventos que vimos e experimentamos. Relembrar os desenhos resultantes em um momento posterior pode nos ajudar a resgatar memórias, trazendo-as para o presente, permitindo que sejam saboreadas mais uma vez.

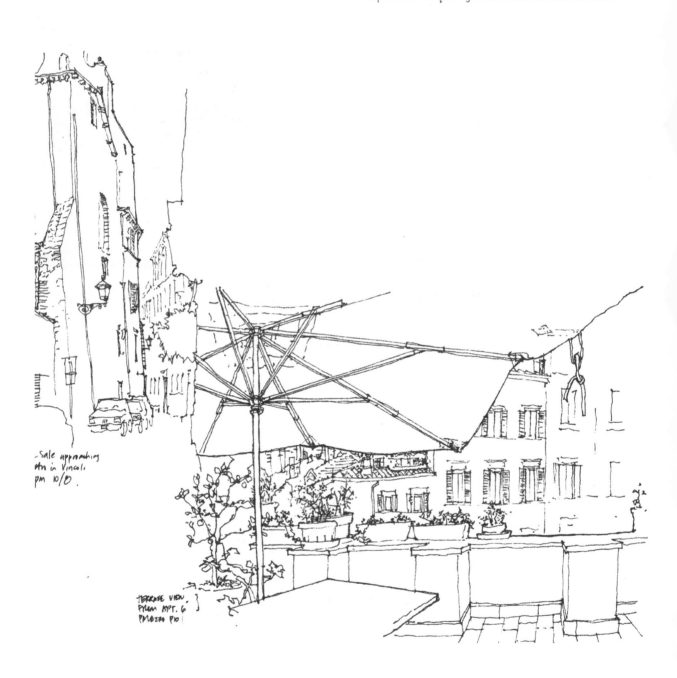

DESENHO A PARTIR DA OBSERVAÇÃO   221

O desenho a partir da observação exige equipamentos simples: uma caneta, um lápis ou uma lapiseira e um bloco de papel ou caderno que seja adequado a técnicas secas e molhadas.

Talvez você deseje experimentar a sensação e as possibilidades de outros instrumentos de desenho, como lápis e marcadores de carvão. Tente definir os limites da expressão que cada um é capaz de alcançar e como suas características afetam a natureza de um desenho. Por exemplo, você provavelmente observará que uma caneta ou um lápis de ponta fina fará com que você foque os mínimos detalhes. Como tais instrumentos requerem inúmeras linhas finas para cobrir uma determinada área, muitos desenhos a traço resultam menores do que o previsto ou, se grandes no tamanho, fracos em intensidade. Por outro lado, esboçar com um lápis ou marcador de ponta grossa tende a uma visão mais abrangente e à omissão de detalhes.

Croquis à mão livre podem consistir apenas em linhas ou ser uma combinação de linhas e tons. A linha, entretanto, permanece como o elemento de desenho individual mais importante, capaz de uma ampla variedade de expressões. Ela pode definir a forma e as proporções e até mesmo sugerir uma sensação de profundidade e espaço. Uma linha pode representar materiais duros e macios; ela pode ser leve ou pesada, curva ou reta, marcante ou insegura.

222 TEMAS DE DESENHO

O desenho a partir da observação é mais significativo e gratificante quando desenhamos algo que nos interessa. Mesmo que o tema não seja uma escolha sua, considere quais aspectos e qualidades chamam sua atenção.

Os temas possíveis para o desenho a partir da observação podem variar em escala, indo dos detalhes de uma edificação a paisagens completas.

Detalhes e fragmentos

Espaços internos

TEMAS DE DESENHO **223**

Edificações como objetos

224 TEMAS DE DESENHO

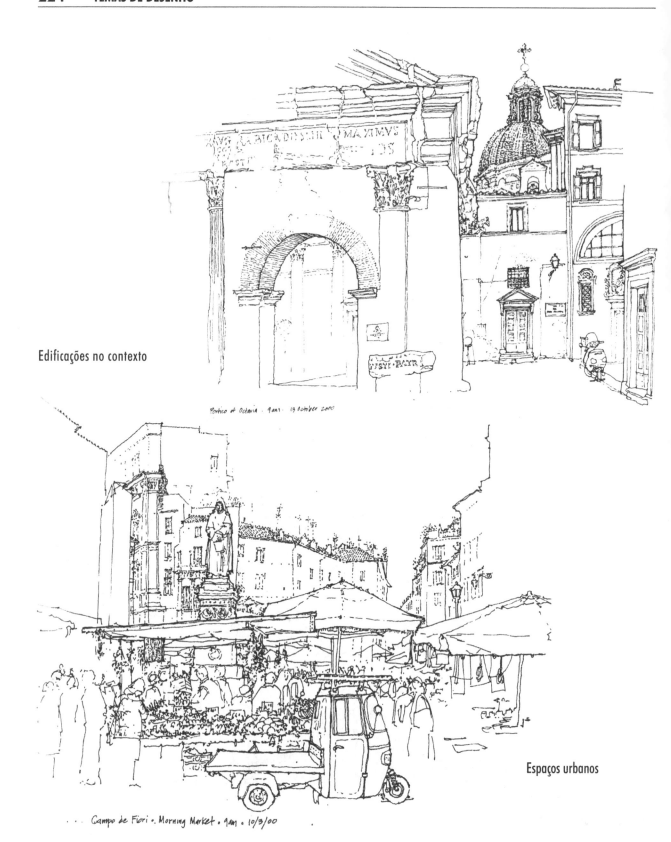

Edificações no contexto

Espaços urbanos

TEMAS DE DESENHO 225

A vida na cidade

Outras explorações que valem a pena incluem os estudos de proporção, escala, iluminação e cor, a maneira como os materiais se conectam nos sistemas construtivos e outras características sensoriais que contribuem para a ambiência de um lugar.

226 COMPOSIÇÃO DE UM DESENHO

Quando nosso sistema visual percebe uma cena, normalmente focamos aquilo que nos interessa. Uma vez que nossa percepção é seletiva, também devemos escolher o que desenhamos. A maneira pela qual enquadramos uma vista e a compomos e o que enfatizamos com nossa técnica de desenho dirá aos outros o que chamou nossa atenção e em quais características visuais focamos. Dessa maneira, nossos desenhos naturalmente comunicarão nossas percepções de modo econômico.

A composição de uma cena em perspectiva implica nos posicionarmos em um ponto de vista favorável e decidir como enquadrar o que vemos.

Compondo uma vista

Preste atenção às proporções da cena selecionada. Algumas cenas podem ser mais adequadas a uma orientação vertical (do tipo "retrato"), enquanto outras serão naturalmente mais horizontais, pedindo uma orientação do tipo "paisagem". Outras cenas terão proporções que dependerão daquilo que decidirmos enfatizar na imagem.

Composição vertical ("retrato")

COMPOSIÇÃO DE UM DESENHO 227

Composição horizontal ("paisagem")

Ao representar um aspecto específico do objeto ou cena, um ponto de vista mais próximo pode ser necessário para que o tamanho do desenho possa receber os valores tonais, a textura e a iluminação adequados.

228 COMPOSIÇÃO DE UM DESENHO

Para transmitir a sensação de que o observador encontra-se dentro de um espaço em vez de apenas estar olhando-o de fora, devemos estabelecer três regiões pictóricas: um primeiro plano, um segundo plano e um fundo. Essas três regiões não devem ter a mesma ênfase: uma delas deve ser dominante para reforçar o espaço pictórico do desenho.

COMPOSIÇÃO DE UM DESENHO 229

Posicionarmo-nos próximos a um elemento do primeiro plano, como uma mesa, uma coluna ou o tronco de uma árvore, pode ajudar a estabelecer a relação entre o observador e aquilo que está sendo visto.

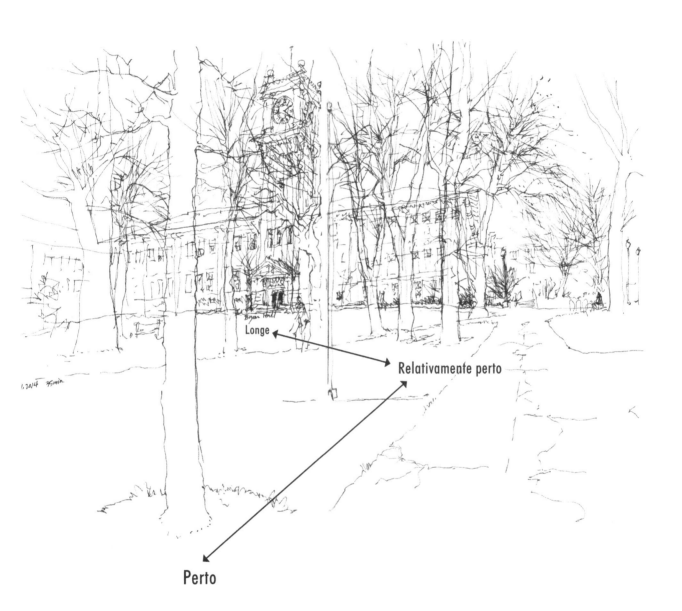

230 COMPOSIÇÃO DE UM DESENHO

Inserindo a composição

Uma vez que tivermos composto mentalmente a vista que desejamos representar, alguns passos devem ser seguidos para garantir que a imagem desejada se insira bem na página.

Visualizando as extensões

Antes que o lápis ou a caneta toquem o papel, devemos visualizar as extensões horizontal e vertical da vista.

- Quais devem ser os limites horizontais da cena desenhada?
- Quais são seus limites verticais?
- Tome o cuidado de não desconsiderar a quantidade de informações do primeiro plano que vemos na vista selecionada. Muitas vezes, especialmente quando trabalhamos de cima para baixo, pode faltar espaço para o primeiro plano que nos insere dentro da cena.

Vista geral

COMPOSIÇÃO DE UM DESENHO   231

Regra dos terços

Algumas composições tendem a ser simétricas por sua própria natureza, como é o caso das cenas de rua e das naves de igreja. A maioria das cenas, contudo, é assimétrica e tem um ponto focal de interesse que está deslocado. Para posicionar essas vistas, podemos nos basear na regra dos terços.

- Essa técnica para a composição de fotografias e outras imagens consiste na divisão da página em terços iguais por meio do traçado de duas linhas horizontais e de duas verticais.
- O objetivo é criar uma composição mais dinâmica, com energia e tensão visual, ao posicionarmos os focos de interesse nos quatro pontos de interseção das retas verticais com as horizontais.

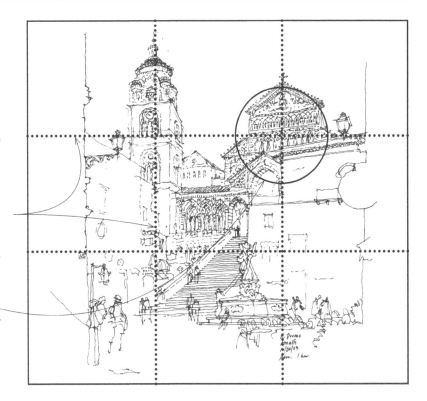

Dimensionamento de um desenho dentro da prancha

A primeira linha ou formato que desenhamos em uma página se torna a referência para todas as linhas ou os formatos subsequentes. Assim, o posicionamento e dimensionamento apropriados desse elemento pode ajudar a garantir que a composição inteira caberá na folha.

- O posicionamento e o dimensionamento da primeira linha ou formato são passos importantes no processo de desenho.
- Desenhar a primeira linha ou formato grande demais ou muito próximo de uma das bordas da página pode nos obrigar a cortar a composição em um local inadequado ou ter de alterar as proporções do espaço para que este caiba na folha.

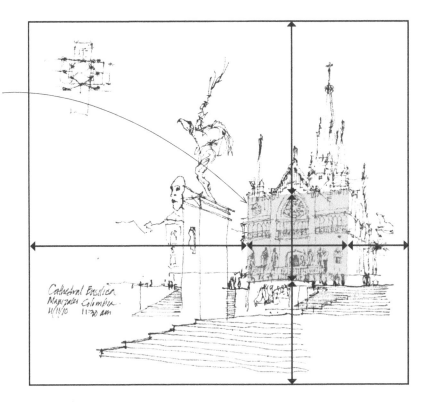

DESENHO DE CONTORNOS

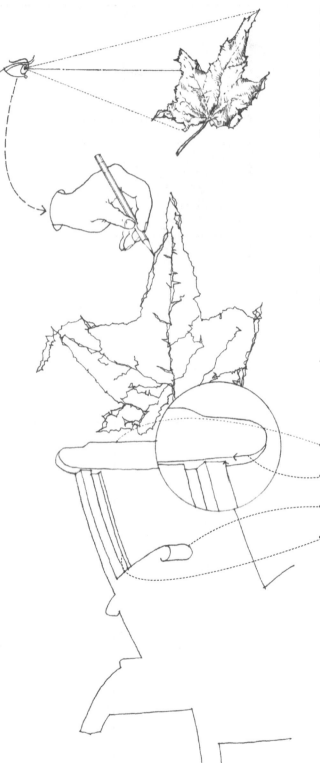

O desenho de contornos é uma abordagem para desenhar a partir da observação. Seu objetivo principal é desenvolver a precisão e a sensibilidade visual para as características de superfícies e formas. O processo do desenho de contornos dispensa a abstração simbólica que normalmente usamos para representar as coisas. Em vez disso, força-nos a prestar muita atenção, a olhar com cuidado e a experimentar um objeto tanto com a visão quanto com o tato.

- O desenho de contornos é mais bem executado com lápis de grafite macio e bem apontado ou com uma caneta de ponta fina que seja capaz de produzir linhas bem marcadas. Isso gera a sensação de precisão correspondente à exatidão pictórica que o desenho de contornos exige.

- Imagine que o lápis ou a caneta está em contato real com o objeto, conforme se desenha.
- Conforme seu olho traça com cuidado os contornos do objeto, a mão movimenta o instrumento de desenho no mesmo ritmo devagar e deliberado e responde a cada denteação e ondulação da forma.
- Evite a tentação de deslocar a mão mais rápido do que os olhos podem ver; examine a forma de cada contorno que se vê no objeto sem considerar ou se preocupar com sua identidade.

- Os contornos mais nítidos circunscrevem um objeto e definem o limite entre uma figura e seu fundo.
- Alguns contornos se deslocam para dentro nas curvas ou interrupções de um plano.
- Outros são formados por partes que se sobrepõem ou se projetam.
- Já outros contornos descrevem as formas de espaços e sombras dentro da forma.

Estamos condicionados a ver as formas das coisas em vez das formas dos espaços entre elas. Embora normalmente percebamos os vazios no espaço como sem massa, eles têm as mesmas arestas dos objetos que separam ou envolvem. As formas positivas de figuras e os espaços amorfos de fundos compartilham os mesmos limites e combinam-se para formar um todo inseparável – uma unidade de opostos.

Além disso, em desenho, formas negativas compartilham as linhas de contorno que definem as arestas das formas positivas. O formato e a composição de um desenho consiste em formas positivas e negativas que se encaixam como peças interconectadas de um quebra-cabeças. Tanto na observação como no desenho devemos levar as formas de espaços negativos ao mesmo nível de importância das formas positivas de figuras e vê-las como parceiras iguais da relação. Como formas negativas nem sempre têm as características facilmente reconhecíveis das formas positivas, elas podem ser vistas apenas com algum esforço.

- Devemos observar com atenção a natureza interconectada das formas negativas e positivas.
- À medida que desenhamos as arestas das formas positivas, devemos também estar cientes das formas negativas que estamos criando.
- O foco nas formas desses espaços negativos evita que pensemos conscientemente sobre o quê as formas positivas representam, e nos deixa livres para desenhá-las apenas como figuras bidimensionais.

234 DESENHO ANALÍTICO

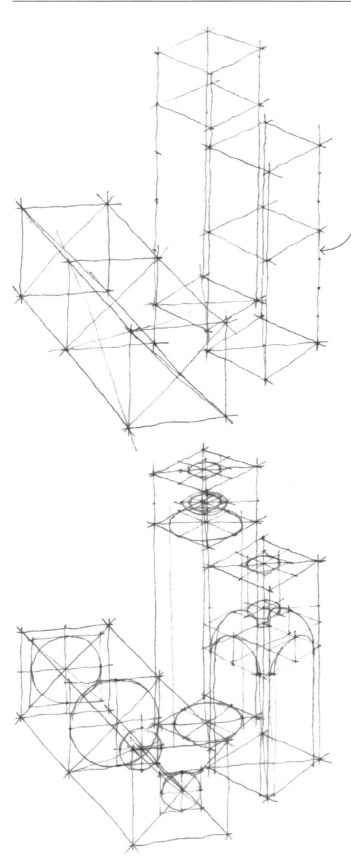

Em desenhos analíticos, tentamos fundir duas abordagens: descrever a configuração externa das superfícies de um objeto e explicar a natureza de sua estrutura interna e o modo como essas partes se dispõem e conectam no espaço. Ao contrário do desenho de contornos, o qual se inicia por partes, o desenho analítico inicia-se do todo para as partes subordinadas e, por fim, para os detalhes. Partes subordinadas e detalhes da estrutura da forma geral evitam uma abordagem fragmentada que pode resultar em relações equivocadas nas proporções e na falta de unidade.

- Comece um desenho analítico com linhas leves e desenhadas de maneira livre. Trace essas linhas de uma maneira exploratória, para esboçar e estabelecer a volumetria transparente de uma forma ou composição.
- Essas linhas exploratórias são de natureza diagramática, servindo para estabelecer e explicar a geometria organizadora e a estrutura do tema.
- Esses traços iniciais também são chamados de linhas reguladoras, pois podem ser usados para posicionar pontos, medir tamanhos e distâncias, encontrar centros, expressar relações perpendiculares e tangenciais, e estabelecer alinhamentos e deslocamentos.
- As linhas reguladoras representam os julgamentos visuais que serão confirmados ou ajustados. Não apague nenhuma linha traçada no esboço. Se necessário, reforce uma linha corrigindo formas básicas e verificando as proporções relativas entre as partes.
- Sempre busque aperfeiçoar a última linha traçada.

DESENHO ANALÍTICO   **235**

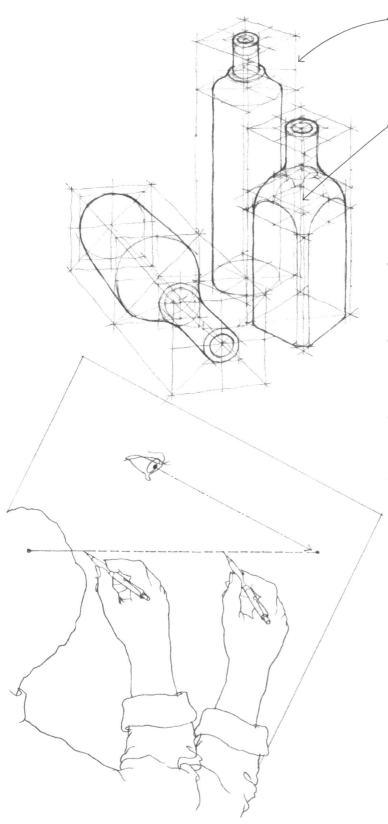

- Em virtude da sua natureza construtiva, linhas reguladoras não são limitadas pelas arestas físicas dos objetos. Elas podem cortar formas e se estender por espaços à medida que conectam, organizam e dão escala às várias partes de um objeto ou de uma composição.
- O desenho de partes ocultas e visíveis do objeto torna mais fácil estimar ângulos, controlar proporções e ver a aparência óptica das formas. A transparência resultante também transmite uma sensação adequada do volume ocupado pela forma. Trabalhar desta maneira evita a aparência bidimensional que pode resultar da concentração excessiva na superfície e não no volume.
- Por meio de um processo constante de eliminação e intensificação, construa gradualmente a densidade e o peso das linhas finais dos objetos, especialmente em pontos cruciais de interseção, conexão e transição.
- Manter todas as linhas visíveis até a arte-final intensifica a profundidade da imagem e mostra um processo construtivo pelo qual o desenho foi gerado e desenvolvido.
- A analogia mais próxima ao desenho analítico é a wireframe produzida por programas de modelagem tridimensional e CAD.
- Antes de realmente traçar uma linha, pratique o movimento da mão regido pela imagem mental, marcando o início e o fim da linha imaginada por meio de pontos. Evite rabiscar as linhas com traços curtos e inseguros. Em vez disso, trace linhas de modo mais suave e o mais contínuo possível.
- Para fazer traços curtos ou ao aplicar uma pressão razoável, gire o pulso ou deixe que os dedos se movimentem conforme for necessário.
- Para traços longos, gire todo o antebraço e a mão em relação ao cotovelo, com movimentos mínimos do pulso e dos dedos. Apenas quando chegar no fim do traço deve-se mover o pulso e os dedos a fim de controlar o término da linha.

236 DESENHO ANALÍTICO

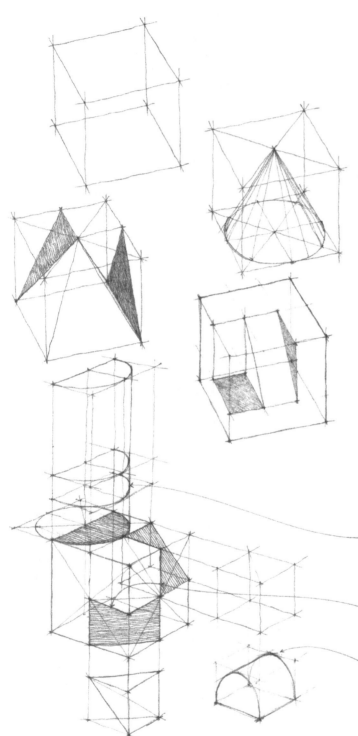

No processo de desenho analítico, construímos por meio da geometria. Se conseguirmos decompor o objeto que vemos em volumes geométricos regulares ou em um arranjo geométrico de partes, poderemos desenhá-lo com mais facilidade. Podemos reorganizar as formas de maneira aditiva ou transformá-las de maneira subtrativa. A estrutura resultante pode servir como estrutura para o desenvolvimento e o aperfeiçoamento das formas e dos espaços intermediários.

- O cubo é uma unidade tridimensional conveniente para se iniciar.
- A partir do cubo, podemos usar princípios geométricos para a derivação de outros volumes geométricos básicos, como a pirâmide, o cilindro e o cone. O domínio do desenho dessas formas simples é um pré-requisito para a geração de uma gama de composições derivadas.
- Podemos estender o cubo horizontalmente e verticalmente, bem como na profundidade de um desenho. Vários volumes e formas cúbicas derivadas podem ser conectadas, estendidas ou desenvolvidas como composições em grupos, simétricas, lineares e centralizadas.
- Ao trabalhar com a forma do cubo, podemos escolher porções para remover ou escavar a fim de gerar uma nova forma. Nesse processo subtrativo, usamos as relações entre cheios e vazios e entre formas e espaços para nos orientar à medida que desenhamos a proporção e o desenvolvimento das partes.

No desenho de formas complexas, tenha em mente as questões a seguir:

- Use linhas transversais de contorno para desenvolver a forma de figuras complexas. Essas fatias imaginárias reforçam o efeito tridimensional do desenho e evidenciam o volume do objeto.
- Preste muita atenção a formas sobrepostas e espaços negativos da composição.
- Diferencie formas sobrepostas por meio de linhas reforçadas.
- Use linhas-guia para indicar as superfícies de transição das formas curvas.
- Não deixe os detalhes se tornarem mais importantes do que a forma geral.

CONSTRUÇÃO DE UM DESENHO   237

Todo desenho evolui com o tempo. Saber por onde começar, como proceder e quando parar é crucial para o processo de desenho. A construção de um desenho de maneira sistemática é um conceito importante. Devemos avançar por meio de etapas progressivas e construir um desenho a partir do solo. Cada iteração ou ciclo sucessivo do processo de desenho deve, em primeiro lugar, determinar as relações entre as partes principais, para então estabelecer as relações dentro de cada parte, e, por fim, reajustar novamente as relações entre as partes principais.

O acabamento exaustivo de uma parte do desenho antes de ir para a próxima pode resultar em distorção das relações entre cada parte e o resto da composição. É importante manter um nível coerente de detalhamento ao longo de toda a superfície de desenho para preservar uma imagem unificada, equilibrada e focada.

O procedimento a seguir descreve um modo de ver e de desenhar. Ele envolve a construção de um desenho por meio das seguintes etapas:

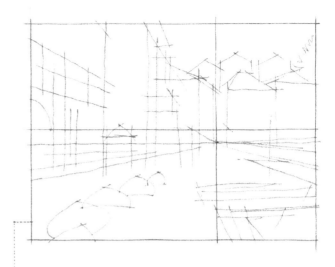

- A composição da vista e o estabelecimento da estrutura

- A distribuição de valores tonais e texturas

- A adição de detalhes significativos

Estabelecimento da estrutura

Sem uma estrutura coesiva para manter a unidade, a composição de um desenho entra em colapso. Uma vez estabelecida a composição de uma vista, usamos o processo de desenho analítico para definir sua estrutura.

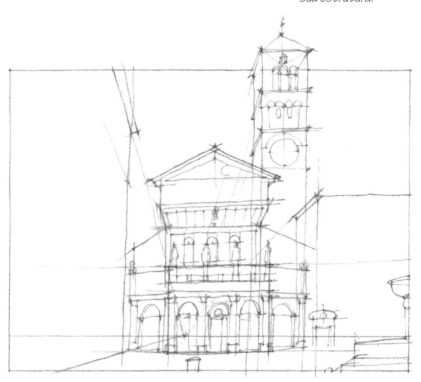

Ao desenhar um contexto – um espaço externo ou um cômodo interno – devemos ver a cena de uma posição fixa no espaço. A edificação deve, portanto, ser regida pelos princípios da perspectiva cônica. Aqui o mais importante são os efeitos pictóricos da perspectiva cônica – a convergência de linhas paralelas e a diminuição do tamanho dos objetos conforme sua profundidade. Nossa mente interpreta o que vemos e apresenta uma realidade objetiva baseada no que sabemos de um objeto. Ao desenhar uma vista em perspectiva, tentamos ilustrar uma realidade óptica. Essas duas frequentemente destoam e a mente geralmente prevalece.

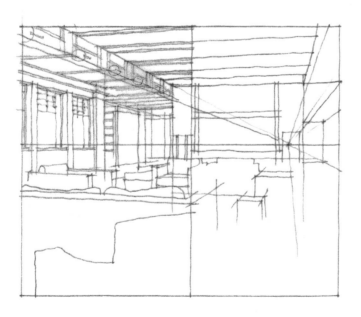

CONSTRUÇÃO DE UM DESENHO

- Começamos desenhando uma aresta vertical ou um plano vertical importante para a composição do desenho. Essa quina pode ser um elemento vertical no segundo plano ou no primeiro, como um poste de luz ou a aresta de um prédio ou espaço urbano.

- Esse plano talvez seja a parede de um cômodo, a fachada de uma edificação ou um plano sugerido definido por dois elementos verticais, como as quinas de duas edificações.

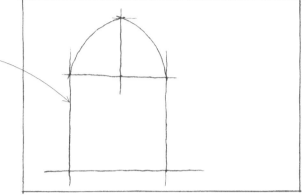

- Precisamos estabelecer o nível do observador em relação ao plano vertical escolhido.
- Focamos em um ponto específico e traçamos uma linha horizontal, ou a linha do horizonte, que passa por esse ponto.

- Observe que os elementos verticais posicionados acima do nível do nosso olho descem em direção ao horizonte, enquanto os elementos horizontais que estão abaixo sobem.

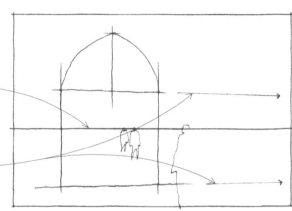

- Podemos incluir calungas no primeiro plano, segundo plano e fundo, para estabelecer uma escala vertical.

- Se os pontos de fuga para um conjunto de retas horizontais estiverem fora da folha do desenho, podemos desenhar arestas verticais anteriores e posteriores de uma fachada em perspectiva e estimar qual proporção da principal aresta vertical se encontra acima da linha do horizonte e qual se encontra abaixo dela. Podemos então reproduzir as mesmas proporções para a aresta vertical posterior.

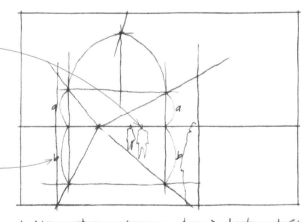

- Usamos os pontos estabelecidos para orientar o desenho de retas inclinadas em perspectiva. Essas linhas em perspectiva ao longo da linha do horizonte servem como orientação visual para qualquer outra linha que convirja para o mesmo ponto.

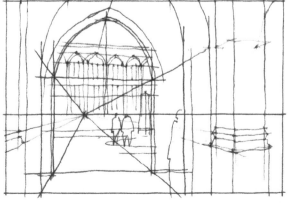

240 CONSTRUÇÃO DE UM DESENHO

Para nos ajudar a avaliar os comprimentos relativos das linhas e seus ângulos entre si, podemos usar o corpo do lápis ou da caneta com o qual estamos desenhando.

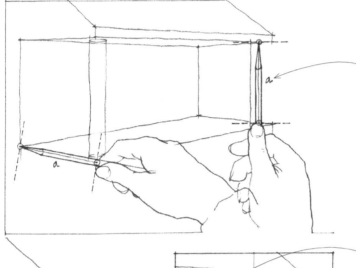

- Segure a caneta ou o lápis com o braço esticado, em um plano paralelo aos olhos e perpendicular à linha de visão.
- Para fazer uma medida linear, alinhe a ponta da caneta, da lapiseira ou do lápis a uma das extremidades de uma linha observada e use o dedo polegar para marcar a outra extremidade. Depois desloque a caneta até a outra linha e usa a medida inicial para medir o comprimento da segunda linha.

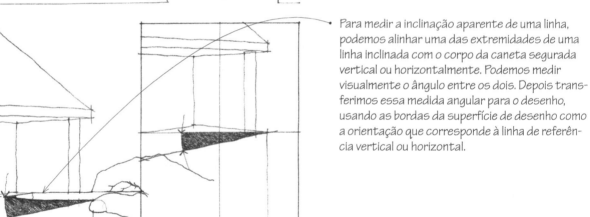

- Para medir a inclinação aparente de uma linha, podemos alinhar uma das extremidades de uma linha inclinada com o corpo da caneta segurada vertical ou horizontalmente. Podemos medir visualmente o ângulo entre os dois. Depois transferimos essa medida angular para o desenho, usando as bordas da superfície de desenho como a orientação que corresponde à linha de referência vertical ou horizontal.

- Podemos usar as mesmas linhas de referência para ver quais pontos da imagem se alinham vertical ou horizontalmente com outros pontos. Conferir alinhamentos dessa maneira controla de modo eficaz as proporções e as relações das formas positivas e negativas.

Distribuição de valores tonais

Para compor e estabelecer a estrutura de um desenho, criamos uma estrutura de linhas. Adicionamos diferentes tons a essas linhas básicas para representar áreas claras e escuras da cena, definir planos no espaço, modelar sua forma, descrever cores e texturas de superfícies e criar a ideia de profundidade espacial.

- Comece criando as grandes áreas de valor tonal menor.
- A seguir, aumente o tom de algumas partes dessas áreas, aplicando uma nova camada de linhas. Trabalhar dessa maneira ajuda a conferir unidade a um desenho, em vez de fragmentá-lo.
- As superfícies com sombras próprias ou projetadas devem ser representadas por meio de tons variáveis. Elas não são opacas nem homogêneas em valor tonal.

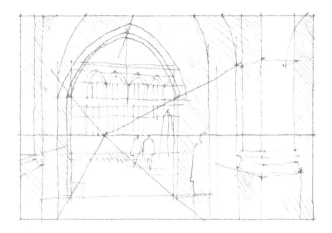

- Os limites das sombras projetadas são bem marcados sob luz forte, mas suaves sob luz difusa. Em ambos os casos, podemos definir as extremidades das sombras com um contraste – jamais com uma linha traçada.

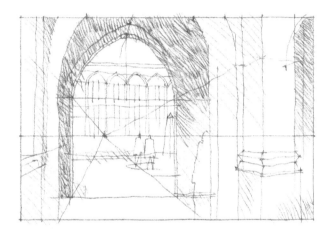

- Se uma área permanecer clara demais, sempre poderemos escurecê-la. Contudo, se ela ficar escura demais e borrada, será difícil corrigi-la. O frescor e a vitalidade de um desenho são frágeis e facilmente se perdem.

Adição de detalhes

A última etapa para a construção de um desenho é a adição dos detalhes que nos ajudam a identificar os diferentes elementos de um objeto ou de uma cena. É por meio desses detalhes que percebemos e comunicamos as características inerentes de um tema ou a singularidade de um lugar. As partes e os detalhes menores de um desenho devem combinar de tal modo que ajudem a explicar o todo.

- Os detalhes devem ser distribuídos dentro de um padrão estruturado para fazer sentido. Essa estrutura oferece um parâmetro para que uma área ou um elemento específico possa ser trabalhado com mais detalhes e de maneira elaborada.
- Ao mesmo tempo, um desenho necessita de contraste em áreas com pouco ou nenhum detalhe. Por meio desse contraste, as áreas com detalhes naturalmente receberão mais ênfase.
- Lembre-se de ser seletivo. Nunca conseguimos inserir todos os detalhes em um desenho. São necessários alguns descartes quando tentamos comunicar características específicas de forma e espaço, e isso muitas vezes implica em tolerar um grau de incompletude.
- A própria incompletude de uma imagem desenhada envolve e convida o observador a completá-la. Mesmo que nossa percepção da realidade óptica geralmente seja incompleta, sendo editada pelo conhecimento, trazemos ao ato da visão as nossas necessidades e preocupações momentâneas.

ESBOÇOS DE VIAGEM   243

Um dos principais benefícios de fazer esboços quando viajamos para locais próximos ou distantes é que o ato de desenhar envolve os olhos, a mente e o coração na experiência de viajar, focando nossa atenção no presente e criando memórias visuais vívidas que poderão ser resgatadas no futuro.

Elementos da página

Um diário de viagem pode conter mais do que apenas desenhos. Uma vez que é um registro de experiências pessoais, um diário de viagem pode consistir dos elementos a seguir.

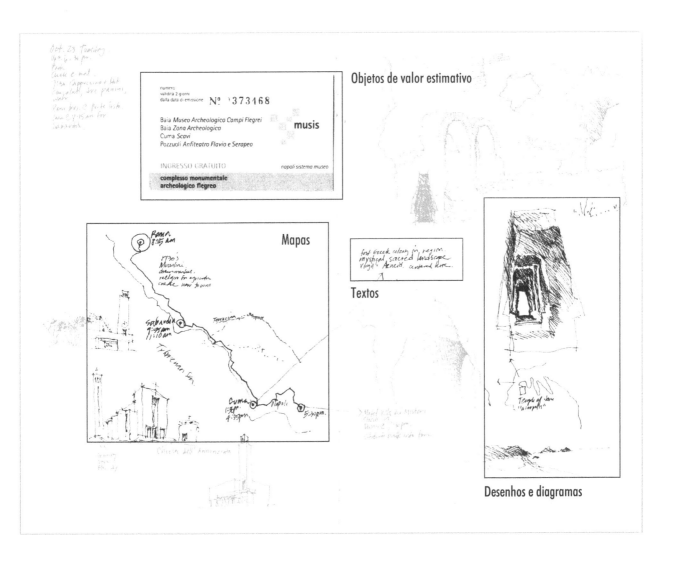

244 ESBOÇOS DE VIAGEM

Registrando o momento

Quando viajamos, o tempo de que dispomos para parar e desenhar costuma ser bastante limitado. Consequentemente, precisamos praticar como desenhar com rapidez. Uma boa estratégia é primeiro estabelecer a estrutura da composição geral e, depois, dependendo do tempo disponível, acrescentar os detalhes que forem possíveis para melhorar o foco e capturar o espírito do lugar.

Equilibrando os aspectos pitorescos e analíticos

Quando desenhamos a imagem ótica, a perspectiva diretamente à nossa frente sempre é a mais tentadora. No entanto, pode ser igualmente satisfatório desenhar um detalhe simples que chame nossa atenção ou fazer um diagrama analítico que tente explicar as proporções de um espaço agradável ou o padrão de cheios e vazios de um belo contexto urbano.

Pratique o desenho a fim de entender as relações bidimensionais em planta baixa e corte, bem como as características volumétricas (tridimensionais) da obra de arquitetura que você observa.

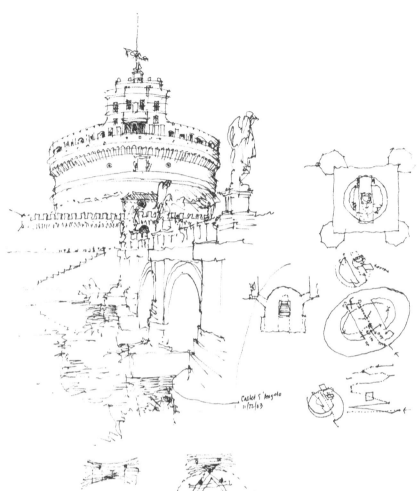

Relembrando memórias

Uma vez registrados em um bloco de desenho, os esboços feitos em uma viagem nos ajudam a lembrar onde estivemos e o que vimos e sentimos. Folhear as páginas de um diário pode nos trazer memórias de vistas, sons e mesmo odores de certos lugares. Essas lembranças podem nos ajudar a recordar o calor úmido do dia ou o chuvisco frio que sentimos enquanto desenhamos o croqui.

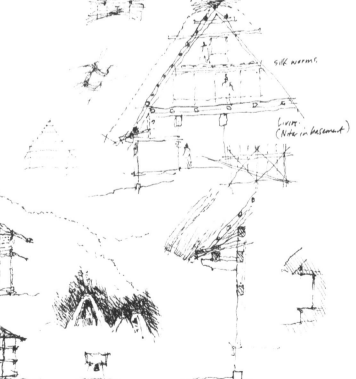

246 DIAGRAMAS

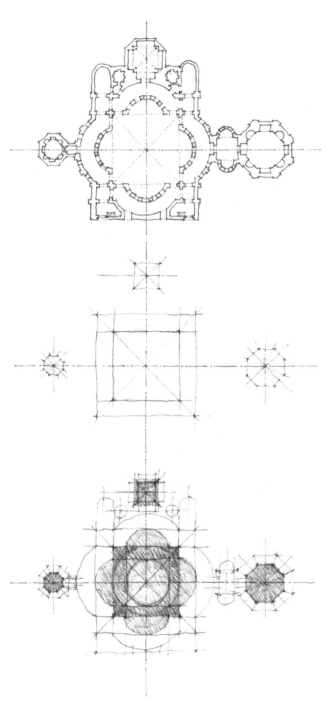

Todos os desenhos são, até certo ponto, abstrações de uma realidade percebida ou de uma concepção imaginada. Nos desenhos de arquitetura, operamos em vários níveis de abstração. Em uma extremidade do espectro está a apresentação do desenho, a qual busca simular o mais claro possível a futura realidade da proposta de projeto. Na outra extremidade está o diagrama, que tem o poder de explicar algo sem necessariamente representá-lo de maneira pictórica.

- A principal característica de um diagrama é sua capacidade de simplificar uma noção complexa em elementos e relações cruciais por meio de um processo de eliminação e redução.
- A natureza abstrata da diagramação permite-nos analisar e entender a natureza essencial dos elementos de projeto para considerar suas possíveis relações e gerar rapidamente uma série de alternativas viáveis para um determinado problema.

Diagramas gerados por computador

Uma vantagem única da tecnologia computacional é a sua capacidade de aceitar e processar informações de maneira precisa. Não devemos deixar que essa capacidade de precisão nos induza a respostas definitivas e precipitadas ao explorar ideias com programas de representação gráfica por computador nas etapas preliminares do projeto.

DIAGRAMAS 247

Podemos usar qualquer sistema de desenho para estimular nosso pensamento visual e para iniciar, esclarecer e avaliar ideias.

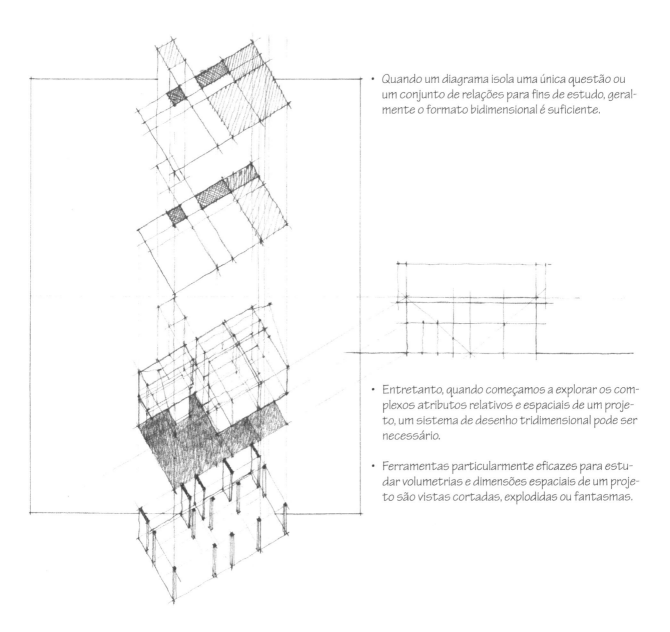

- Quando um diagrama isola uma única questão ou um conjunto de relações para fins de estudo, geralmente o formato bidimensional é suficiente.

- Entretanto, quando começamos a explorar os complexos atributos relativos e espaciais de um projeto, um sistema de desenho tridimensional pode ser necessário.

- Ferramentas particularmente eficazes para estudar volumetrias e dimensões espaciais de um projeto são vistas cortadas, explodidas ou fantasmas.

248   DIAGRAMAS

Diagramas são abstrações visuais que podem representar a essência de conceitos e elementos.

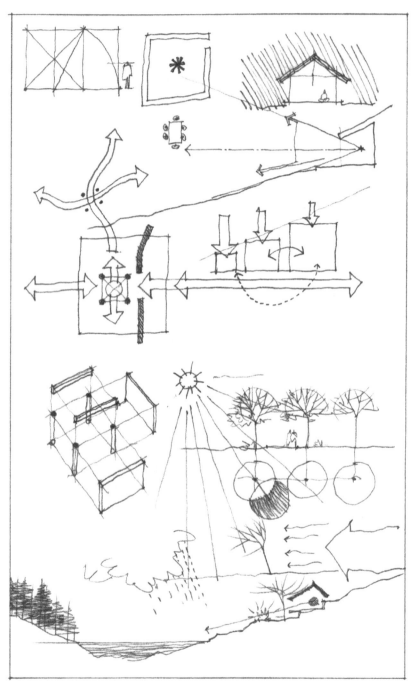

Conceitos

- Escala
- Proporção
- Limites
- Abrigo
- Vistas
- Eixos
- Ênfase
- Hierarquia
- Entrada e percurso
- Nós
- Semelhança
- Conexões
- Movimento
- Processo
- Forças
- Zonas

Elementos

- Estrutura
- Vedação
- Elementos de paisagismo
- Sol
- Vento
- Chuva
- Topografia
- Luz
- Calor

Além de descrever a essência de elementos de projeto, os diagramas examinam e explicam as relações entre esses elementos. Para manter um nível de abstração fácil de trabalhar em um diagrama, utilizamos princípios de tamanho, proximidade e semelhança para agrupar elementos.

- O tamanho relativo descreve aspectos quantitativos de cada elemento e estabelece uma categorização hierárquica entre vários elementos.
- A proximidade relativa indica a intensidade da relação entre entidades.
- A semelhança de forma, tamanho ou valor tonal estabelece os conjuntos visuais que ajudam a reduzir o número de elementos e a manter um nível de abstração adequado.

Podemos empregar uma variedade de linhas e setas para esclarecer e reforçar as relações de tipos específicos ou a natureza das interações entre entidades. Além disso, variando a largura, o comprimento, a continuidade e o valor tonal desses elementos de conexão, podemos descrever também graus, níveis e intensidades de conexão variáveis.

Linhas

Usamos o poder de organização das linhas em diagramas para definir os limites de campos, denotar as interdependências de elementos e estruturar relações de forma e espaço. Ao evidenciar os aspectos de organização e relação de um diagrama, as linhas fazem com que conceitos pictóricos e abstratos se tornem visíveis e compreensíveis.

Setas

Setas são um tipo especial de linha de conexão. Suas extremidades pontiagudas podem representar o movimento uni ou bidirecional de um elemento a outro, indicar a direção de uma força ou ação ou denotar a fase de um processo. Para maior clareza, usamos tipos diferentes de setas para distinguir entre os tipos de relações e os graus variáveis de intensidade ou importância.

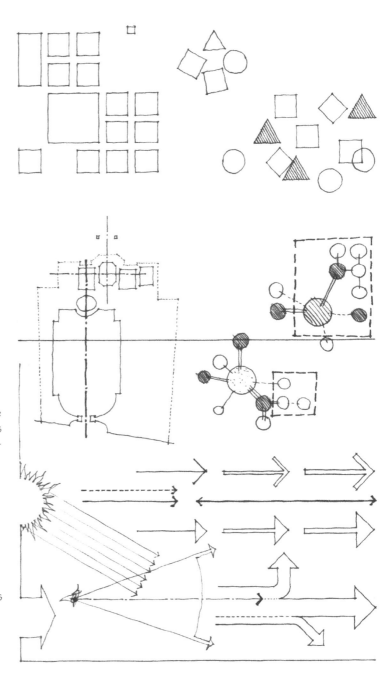

250 RELAÇÕES DE DIAGRAMAS

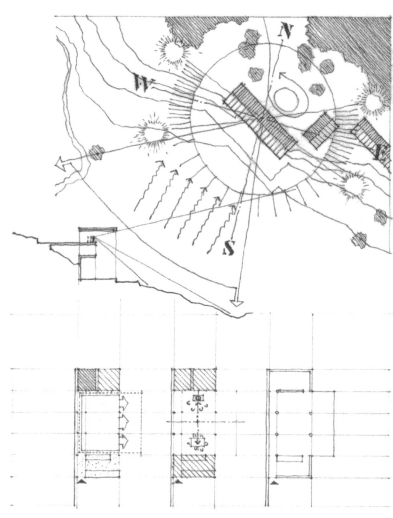

Diagramas podem abordar de maneira efetiva uma diversidade de questões de projeto.

Diagramas de terreno exploram como a implantação e a orientação de um projeto respondem a forças de ambiente e contexto.

- Condicionantes e oportunidades do contexto
- Elementos climáticos relacionados ao sol, ao vento e às precipitações
- A topografia, a paisagem e os corpos de água
- A chegada, o acesso e os percursos dentro de um terreno

Diagramas de programa investigam como uma organização de projeto aborda as exigências do programa de necessidades.

- Dimensões de espaço necessárias para atividades
- Proximidades e adjacências funcionais
- A relação entre espaços servidos e de serviço
- O zoneamento de funções públicas e privadas

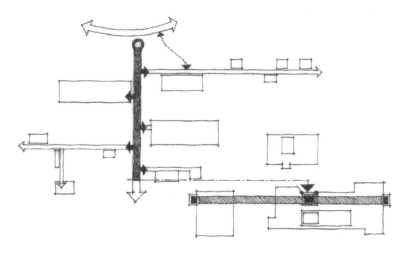

Diagramas de circulação estudam como os padrões de movimento influenciam e são influenciados por elementos do programa de necessidades.

- Modos de movimento de pedestres, veículos e serviços
- Chegada, entrada, nós e percursos de movimento
- Percursos horizontais e verticais

RELAÇÕES DE DIAGRAMAS   251

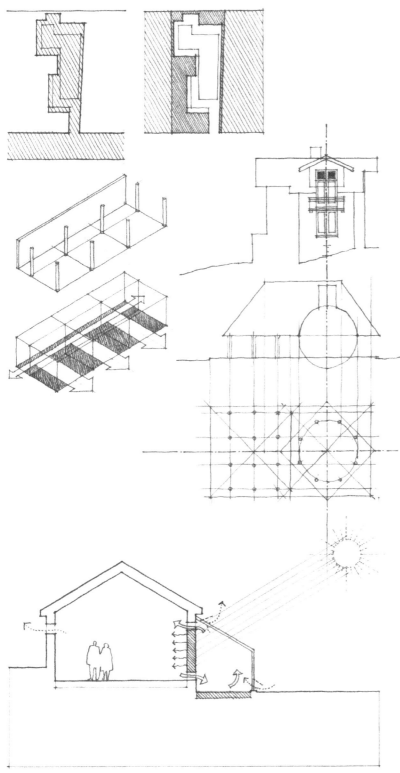

Diagramas de forma examinam a correspondência entre padrões de estrutura, volumes de espaços e elementos de vedação.

- Relações entre figura e fundo e entre cheios e vazios
- Princípios ordenadores, como simetria e ritmo
- Padrões e elementos da estrutura
- Elementos e leiautes de vedação
- Características de espaços, como proteção e vistas
- Organização hierárquica de espaços
- Volumetria e geometria de formas
- Proporção e escala

Diagramas de sistemas estudam o leiaute e a integração da climatização, iluminação e estrutura.

252 PARTIDO

O termo "partido" refere-se ao conceito ou à ideia principal de organização de um projeto de arquitetura. Desenhar um conceito ou partido em forma de diagramas permite que o projetista investigue de modo rápido e eficiente a natureza e a organização geral de um esquema. Em vez de concentrar-se em como um projeto possa parecer, o diagrama de conceito foca os principais elementos estruturais e inter-relacionados de uma ideia.

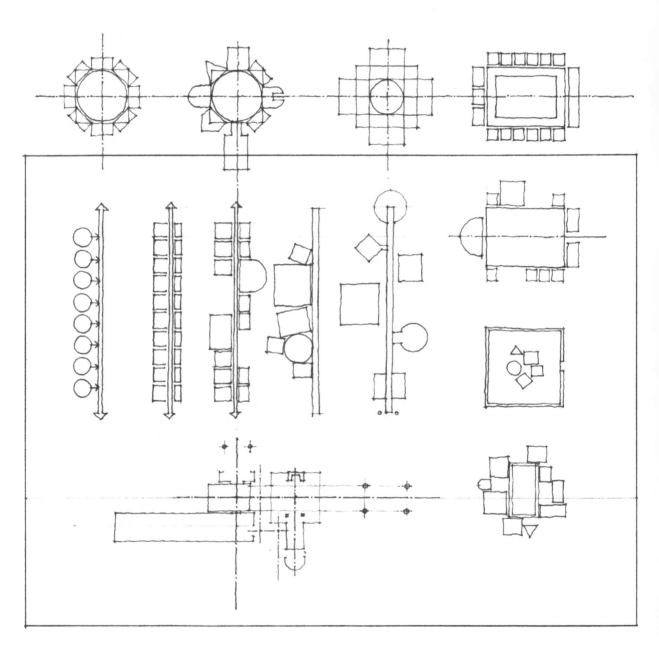

É evidente que um conceito deve ser não só adequado como também relevante para a natureza de um problema do projeto. Além disso, o conceito de projeto e sua representação gráfica em um diagrama devem ter sempre as características a seguir. Um diagrama de partido deve ser:

- Inclusivo: capaz de abordar várias questões de um problema do projeto.
- Visualmente descritivo: suficientemente forte para guiar o desenvolvimento de um projeto.
- Adaptável: flexível o bastante para aceitar mudanças.
- Forte: capaz de sofrer manipulações e transformações durante o processo de projeto sem a perda de identidade.

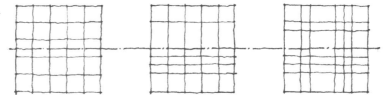

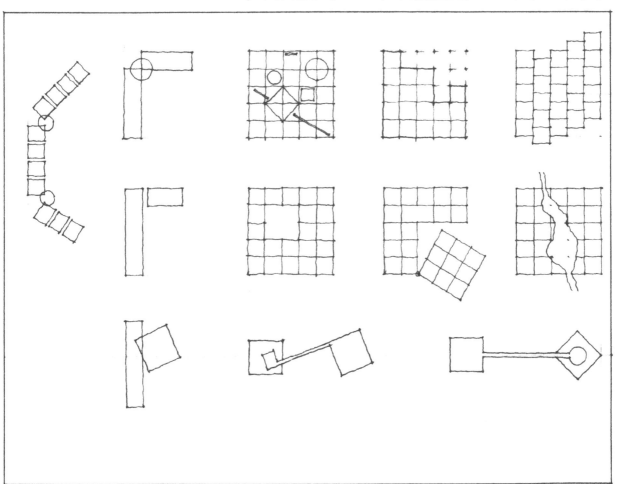

254 PRINCÍPIOS DE DIAGRAMAS

Ao gerar, desenvolver e utilizar diagramas, certos princípios podem ajudar a estimular nosso raciocínio.

- Mantenha concisos os diagramas de conceito. Desenhe pequenos agrupamentos de informações em um nível fácil de trabalhar.
- Exclua informações irrelevantes à medida que for necessário focar uma questão específica e melhorar a clareza geral do diagrama.
- Adicione informações relevantes quando necessário, para aproveitar relações recém-descobertas.

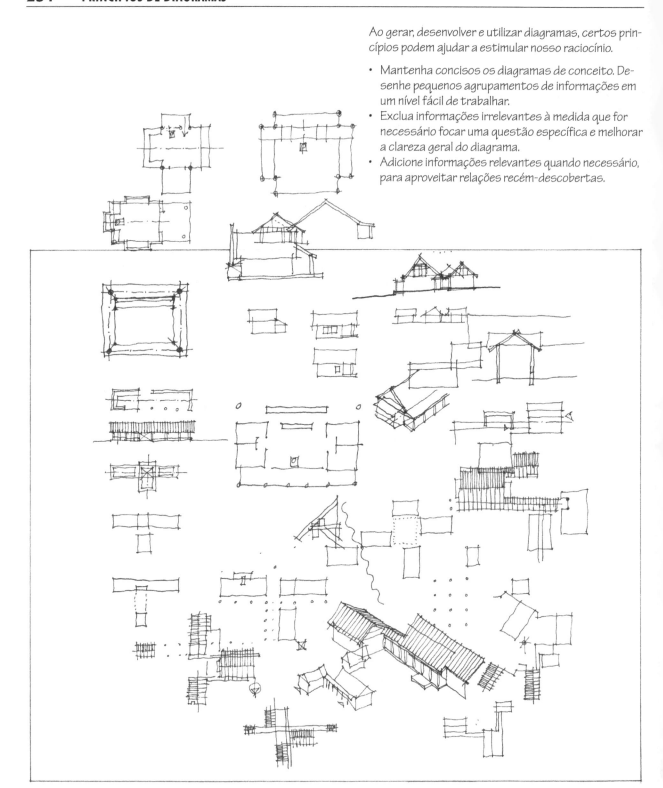

- Utilize os fatores de modificação de tamanho, proximidade e semelhança para reorganizar e priorizar os elementos à medida que você busca uma ordem.
- Sobreponha ou justaponha uma série de diagramas para visualizar como certas variáveis afetam a natureza de um projeto ou como diferentes partes e sistemas de um projeto se encaixam para constituir um todo.
- Inverta, gire, sobreponha ou distorça um elemento ou conector para criar novas maneiras de visualização do diagrama e descobrir novas relações.

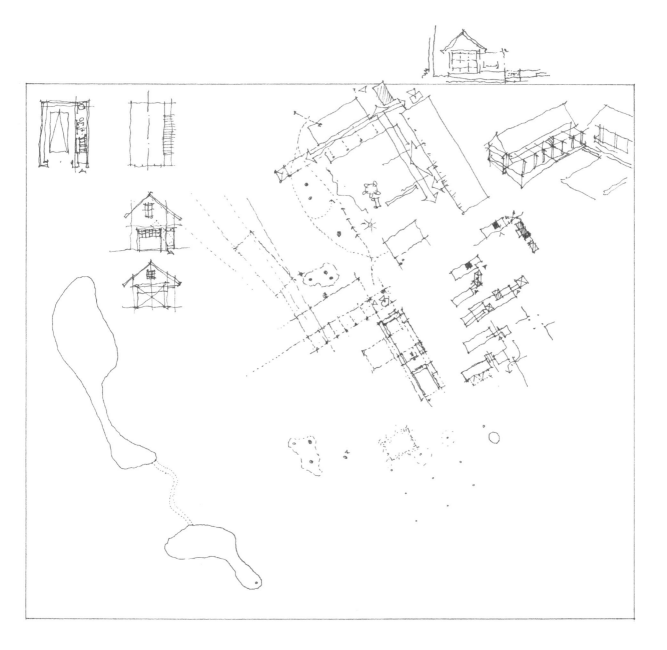

Como conclusão, lembre-se de que a habilidade de desenho permite-lhe ser eloquente, porém primeiro você deve dominar os fundamentos. Seja desenhando à mão livre ou usando ferramentas de computador, é necessário disciplina para construir um desenho adequadamente e para combinar a mensagem com o meio de representação. Espero que essa introdução aos elementos básicos da representação gráfica em arquitetura tenha lhe dado um fundamento sobre o que construir e como desenvolver as habilidades físicas e mentais necessárias para comunicar-se graficamente com clareza e honestidade.

"A arte não reproduz o visível; ela torna visível."

– Paul Klee

Índice

A

água, 200
altura solar, 170
ângulo de visão, 117, 119
ângulo do sol, 170
ângulos, desenho, 26
apresentação, 216
apresentação, programas, 216
apresentações de arquitetura, 202-203. *Veja também* desenhos de apresentação
arcos, desenho, 28
arestas, 99
arestas, modelagem, 158
árvores, 194-199
azimute, 170

B

Bézier, Pierre, 28
"bigodes", 11
BIM (modelagem de informações da construção), 44-46
borrachas, 11

C

C (centro de visão), 110
cabeça, humana, 188
CAD. *Veja* projeto e desenho auxiliados por computador (CAD)
caminhões, 193
caneta de toque, 5, 18
canetas, 4-5
   desenho de contorno, 232
   desenho à mão livre, 221
   estimativa dos comprimentos de linha e ângulos, 239
   hachuras paralelas, 150
   pontilhados, 153
   técnica a mão, 18
canetas a gel, 5
canetas digitais, 5, 18
canetas nanquim, 4, 5
carros, 193
Casa Vanna Venturi, Filadélfia, 54
centro de visão (C), 110
círculos
   perspectiva cônica, 143
   sombras projetadas, 175
   tangente, 28
   vistas de linhas paralelas, 98
colunas, 52
compassos, 8
composição (desenho à mão livre), 226-231
cone de visão, 111, 119
contexto, 186-200
   edificações, 224
   em cortes, 79
   móveis, 191-192
   paisagismo, 194-199
   pessoas, 186-190
   reflexos, 200
   veículos, 193
contorno, continuidade, 88
contorno, desenho, 168, 232-233
contorno, intervalo, 64
convergência, 112
cor. *Veja* valores tonais
corte horizontal, 51
cortes, 47, 70-78
cortes, 70-72
   definindo, 72
   digital (em computador), 70
   elevações, 81
   formas complexas e irregulares, 77
cortes de construção, 69
cortes de projeto, 69, 72
cortes de terreno, 79
cortes em perspectiva, 128
cubos, 236
curva de nível, 64, 65
curvas Bézier, 28
curvas francesas, 8

D

desenho a partir da observação, 218-222
desenho analítico, 234-236
desenho digital, 10. *Veja também* projeto e desenho auxiliados por computador (CAD)
   camadas, 15
   caneta, 5, 18
   cores e valores tonais, 154
   de apresentação, 215, 216
   detalhe, 43
   diagramas, 246
   escala, 13, 43, 60
   experimentação, 41
   figuras, 27
   gabaritos, 10
   guias, 10
   iluminação, 160-161
   linhas, 10, 18
   medidas, 137
   multiplicação, 25
   pesos de linha, 20
   plantas baixas, 51-52, 56-57

qualidade da linha, 21
sombras próprias e projetadas, 154, 172-173
subdivisão, 25
transformações, 27
valores tonais, 154, 169
vistas de linhas paralelas, 104-105
desenho técnico, 18-28
princípios gerais, 22
desenhos à mão livre, 218-255
a partir da observação, 218-222
abordagem analítica, 234-236
composição, 226-231
construção de um desenho, 237-242
desenho de contorno, 232-233
diagramas, 246-255
esboços de viagem, 243-245
objeto, 222-225
partido, 252-253
desenhos com vetores, 43
desenhos de apresentação, 204-216
agrupamentos visuais, 207
caixas, 207, 213
elementos, 204-205
fontes, 209-211
formatos, 212-216
relações de desenho, 206
símbolos gráficos, 208
desenhos de base, 93
desenhos de construção, 44
desenhos de preenchimento, figura digital 27
desenhos de projeto, 44, 207
desenhos de vista única, 35, 92; *veja também* vistas de linhas paralelas
desenhos de vistas múltiplas, 32-33, 50-90
cortes, 69-79
e linhas paralelas, 38
elementos, 31
elevações, 80-90
perspectiva cônica, 38, 40
plantas (em geral), 50
plantas baixas, 51-61
plantas de teto, 62
ponto de vista, 40
projeção axonométrica vs., 35
sombras próprias e projetadas, 171
desenhos isométricos, 36, 93-95, 98
desenhos puramente tonais, 153, 155
desenhos tradicionais, desenho digital vs., 41
destaques de luz, 159
detalhes
cortes, 78
desenhos à mão livre, 221, 222, 242
desenhos de arquitetura, 42
desenhos digitais, 43

elevações internas, 90
elevações, 83
plantas baixas, 60-61
veículos, 193
vistas expandidas, 100
diagonais, método, 138
diagramas
questões de projeto abordadas, 250-251
desenho à mão livre, 246-255
elementos, 248
partido, 252-253
princípios, 254-255
relações, 249
diagramas de circulação, 250
diagramas de conceito, 252, 254
diagramas de forma, 251
diagramas de programa, 250
diagramas de sistema, 251
diagramas de terreno, 250
dimensionamento (desenho à mão livre), 231
distorção
cone de visão, 111
elevações oblíquas, 96
variáveis das perspectivas, 119
DP (ponto diagonal), 125, 128

E

edificações como objetos, 223
eixo central de visão (ECV), 109
eixos de simetria, 71
eixos geométricos, 19, 52
elementos cortados, 177
elevações, 80-89
apresentações de arquitetura, 206
árvores, 197
definição, 81
disposição e orientação, 82
escala e detalhe, 83
expressando profundidade, 86-89
materiais, representação, 84-85
valores tonais, 16
elevações internas, 90
elevações oblíquas
características, 93
criação, 96
definição, 36
orientação, 31
vistas de linhas paralelas, 34
elipse, 143
em cortes, 69-79
árvores, 197
corte do terreno, 79
cortes de desenhos em computador, 70
cortes, 70-72, 77
definição, 69

edificação, 70-78
escala e detalhe, 77
hachuras feitas em computador, 75
hachuras, 73-75
profundidade espacial, 73-74
programa de representação gráfica, 70, 75-76
valores tonais, 164
emoldurar, 213, 226
esboços de viagem, 243-245
escadas, 59, 142
escala
cortes, 78
desenhos de arquitetura, 42
desenhos de vistas múltiplas, 66
desenhos digitais, 43
elementos de paisagismo que determinam a escala, 194
elevações internas, 90
elevações, 83
gráfica, 63, 208
malha de construção, perspectiva com um ponto de fuga, 124
plantas baixas, 54, 60-61
vistas expandidas, 100
escalímetros, desenho, 12-13
escorço
perspectiva cônica, 114, 116
projeções axonométricas, 35
vistas de linhas paralelas, 36
escovas, 11
espaços em branco, 207
espaços internos, 222
espaços urbanos, 224, 225
esquadros (guia de desenho), 7
ângulos de desenho, 26
desenhos de sombras em perspectivas cônicas, 183
elevações oblíquas, 96
fonte, 210
letras feitas a mão, 210
linhas perpendiculares/paralelas, 23
plantas oblíquas, 95

F

Falling Water (Frank Lloyd Wright), 135
ferramentas e materiais, 2-16
canetas, 4-5
equipamentos, desenho 11
escalímetros, desenho, 12-13
guias, desenho, 6-10
lápis, 2
minas, 3
superfícies, desenho, 14-16
figuras humanas. *Veja* pessoas, desenhos
figuras planas, sombras projetadas, 175
figuras poligonais, sombras projetadas por, 175

ÍNDICE

fita adesiva (durex), fita mágica vs., 14
fita mágica, 14
fonte (letras), desenhos de apresentação, 204, 209-211
fontes, serifa, 209
formas curvilíneas, 98
formas geométricas, desenho analítico, 236
formas livres, 98
formas negativas, 233
formas positivas, 233
formas, desenho, 26
fotografias, 190, 199
fotorrealismo, desvantagens, 190, 199
"frente e fundos", planos de recorte, 51, 70
fundo, 228
    cone de visão, 111
    desenho à mão livre, 228
    elementos de paisagismo, 198
    para elevações, 87, 165

G

gabaritos, 9, 10
grades, 19
guias de desenho, 6-10
guias rápidas, 10

H

hachuras com movimentos circulares, 152, 156
hachuras cruzadas, 151, 156
hachuras paralelas, 150, 151, 156
hachuras, 55
    digital, 75
    em cortes, 73
    plantas baixas digitais, 56

I

iluminação, 161
imagens digitais
    árvores, 199
    figuras, 190
    peças de mobiliário, 192
imagens geradas com vetor, 27
imagens gráficas, 204
impressões, 21, 42, 43
interseção de planos, 99

J

janelas, 53, 58

K

Klee, Paul, 257

L

lápis/lapiseira, 2, 20
    desenho de contorno, 232
    desenho à mão livre, 221

estimativa dos comprimentos de linha e ângulos, 239
escala de cinzas, 156
minas, 3
ponto de afunilamento, 22
técnica a mão, 18, 22
lápis de carvão, 221
lei dos contrastes simultâneos, 149
letras em caixa baixa, 209
letras feitas a mão, 210
LF (linha de fuga), 141
limite horizontal, desenho à mão livre, 230
limite vertical, desenho à mão livre, 230
linha de fuga (LF), 141
linha de medição (LM), 123, 136
linha de medição vertical (LMV), 124, 130, 132
linha de solo (LS), 110, 137
linha de sombra projetada, 170, 174, 184
linha de sombra própria, 170
linha do horizonte (LH), 110, 115
linha fantasma, 103
linha reta, sombra projetada, 174, 176
linhas, 18-21
    canetas nanquim, 4
    croquis à mão livre, 221
    curvas Bézier, 28
    curvas, 28, 175
    desenho, 18
    desenhos a grafite, 3
    desenho analítico, 234
    desenhos de apresentação, 207
    diagramas, 249
    paralelo/perpendicular, 23; veja também linhas paralelas
    projeção ortogonal ou ortográfica, 32
    qualidade, 21
    tipos, 19
linhas, peso
    definição do plano de corte, 54
    definindo o plano de corte, 72
    digital, 20
    elevações, 86
    em cortes, 164
    escolha da mina de desenho, 20
    expressando profundidade, 86-88
    limitações do CAD/tecnologia de BIM, 46-48
    plantas baixas digitais, 56
    plantas baixas, 54
linhas axiais, 34, 92
linhas de contorno, 19
linhas de corte, 70
linhas de divisa, 19
linhas de instalações públicas, 19
linhas de interrupção, 19
linhas de superfície, 99

linhas de visão, 30, 37
    cone de visão, 111
    definição, 109
    perspectiva cônica, 112, 114
    projeção em perspectiva, 109
    reflexos, 144
    vista em perspectiva de um círculo, 143
linhas inclinadas, 10, 140-142
linhas paralelas
    convergência, 112
    desenho, 23
    hachuras cruzadas, 151
    hachuras paralelas, 150
    inclinação, 140
    medidas em perspectiva, 137
    perspectiva com dois pontos de fuga, 129
    perspectivas cônicas, 37, 121
    programas de desenho, 10
    projeção oblíqua, 36
    reflexos, 145
    retas oblíquas ao plano do desenho, 113
    sombras projetadas, 176
    vistas, 34, 92, 93
linhas reguladoras, 234-235
linhas tracejadas, 70
linhas tracejadas ou pontilhadas, 19, 21
    cortes, 70
    plantas baixas, 59
    planta de localização ou situação, 63
    vistas fantasmas, 103
LM (linha de medição), 123, 136
LMV (linha de medição vertical), 124, 130, 132
LS (linha de solo), 110, 137
luz, 89, 159-161
luz solar, 170-172

M

malhas (desenhos de apresentação), 212, 214
mata-gatos, 11
materiais de construção, representação, 84-85
método das diagonais, 138
método do ponto diagonal, 123, 128
método dos quatro centros, vistas de linhas paralelas em círculos, 98
método dos triângulos, 139
minas, desenho
    compassos, 8
    hachuras paralelas, 150
    pesos de linhas, 20
    ponto de afunilamento, 22
    tipos e durezas, 3
ML (linhas de medição), 123, 136
mobiliário, 53, 191-192, 206

modelagem, 158
modelagem de informações da construção (BIM), 44-46
modelos de programas 3D
   camadas digitais, 15
   cores e valores tonais, 154
   cortes de desenho, 70
   linhas, 99
   medidas em perspectiva, 137
   modelo analítico, 235
   modelo *wireframe*, 235
   modelos de terreno, 65
   plantas baixas, 51
   sistemas de projeção, 30, 31, 34
   sombras próprias e projetadas, 172-173
   visão seriada, 39
   vistas de linhas paralelas, 104-105
Moore, Lyndon, Turnbull, Whitaker (MLTW), 103
MP (pontos de medição), 130-132
multiplicação digital, 25

N

névoa, perspectiva, 89
norte, orientação, 51, 82

O

objetos retilíneos, 121
observação, a partir do desenho 218-222; veja também desenho à mão livre
Organização Internacional para Padronização (ISO), 4
orientação, 206
   elevações, 82
   elevações internas, 90
   plantas de localização ou situação, 66
orientação de norte, 51, 82

P

paisagismo, 63, 194-199
papéis duplex, triplex e similares, 16
papel manteiga, 14, 22, 126, 133
papel vegetal, 14
paredes, vista da aresta, 171, 174
partido, 252-253
passeio virtual, 39
PB (plano-base), 110
PD (plano do desenho), 109
peitoris de janela, 58
perfil de uma sombra projetada, 179
perspectiva atmosférica, 87, 88, 167
perspectiva com dois pontos de fuga, 129-136
   características, 31
   sombras próprias e projetadas, 183-184
   variáveis das perspectivas, 118, 121

perspectiva com um ponto de fuga, 122-127
   características, 31
   malha de construção, 123-127
   variáveis das perspectivas, 118, 121
perspectiva cônica, 37-40, 107-146
   apresentações de arquitetura, 206
   CAD, 48
   características pictóricas, 37
   círculos, 143
   cortes em perspectiva, 128
   desenho à mão livre, 238
   desenhos de vistas múltiplas vs., 40
   desenhos em perspectiva com dois pontos de fuga, 135
   e malha perspectiva com dois pontos de fuga, 134
   efeitos pictóricos, 112-114
   elementos, 31, 110-111
   em desenhos em perspectiva, 38, 115
   escadas, 142
   linhas inclinadas, 140-142
   medidas, 137-139
   perspectiva com dois pontos de fuga, 121, 129-136
   perspectiva com um ponto de fuga, 121-131
   pessoas, 187
   ponto de vista, 40
   pontos de vista em imagens digitais, 118-119
   projeção, 109
   reflexos, 143-145
   sombras próprias e projetadas, 181-184
   tipos de perspectiva, 121
   valores tonais, 167
   variáveis, 115-120
perspectiva da névoa, 89
perspectivas com três pontos de fuga, 31, 118, 121
perspectivas exteriores, 168
perspectivas interiores, 169
peso visual, símbolos gráficos, 208
pessoas, desenhos, 186-190
   apresentações de arquitetura, 206
   atividade, 189
   cortes de desenho, 77
   cortes, 71
   desenho à mão livre, 239
   figuras digitais, 190
   móveis, 191
   profundidade espacial, 187
   proporção, 188
   tamanho, 186
   veículos, 193
PF (ponto de fuga), 112, 136

PFi (ponto de fuga do conjunto de retas inclinadas), 140-142
Piazza San Marco (Veneza), 162
pilares, 52
plano de sombra projetada, 170
plano do desenho (PD), 109
plano-base (PB), 110
planos
   ângulo de visão, 117
   cortes, 69
   elevações oblíquas, 96
   elevações, 81, 82
   plantas oblíquas, 95
   projeção ortogonal ou ortográfica, 32, 50
   reflexos, 145
   vistas de linhas paralelas, 93, 99
planos de cortes, 54, 56
   em cortes, 70
   planta baixa, 51
planos horizontais, 166
planta de localização ou situação, 63-68
   desenhos, 67-68
   escala e orientação, 66
   sombras próprias e projetadas, 177
   topografia, 64-65
plantas, 50
plantas baixas, 51-61
   apresentações de arquitetura, 206
   árvores, 196
   características, 51
   cortes e plantas baixas, 69
   desenho, 52-53
   digitais, 51-52
   escadas, 59
   escala e detalhe, 60-61
   hachuras, 55
   janelas, 58
   plano de corte, 54
   plantas de localização ou situação, 68
   plantas oblíquas, 36
   portas, 58
   profundidade espacial, 55
   projeto e desenho auxiliados por computador (CAD), 46
   valores tonais, 163
plantas baixas em perspectiva, 127
plantas de cobertura, 63
plantas de teto, 62
plantas de teto projetado, 62
plantas oblíquas
   características, 93
   círculos e formas livres, 98
   criação, 95
   definição, 36
   desenhos isométricos vs., 93-95
   orientação, 31
   vistas de linhas paralelas, 34

plotadores, 21, 42, 43
PO (ponto de observação), 109
pontas, canetas-tinteiro, 5
pontilhados, 153, 156
ponto de fuga (PF), 112, 136
ponto de fuga do conjunto de retas inclinadas (PFi), 140-142
ponto de observação (PO), 109
ponto de vista (apresentações de arquitetura), 202
ponto de vista (observador)
   desenhos de vistas múltiplas, 40
   método do ponto de medição na perspectiva com dois pontos de fuga, 130
   perspectiva com um ponto de fuga, malha de construção, 124
   vistas digitais, 41
ponto diagonal, 125, 128
pontos, 153
pontos de medição, 130-132
pontos de vista em imagens digitais, 118
portas, 53, 58
primeiro plano
   cone de visão, 111
   desenho à mão livre, 228-230
   elementos de paisagismo, 198
   elevações, 87, 165
   perspectivas interiores, 169
profundidade espacial, 86, 88-90
   cortes de desenho, 72, 73
   elevações, 80, 86
   extensão, 139
   perspectiva com um ponto de fuga, 122
   plantas baixas, 54, 55
   projeção ortogonal ou ortográfica, 32, 86
   subdivisão, 138
   valores tonais para, 165
   vistas de linhas paralelas, 99
programa de desenho em computador baseado em vetores bidimensionais, 10, 45
programas bidimensionais assistido por computador (CAD), 10, 45
programas bidimensionais de desenho
   cores e valores tonais, 154
   gabaritos digitais, 10
   vistas de linhas paralelas, 104-105
programas bidimensionais de desenho baseados em vetores, 10, 27
   malha de construção, 132-134
   método do ponto de medição, 130-131
programas de computador de desenho, 215
programas de computador de processamento de imagens, 190, 199

programas de desenho. *Veja* projeto e desenho auxiliados por computador (CAD); desenho técnico; desenho digital
projeção, tamanho, 114
projeção dimétrica, 35
projeção em perspectiva, 109
   definição, 30, 37
   linhas inclinadas, 140
   perspectivas cônicas, 31
projeção isométrica, 35
projeção oblíqua, 34, 93; *veja também* elevações oblíquas; plantas oblíquas
   definição, 30, 36
   orientação, 31
   projeção em perspectiva, 109
projeção ortogonal ou ortográfica
   cortes, 69
   definição, 30
   desenhos de vistas múltiplas, 31-33; *veja também* desenhos de vistas múltiplas
   elevações internas, 90
   expressando profundidade, 86
   linha reta, 176
   pessoas, 186
   projeção axonométrica, 35
projeção trimétrica, 35
projeções axonométricas, 30, 31, 34, 35, 91
projeto e desenho auxiliados por computador (CAD). *Veja também* desenho digital
   bibliotecas de peças de mobiliário, 192
   camadas digitais, 15
   comunicando ideias de projeto, 44-48
   curvas Bézier, 28
   definição, 45
   desenho analítico, 235
   desenhos de projeto, 44
   gabaritos digitais, 10
   hachuras feitas em computador, 75
   manipulação com vistas em perspectivas, 118
   modelo *wireframe*, 235
   modelos de terreno em 3D, 65
   pesos de linha, 20
   pesos de linhas digitais, 20
   plantas baixas, 56-57
   sistemas de projeção, 30, 31, 34
   vistas de linhas paralelas, 104-105
proporção, figuras humanas, 188
proximidade relativa, 249

Q

quadrados
   sombra de um círculo, 175
   subdivisão, 138
   vista em perspectiva de um círculo, 143
qualidade da linha, 21

R

raios luminosos, vistas de linhas paralelas, 178
ray casting (ou projeção de raios), iluminação e modelagem, 160, 173
ray tracing (ou traçado de raios), iluminação e modelagem, 161
reflexos, 144-145, 200
regra dos terços, 231
réguas paralelas, 6
réguas T, 6
retângulos, subdivisão, 138
retas não axiais, 34, 92
rotinas gráficas, 27
rumo, 170

S

segundo plano, 228
   cone de visão, 111
   desenho à mão livre, 228
   elementos de paisagismo, 198
   elevações, 87
setas, 249
setas de corte, 208
setas de norte, 208
símbolos gráficos, 204, 208
sistemas de desenho, 30-48
   comunicando ideias de projeto, 40-48
   desenhos de vistas múltiplas, 32-33
   desenhos em perspectiva, 30
   escala e detalhe, 42-43
   perspectiva cônica, 37-39
   sistemas pictóricos, 31
   vistas de linhas paralelas, 34-36
sistemas de projeção, 31
sobreposição, 88, 114
sombras projetadas por um volume, 176
sombras próprias e projetadas, 170-184
   definição, 154, 159, 170
   desenho à mão livre, 241
   desenhos de vistas múltiplas, 171
   digital, 172-173
   expressando profundidade, 89
   planta de localização ou situação, 177
   planta vs. vista em elevação, 174-176
   vistas de linhas paralelas, 178-180
   vistas em perspectivas, 181-184
stroke, figura digital, 27
superfícies curvas, 32
superfícies de desenhos, 14-16

T

tamanho relativo, 249
tangentes, 28
técnica de linhas e tons, 154, 221

ÍNDICE

técnicas de desenho
  ângulos, 26
  curvas Bézier, 28
  desenhos analíticos, 235
  desenhos de linhas, 18–22
  figuras digitais, 27
  figuras, 26, 27
  hachuras com movimentos circulares, 152
  hachuras cruzadas, 151
  hachuras paralelas, 150
  lápis de desenho, 22
  linhas curvas, 28
  linhas paralelas, 23
  linhas perpendiculares, 23
  modelagem, 158
  multiplicação digital, 25
  pontilhados, 153
  princípios gerais, 22
  subdivisão digital, 25
  subdivisões, 24, 25
  transformações digitais, 27
  valores tonais, 149–155
testes de leiautes, 215
textura, 157
textura, perspectiva, 89, 169
  camadas digitais, 15
  modelagem de figuras, 45
  modelo analítico, 235
  modelo wireframe, 235
  modelos de terreno, 65
  programas CAD 3D
  sistemas de projeção, 30, 31, 34
  vistas de linhas paralelas, 104–105
  vistas em perspectiva, 118
tinta de desenho, 4
tinta, 4
tipografia digital, 209
tipos de letras condensadas, 209
título do projeto, 211
títulos, 211
tons luminosos, 159
topografia, 63–65
transferidor, 8, 26

transformações, 27
triângulos ajustáveis, 7, 26

U

Unidade Nr. 5 do Condomínio em Sea Ranch, Califórnia, Moore, Lyndon, Turnbull, Whitaker, 103

V

valores tonais, 148–184
  criação, 149–155
  desenhos à mão livre, 241
  desenhos de apresentação, 207
  desenhos de arquitetura, 162–169
  elementos de paisagem, 195–198
  elevações, 88
  em cortes, 73, 74
  escala de tons, 156
  modelagem, 158, 160–161
  plantas baixas, 55–57
  plantas de localização, 67
  representação da iluminação, 159–161
  textura, 157
veículos, desenhos, 193
Venturi, Robert, 54
visão, 148
  elevações internas, 90
  plantas baixas, 52
visão binocular, 37
visão monocular, 108
visão seriada, 39
vista aérea, 34, 92, 115
vista em elevação, 96, 174–176
vista isométrica, 31, 34
vista lateral, projeção ortogonal, 33
vista superior ou planta
  móveis, 192
  projeções ortogonais ou ortográficas, 50
  sombras próprias e projetadas, 174–176
vistas de baixo para cima ("a olho de minhoca"), 34, 92, 115

vistas de linhas paralelas, 34–36, 40, 92–106
  apresentações de arquitetura, 206
  árvores, 197
  características pictóricas, 34
  círculos e formas livres, 98
  construção, 97–99
  elementos, 31
  elevações oblíquas, 96
  expressando profundidade, 99
  isométrica, 94
  objetos pequenos, 39
  perspectivas cônicas vs. desenhos de vistas múltiplas e linha paralelas, 38
  perspectivas cônicas vs., 38
  pessoas, 186
  plantas oblíquas, 95
  ponto de vista, 40
  sombras próprias e projetadas, 178–180
  tipos, 34
  valores tonais, 166
  vistas cortadas, 102
  vistas desenhadas em computador, 104–105
  vistas expandidas, 100–101
  vistas fantasmas, 103
  vistas sequenciais, 106
  vistas dimétricas, 31, 34
vistas em perspectiva, 133, 226, 238
vistas em perspectiva distorcida, 118
vistas explodidas, 100
vistas fantasmas, 103
vistas frontais, projeção ortogonal ou ortográfica, 33
vistas sensoriais, 38, 40, 108, 122
vistas sequenciais, 77, 106
vistas superiores, projeção ortogonal, 33
vistas trimétricas, 31, 34

W

Wright, Frank Lloyd, 135

Z

zonas pictóricas, 87